先を読むマーケティング

新しいビジネスモデルの構築に向けて

中田善啓・西村順二

編著

The New Frontier in Marketing

同文舘出版

執筆者紹介（章編成順，2019年10月1日現在，◎は編集責任者）

◎西村 順二（甲南大学経営学部教授）
　　　　　　第1章

　辻本 法子（桃山学院大学経営学部教授）
　　　　　　第2章

　玄野 博行（桃山学院大学経営学部教授）
　　　　　　第3章

　石垣 智徳（南山大学経営学部教授）
　　　　　　第4章

　中山 雄司（大阪府立大学現代システム科学域教授）
　　　　　　第5章

　穐原 寿識（武庫川女子大学健康スポーツ科学部准教授）
　　　　　　第6章

　三上 和彦（甲南大学経営学部教授）
　　　　　　第7章

◎中田 善啓（甲南大学経営学部教授）
　　　　　　第8章

まえがき

　現代社会は，急激な変化にさらされている。ICTによる多様な技術革新はもとより，物流システムの高度化，ビジネス領域のグローバル化とボーダレス化などである。また技術分野の革新はより進み，PC以外の様々なものごと，人，機械類などがインターネットを通じて繋がるIoT（モノのインターネット）が登場してきている。また，コンピュータの進化によって人間の知識・知恵をある意味では超えるAI（人工知能）の登場，そしてそれらがもたらす指数関数的な科学技術の発達であるシンギュラリティ（技術的特異点）という状況の登場も想定されている。その一方で，スローフードや地産地消，サステナビリティなどに代表される価値観の見直し，さらには地方創生の時代と呼ばれ，地域の生活への積極的視点注入も重要視されてきている。

　本書は，この様な急激な社会変化の中で，先端ともいえる新しいビジネス事例の成功や失敗を検討すると共に，従来のビジネス・モデルが現代的体裁を整えていく姿をも検討する。新しい技術や新しい環境下でのマーケティングの変化は必然であり，それが時には量的変化から質的変化への転換をもたらす視点は重要である。また，単純に新しい変化に着目するだけではなく，従来の既成概念が現代風にいかに衣替えしてきているのかと言う視点も重要である。これら複眼思考からのマーケティングを，この時代だからこそ改めて考察する事が必要であると考えるからである。

　さて，本書のタイトルである「先を読む」ことの，「先」とは何を意味しているのであろうか。また，「読む」とは何を表しているのであろうか。「先」，それは未来の社会における動向や変化である。それは，事象と行動によって捕まえられる。すなわち，未来社会の出来事・現象と，それらに関わる人間や組織の行動である。繰り返しになるが，それらには未知の出来事・行動の登場と，既知の出来事・行動の新しい様相・時代にあった衣替えの2種類が考えられるだ

ろう。本書では，これら両者の意味で「先」が議論されることとなる。また，「読む」とは何を表しているのであろうか。単に事象や行動の意味を理解すること，予測することではない。その時代にあった新しい尺度，つまり価値観のスケールでもって，これら未来の事象・行動を捉まえることである。

　しかしながら，急激に変化する社会にあって，本当に「先を読む」ことは可能なのだろうか。本書のタイトルが決まった後にたまたま目に留まった新聞記事を紹介しておこう。2016年1月10日付けの『日本経済新聞』である。ソフトバンクグループの孫正義社長のコメントが印象的であった。孫氏は，Googleのシニア・バイスプレジデント兼チーフ・ビジネス・オフィサー（CBO）であったニケシュ・アローラ氏をソフトバンク代表取締役副社長に迎え入れ，2015年5月に後継者候補であることを明言した。アローラ氏の後継者としての資質を問われて，「第一にハンティング能力。・・・第二に先を読む能力だ。過去を論評するのは簡単なんだ。だが，そういう人が事業で成功したためしはない。情報革命の行く末がどういう道をたどるのか。・・・」。まさしく，今後の社会を新しい尺度で捉まえることができる能力を，アローラ氏に見出したのである。本書を手に取られた方々には，このような先を読む能力のヒントを，本書から是非見出していただければと思う。

　上記のような視点を持って，本書は構成されている。以下では，各章のポイントを示しておこう。

「第1章　製造小売業のビジネス・モデル―地域スイーツ店における成長の意味：神戸スイーツの事例―」は，地域における製造小売業の成長戦略を検討している。神戸地域のスイーツ店を事例に，全国市場を目指しさらには海外市場への進出を目指す製造小売業と，地域の小さな商圏市場の中での存続維持を目指す製造小売業の存在を確認するものである。

「第2章　地域活性化のマーケティング」は，今日，日本経済の重要課題となっている地域活性化に着目し，その方法を考察している。地域の特産食品に焦点を当て，ITなど地域産品の直接販売環境の整備が進む中，そのチャネルにおける製品志向マーケティングからの変化を論じている。これからの地域産品の

新たなマーケティングについての提示である。

「第3章　サプライチェーン組織のマーケティング―流通システムにおける戦略・組織・パフォーマンス―」は，わが国流通システムにおけるサプライチェーン・マネジメントが部分最適化に陥り，全体最適化が実現されていないことに着目する。加工食品業界の成功事例から，サプライチェーン・マネジメントの課題とその解決策を論じている。

「第4章　ビッグデータとマーケティング」は，ビッグデータの意味することが何かを考え，このビッグデータを活用できる環境変化が企業のマーケティング活動に及ぼす影響を考察するものである。単に企業にとってのビッグデータの意義だけではなく，その源泉となる消費者にとってのビッグデータのメリットやデメリットについても検討するものである。

「第5章　電子書籍のマーケティング―出版産業の活性化に向けて―」は，出版産業を活性化するための電子書籍のマーケティングを検討する。便益と費用の比較から実現する消費者の購買意思決定を電子書籍の購買に当てはめ，水平的差別化の中での電子書籍が検討される。また，企業戦略としてのマーケット・イン志向の重要性も指摘されている。

「第6章　音楽産業のマーケティング―サブスクリプションの行方―」は，音楽産業におけるデジタル化がマーケティング戦略に与える影響やその変化を検討する。特に，音楽と言う財がデジタル化に向かう中での販売形態やその流通，そしてプロモーションに焦点が当てられる。また，新たなサブスクリプションサービスの影響も合わせて考察される。

「第7章　ツーサイド市場の価格戦略」は，通常の市場取引と異なるツーサイド市場の取引に着目する。そこでのプラットフォーム提供企業が設定するプラットフォーム参加ユーザーへの課金制度を通して，価格戦略上ユーザー間の外部性が重要であることが検討される。

「第8章　ビッグデータ時代におけるマーケティングパラダイムのシフト」は，スマートフォンの登場による，大多数の情報消費者と少数のコントロール企業の二極化に着目する。そして，グーグルやフェイスブックの事例から，マーケティングパラダイムの変化が確認される。

なお，本書は編著者の一人である中田善啓先生のご退職に際して企画されたものである。2016年3月31日をもって中田善啓先生は甲南大学を退職される。これを機に，これまで公私にわたりお世話になった者が集まり，その学恩に報いるため研究の成果を取り纏めたものである。まだまだ，研究者として未熟な我々ではあるが，どうか中田先生にはこれまで通り我々を見守っていただきたくお願いすると共に，一同精進を重ねる所存である。

　最後になったが，出版事情の厳しい時代にあって，本書の出版にご尽力いただいた同文舘出版株式会社取締役編集局長市川良之氏に，この場をお借りして厚く御礼を申し上げたい。思えば，一昨年に日本商業学会全国大会が開催された一橋大学国立キャンパスでお会いした際に，本書上梓についての構想をお話し，ご助言をいただいた。それからずいぶんと時間がたってしまったが，中田善啓先生のご退職に何とか間に合うことができた。ひとえに市川氏の辛抱強いご支援によるものである。改めて御礼を申し上げる次第である。

　2016年　如月

冬景色の神戸の街を眺めながら，執筆者を代表して

西村　順二

目　　次

まえがき

第1章　製造小売業のビジネス・モデル ―――― 1
　　　　―地域スイーツ店における成長の意味：神戸スイーツの事例―

　第1節　本章のねらい ……………………………………………………1
　第2節　地域における経済主体としての製造小売業とは何か …………2
　　1. 地方の活性化問題　*2*
　　2. 地方における地域経済と製造小売業　*4*
　第3節　スイーツ産業の諸特徴―地域空間制約と小規模性 …………6
　　1. スイーツの製品特性　*6*
　　2. スイーツ業界の構造　*8*
　　3. 研究課題―成長戦略モデル　*10*
　第4節　スイーツ産業における製造小売業の位置づけ ………………12
　第5節　神戸地域のスイーツ産業と地域性 ……………………………15
　　1. 神戸地域のスイーツ産業醸成　*15*
　　2. 製造小売業としての神戸スイーツ　*18*
　第6節　結びにかえて …………………………………………………20

第2章　地域活性化のマーケティング ―――― 25

　第1節　本章のねらい ……………………………………………………25
　第2節　地域の抱える課題とマーケティング …………………………26
　　1. 産業構造の変化　*26*
　　2. 地方圏における産業構成　*27*
　　3. 地域ブランド商品による消費拡大の必要性　*32*
　第3節　地域産品のオンライン購買における消費者行動 ……………33
　　1. ITの活用による地域産品の消費拡大について　*33*

2. オンライン購買における知覚リスク　*35*
　　3. 食品に特有の知覚リスク　*36*
　　4. 消費者の地域産品のおすそわけ行動　*37*
　　5. おすそわけの効果分析　*39*

第4節　地域産品の観光土産開発 …………………………………………40
　　1. 国内観光による特産品の消費拡大について　*40*
　　2. 観光土産における消費者の購買行動　*41*
　　3. 事業者の商品開発における課題　*42*

第5節　地域産品の販路のグローバル化 ……………………………………44
　　1. インバウンド観光における観光土産の購買　*44*
　　2. 越境ECによる新たな市場（海外）への挑戦　*45*
　　3. 越境ECの知覚リスクについて　*47*

第6節　産学連携による消費拡大のためのプロモーション ……………49
　　1. オフライン・プロモーションによる知覚リスクの低減　*49*
　　2. 産学連携の取り組み「水俣産野菜のオフライン・プロモーション」　*50*
　　3. プロモーションの実施プロセス　*51*
　　4. オフライン・プロモーションがオンラインに与える影響　*53*

第3章　サプライチェーン組織のマーケティング ―――― 59
　　　　―流通システムにおける戦略・組織・パフォーマンス―

第1節　本章のねらい …………………………………………………………59
第2節　はじめに ………………………………………………………………60
第3節　わが国の流通システムにおけるSCMの展開 ……………………61
　　1. わが国の流通システム観の変遷　*61*
　　2. SCMの考え方について　*67*
第4節　分析枠組みについて …………………………………………………73
　　　　―戦略・構造・プロセス・パフォーマンス―
第5節　加工食品業界における事例 …………………………………………79
　　1. POSデータ開示による協働関係構築（小売業者主導の事例）　*79*
　　2. 受注生産流通システムと部門間の調整（メーカー主導の事例）　*82*
第6節　おわりに ………………………………………………………………86

第4章　ビッグデータとマーケティング ―――――― 91

- 第1節　本章のねらい……………………………………………………91
- 第2節　ビッグデータとマーケティングの変化………………………92
  1. M2MからIoTへ　*92*
  2. 環境の変化とビッグデータの概念　*93*
  3. マーケティングの変化　*95*
- 第3節　ビッグデータマーケティングに必要なもの…………………96
  1. ビッグデータの整理　*96*
  2. データサイエンティスト　*99*
  3. 人間の役割とデータの収集　*100*
- 第4節　ビッグデータ解析を支える技術………………………………102
  1. 分析者としての技術　*102*
  2. ビジネスマンとしての技術　*103*
  3. IT技術者としての技術　*104*
- 第5節　マーケティング戦略事例………………………………………106
  1. トヨタ自動車の事例　*106*
  2. Yahoo! JAPANの事例　*107*
- 第6節　まとめと課題……………………………………………………108
  1. まとめ　*108*
  2. 課題（企業と個人のジレンマ）　*109*

第5章　電子書籍のマーケティング ―――――――― 113
―出版産業の活性化に向けて―

- 第1節　本章のねらい……………………………………………………113
- 第2節　日本とアメリカの書籍市場の現状……………………………114
  1. 日本の書籍市場　*114*
  2. アメリカの書籍市場　*115*
  3. 日米の電子書籍市場　*116*
- 第3節　消費者の購買意思決定…………………………………………117
  1. 効用最大化：便益と費用の比較　*118*
  2. 製品差別化：電子書籍がもたらす便益は何か　*120*

3. 価格と取引費用：電子書籍購入時の費用は何か　*122*
　　　4. 紙の書籍と電子書籍のどちらを買うか　*122*
　第4節　コンテンツ・マーケティング研究の最新動向………………124
　　　1. 理論研究　*124*
　　　2. 実証研究　*130*
　第5節　出版産業の活性化に向けた電子書籍のマーケティング………134
　　　1. コンテンツへの関心の持続期間を踏まえた発売時期の決定　*134*
　　　2. 紙の書籍と電子書籍のバンドル販売　*135*
　　　3. DRM解除の是非　*136*
　第6節　おわりに………………………………………………………136

第6章　音楽産業のマーケティング ———————— 141
　　　　　―サブスクリプションの行方―

　第1節　本章のねらい……………………………………………………141
　　　　　―問題の所在―
　第2節　音楽産業における製品メディアと価格の変動……………144
　　　1. メディアの価格変化　*144*
　　　2. 製品メディアの変化と価格の関連性　*145*
　　　3. 音楽データの価格変化　*147*
　　　4. サブスクリプションサービスの登場　*148*
　第3節　音楽産業の利益構造……………………………………………149
　　　1. 著作権分配　*149*
　　　2. レコード会社への利益分配　*151*
　第4節　音楽財のプロモーション戦略の変化…………………………153
　　　1. プロモーションの種類　*153*
　　　2. SNSを使用したプロモーション　*153*
　第5節　音楽財の流通戦略………………………………………………155
　　　1. CDの流通経路　*155*
　　　2. 変化するCDの流通経路　*157*
　　　3. 音楽データの流通経路　*158*

第6節　デジタル化における音楽財のマーケティング戦略における
　　　　4Pの変化……………………………………………………161
　　1. 4P戦略と4C戦略　　161
　　2. サブスクリプションサービスの可能性　　163
　　3. 懸念されるリスクと展望　　164

第7章　ツーサイド市場の価格戦略 ────── 167

第1節　本章のねらい………………………………………………167
第2節　ツーサイド市場……………………………………………167
第3節　事　　例……………………………………………………170
　　1. クレジットカード　　170
　　2. コンピューターOS, ゲーム機　　172
　　3. 電子商取引　　174
第4節　ツーサイド市場のモデル…………………………………175
第5節　独占状態にあるプラットフォームによる価格付け……178
　　1. 利用料のみ徴収する場合　　178
　　2. 会員費と利用料を徴収する場合　　179
　　3. 会員費のみを徴収する場合　　181
第6節　競争状態にあるプラットフォームによる価格付け……184

第8章　ビッグデータ時代におけるマーケティングパラダイムのシフト ────── 193

第1節　本章のねらい………………………………………………193
第2節　マルチサイドプラットフォームの進化…………………194
第3節　ソーシャルメディアのビジネスモデル…………………196
　　1. グーグル　　196
　　2. フェイスブックのビジネスモデル　　200
第4節　ビッグデータの意義………………………………………201
　　1. 消費者の購買インタフェイス　　201
　　2. ビッグデータのマイニング　　202

第5節　ビッグデータの商品化…………………………………………204
　　　1．ターゲティング　*204*
　　　2．価格差別とロングテール現象　*205*
　第6節　情報化時代のプライバシー………………………………………208
　　　1．プライバシーの潮流　*208*
　　　2．プライバシー問題の複雑性　*210*
　第7節　おわりに……………………………………………………………213

あとがき──────────────────────────────217
索　引───────────────────────────────221

先を読むマーケティング
―新しいビジネスモデルの構築に向けて―

第1章

製造小売業のビジネス・モデル
―地域スイーツ店における成長の意味：神戸スイーツの事例―

第1節　本章のねらい

　製造小売業，それも地域市場における製造小売業の成長・維持の意味について，1つの地域ビジネス・モデルとして検討することが，本章の目的である。その際の事例は，食料品，特にスイーツ・洋菓子を1つの対象に設定される。
　製造業でもなく，小売業でもなく，しかし両者の特性を併せ持った業態である製造小売業として成長してきたスイーツ店は，どのような戦略的行動を取ってきたのであろうか。規模の経済を求めた売上高の増大を1つの目標として拡大戦略をとってきたのであろうか，あるいはそうではない別の戦略目標が設定されているのであろうか。全国市場で有名なスイーツ店もあれば，地域に根付いてしっかりと存在し続けるスイーツ店もある。スイーツ製造小売業は，生洋菓子という製品を取り扱うため賞味期限などの制約から小さな商圏に縛られることとなる。全国市場化に向かうスイーツ製造小売業はいかにしてこの制約条件を乗り越えているのであろうか。あるいは，必ずしも規模拡大を求めるのではなく，存続維持を求めて地域市場にこだわるスイーツ製造小売業は存在するのであろうか。これらの戦略目標は何なのであろうか。
　神戸スイーツと呼ばれる神戸地域のスイーツ産業を題材として考察を加え，

地域における製造小売業の1つの成長モデルの意味を示すことによって，これらの疑問に対しての答えを考えるものである。

第2節　地域における経済主体としての製造小売業とは何か

1. 地方の活性化問題

　現代は地方創生の時代と呼ばれ，地域の活性化が重要視されている。内閣府以外の特命事項担当大臣として地方創生担当大臣が置かれたことは，その1つの表れである。また，地方創生に関わるいくつかの諸施策も実行されている，あるいは実行されつつある状況である。日本経済成長の実現には，地方の活性化なくしては難しいということであるのだろう。これらの効果については多様な評価があるだろうし，まだまだその成否の判定は難しいだろう。しかしながら，すでにいくつかの動きもみられる。例えば2015年7月30日の朝日新聞によれば，財務省は2015年4～7月期の全国11地域の経済情勢を発表し，消費や雇用の改善が各地で表れ，全国の総括判断を「緩やかに回復している」としている[1]。これは，まさしくアベノミクス効果が地方の企業・産業にも効果をもたらしてきているということの1つの結果であろう。しかしながら，一方で地方経済が活性化しているという実感を，どれほどの人が有しているのであろうか。このところのマスコミで言及されている経済効果へのインパクトということでは，アジアを中心としたインバウンド観光客増加のプラス影響は確かにあるだろう。しかし，それだけでは地方経済の足腰の強さを抜本的に改善するほどの効果に至っているかどうかは軽々に判断できない。アジア方面からのインバウンド観光客は，確かに増加してきているとはいえ，政治的な要因によって大きな影響を受けることもまた確かなことであるからだ。

　さて，こういったある種の外生的な要因による活性化効果はあるにしろ，内

生的な活性化という視点からみると，むしろ地方の疲弊は大きくなってきているという様相がみられるし，そのような感覚をもつ人が，いまだ多いであろう。朝日新聞の2015年9月17日の記事では，国土交通省が2015年7月1日に基準地価を公表し，東京・大阪・名古屋の商業地や住宅地は値上がりしているが，地方の中小都市の多くでは値下がりが続き，その格差が拡大していることが指摘されている。また，地方の暮らしをみたとき，ずいぶん前から，地方の商店街に空き店舗が続出し，シャッター街化・シャッター通り化していることが問題となってきたし，その後それらについての大きな改善もみられない。地方の商店街の多くが，いまだ苦戦続きである。また，いわゆる大型店も地方都市を中心に採算の合わない店舗の閉鎖を実施しようとしている。2015年9月18日にセブン&アイ・ホールディングスは，イトーヨーカ堂が運営する総合スーパーを，数年で40店舗閉鎖する方針を発表している。ユニーグループ・ホールディングスも同年9月16日に，不採算の総合スーパー数10店舗の閉鎖を検討していることを表明している。さらには，これら大型の総合スーパーが顧客を奪われたまさしく競合相手である専門量販店の1つヤマダ電機は，2015年4・5月で郊外型の店舗を中心に46店舗を閉鎖し，さらに6月25日に地方や郊外型の11店舗の追加閉鎖を公表している[2]。

　これらの社会の動向をみると，地方における経済活性化が容易に進まないことは明らかである。それは何故だろうか。当然のこととして想定される理由は，次のものである。すなわち人口減少問題を始めに，地方には地方に固有の制度的諸条件が存在しているのではないだろうか。それによって，各地方の経済活性化の進め方や方式はそれぞれに異なるのではないだろうか。また，これらによる各地方の成長目的も異なってくるのではないだろうか。したがって，これらを正しく認識していないと，地方の経済活性化はなかなか進みにくいということである。もちろん，地方の固有性等に関わらず，経済全般に共通する各地方の経済活性化を阻害する要因が存在することは明らかであるだろう。しかしながら，各地方において遅々として経済活性化が進まない理由には，個々の地方特性を前提とした制度的諸条件があるのだろうし，それらを認識してそれらへの適応や対応が行われないと，地方の課題を解決することが困難であるとい

うことである。また，過去に成功していた，または現在成功している地場産業の活性化を維持し，促進し続ける各地方固有の制度的諸要因の存在が，今後も守られるのであろうか，あるいは今後は消滅していくのであろうか。このことも考察されなければならないだろう。

本章では，このような地方にある地方経済の活性化を，スイーツ産業を題材として考えてみたい。それは，必ずしも大都市圏だけではなく，地方にも人々の生活があり，地場産業と呼ばれるような経済活動が綿々と続いてきた事例が多数存在するからである。そして後述するが，その中でスイーツ店という業態は生洋菓子というその製品特性からも一定の商圏に縛られることが多く，広域の経済エリアを想定せずに，各地方に存在し得るものであるからである。

2. 地方における地域経済と製造小売業

さて，地方について言及してきたが，そもそも地方とはどのように捉えれば良いのであろうか，これを考えておきたい。一般的には，地方とは東京や他の大きな都市圏に対応したものである。すなわち，大都市圏に対するものとしての田舎と呼ばれるようなエリアを指すといえる。地方都市という言葉が通常使われているように，たとえ都市であっても，非大都市圏に位置するものは，すべて地方・地方都市と呼ばれることになる。

一方で，地域とは，特定の空間的領域を指すと考えられる。すなわち，地方であるか，大都市圏であるかは区分の基準とはならないし，また行政的な区分に基づく空間的領域に限定されるものでもない。何らかの意味合いをもって，特定の空間的領域を識別するためにそのエリアを指す場合に，それを地域と呼ぶことになるのである。したがって，地域という場合には相対的には小さな限られた空間を指すことになることが多い。また一方で，日本，アジア，そして世界・グローバルというようなそれぞれの集計水準で空間をみたときには，そのそれぞれの集計水準の中の一部特定化されたエリアを指すという意味合いをもつこととなる。

経済活性化ということを考える場合に，地方経済ではなく，地域経済として

その活性化を考えることが，本章の視座である。それは，東京都を中心とした大都市圏であれ，地方と呼ばれる非大都市圏エリアであれ，すべてが地域と呼ぶことができる対象を含むことになるからである。これを BtoC という視点からみれば，大都市圏は全国消費市場やグローバル消費市場を設定することができ，それが主であることが多い。また地方という非大都市圏からみた場合にも，特定地方の需要だけではなく全国消費市場やグローバル消費市場の需要を対象と想定した経済活性化やビジネス・モデルも存在する。しかしながら，取引先需要の集積としては大都市圏か田舎かという区分よりは，何らかの意味合いをもって，それはマーケティング論でいう市場細分化に従って，同質的な属性による塊として取引先需要を捉えることが必要となってくる。すでに述べたように，地域という場合には，その空間的に区分される意味合いが重要であり，それが大前提となる。したがって，その意味からは当然制限された空間的需要エリアである地域という視点から対象とするべき需要市場を捉えることとなる。

　また，BtoB という視点からみれば，グローバルソーシングの時代であるが故に，大都市圏はもちろん，非大都市圏もあらゆるエリアに供給先・販売先を広げることができるが，現実的には特定エリアへの集積・集中がみられる。それは，歴史的，文化的，社会的経緯からの集積根拠に依存する場合が多いということである。日本の経済社会では中小零細企業が多く，また下請け制度に代表されるように企業間取引が形成されてきている。これが空間的に集積することにより，様々な集積のメリットを手に入れ，それでもって大規模企業への対抗力としてきたことは周知の事実であろう。この場合にも，集積のメリットという意味あいから，地域という視点から考察を加えることが実態にあった有効なアプローチであるといえる。

　もう 1 つ，本章での具体的な考察の対象は，製造小売業者である。この製造小売業は，総務省統計局平成 21 年経済センサス－基礎調査における産業分類一覧の日本標準産業分類「大分類 I—卸売・小売業」総説において，小売業に位置づけられ，「製造した商品をその場所で個人又は家庭用消費者に販売するいわゆる製造小売業は，製造業とせず，小売業に分類される」と区分されている。つまり，自店で製造した商品をその場所で小売する事業所であり，消費財を中

心とした手工業者が製造し,それを求めて周辺の住民がそこへ買い物に訪れるような,菓子店,パン店,豆腐店,惣菜店,紳士オーダー服店等を意味している[3]。

このように,製造小売業者は小売販売機能だけではなく製造機能をあわせもった小売業者である。そして,また小売業者は,そもそも特定の需要エリアに立地し,そのエリアの商圏人口に対して製品・サービスを小売販売する組織である。ICTや物流制度の発展により,この空間的制約を越えることが可能となったが,それでも依然として生鮮食品など製品・サービスの属性によって,空間的な市場領域の制約を受けている。したがって,この小売販売の機能をもつが故に,製造小売業者は,地域という特定の意味合い,ここでは需要への近接性ということから,地域経済の中での経済活動を行っているということができる。また,特定地域において自店での製造機能を有しているということからは,相対的には小規模企業組織となることが多く,小売業者としての立地に縛られていることからは多品種多頻度少量生産を行うものとなる傾向が強い。したがって,生産上の機能分担や専門的集中のメリットが存在するような地域への立地が好まれることとなる。すなわち,本章での考察対象となる製造小売業者は,地域における1つの重要な経済主体であり,その地域という様々な制約を受ける中で,一方でその地域の集中・集積のメリットを活用して,その成長を求めていく事業体であるということになる。

第3節 スイーツ産業の諸特徴—地域空間制約と小規模性

1. スイーツの製品特性

あらためていうならば,製造小売業,それも地方の地域市場における製造小売業成長の意味について検討することが本章の目的である。その際の事例は,

食料品，その中でも特にスイーツ店を1つの対象に想定している。それは，本章で設定している地域市場における製造小売業者としてのタイプを考えた場合に，このスイーツ店が比較的適合性が高いからである。

すなわち，製造小売業としては，スイーツといっても生洋菓子が1つの主力製品となり，それはその製品賞味期限の短さから，遠方からの購入来店は困難である。冷凍技術の進化や，物流の高度化により，この製品自体がもつ物理的特性からの課題をクリアすることも可能となってきてはいるが，本来の製品の特性（いわゆる，出来立ての美味しさ等）からは限界があるだろう。例えば，北海道のスイーツが土産として好評を得て，大きく利用されているのは，冷凍によるものが多く，持ち運びの工夫がなされているからである。また，沖縄のスイーツも焼き菓子などを中心とした品揃え提供であり，持ち運びの制約は小さい。したがって，生洋菓子にこだわる地域スイーツ店にとっては，小さな商圏に縛られることとなるのは必然である。

さらには，スイーツは原則的には不要不急の製品である。また，最寄品ではなく，買回り品に属するこだわりの製品群である。もちろん，誕生日記念などでの利用では事前購買予定が立つものもあるが，多くの場合は消費時点に近いところでの購買意思決定となるし，店頭・商品ケース前での商品選択が主である。価格については，割高感はあるだろうが，必ずしも価格弾力性が高い製品

図表1-1　スイーツに対するイメージ

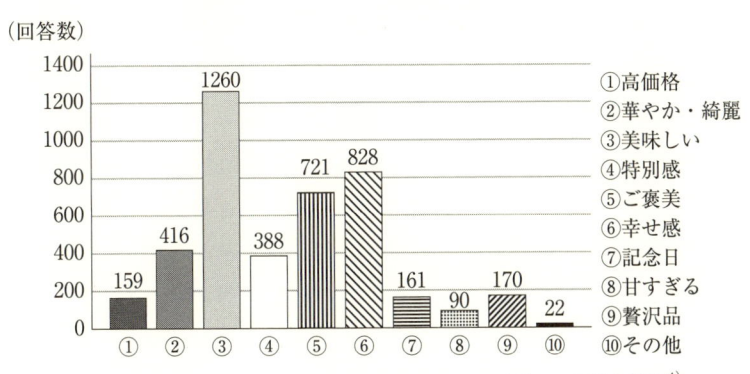

（出所）2015年7月19日，8月2日甲南大学において実施された調査結果[4]

ではない。許容範囲での価格帯の中で，最大価値を得るために購買するような製品であるといえる。図表1-1は，甲南大学において実施したスイーツに対するイメージ調査の結果である。1つの数字として示しておこう。最も多い回答は，美味しさ（29.9％）である。そして，幸せ感（19.6％），ご褒美（17.1％）という回答が続く。価格については，高価格であるという印象をもっている回答は3.8％と少ない。スイーツという製品が提供する製品価値には，美味しさや幸福感，ご褒美という価格にこだわらない価値が中核として存在していることがわかるであろう。

2. スイーツ業界の構造

では，次にスイーツ産業全体の構造特性を確認しておこう。製造業者の出荷額ベースでの年度推移をみると，全体としてはここ数年減少傾向にあった。しかし，2011年からは若干ではあるが反転している。2009年にはリーマンショックの影響があっただろうし，2012年の東日本大震災も影響を及ぼしたではあろうが，それほどの大きなものではなかったといえる。一方，生洋菓子の製造出荷高成長率の推移をみると，この6年間で一貫して100％以下と減少傾向にあり，2011年からの市場全体でみた反転の主力は焼き菓子であることがわかる（図表1-2）。当然のことであるが，対前年比成長率をみても，6年間にわたって，常時焼き菓子が洋生菓子のそれを上回っているのである（図表1-3）。

すなわち，スイーツ産業全体では市場規模としてはやや持ち直しつつあるが，それを牽引しているのは焼き菓子の取り扱い分であり，生洋菓子の貢献度は年々下がってきていることがわかる。さらに，この生洋菓子の市場競争の状態をみておこう。生・半生洋菓子の上位5社集中度の推移をみてみると，図表1-4にあるように，総じて約30％の集中度である。2010年までは生菓子のみの数字であり，32.9％まで上昇してきている。11年には，統計処理上，焼き菓子と干菓子が含まれるようになり，その修正数字で見ると29.3％に下がるが，その後上昇傾向を示しているし，その成長度は高い。生洋菓子では，2008年から2010年にかけて伸びてきているとはいえ，集中度はそれほど高くはない。それ

第1章　製造小売業のビジネス・モデル　9

図表 1-2　スイーツ市場規模の推移（製造業者出荷額ベース）

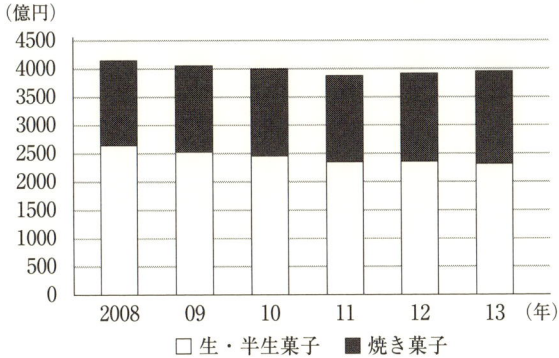

（出所）　矢野経済研究所編（2014）に基づき，筆者作成。

図表 1-3　スイーツ製造出荷高の成長率の推移

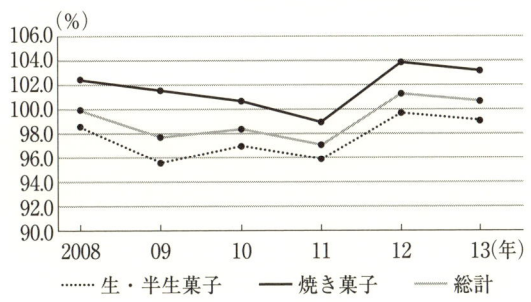

（出所）　矢野経済研究所編（2014）に基づき，筆者作成。

図表 1-4　生・半生洋菓子の上位5社集中度の推移

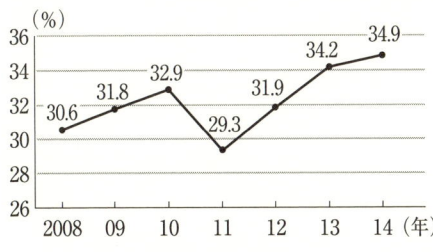

（出所）　矢野経済研究所編『マーケットシェア事典』各年度のものから作成。

は地域に分散し，その小さな商圏に縛られるが故の状況である。しかし，焼き菓子や干菓子を含めてみると，集中度が相対的に高い上昇傾向を示すことになる。それは，製品の賞味期限の長さがやや伸びることにより，地域を越えた販売が可能となるからである。

3. 研究課題―成長戦略モデル

それでは，このような諸特性をもつスイーツ産業において，どのような成長・維持の途を描くことができるのであろうか。これまでの考察から挙げることができるスイーツ産業に特徴的なことは，以下である。

本章で取り上げられている製造小売業は，基本的には全国市場ではなく，特定の地域市場を対象としてビジネス展開を進めている組織である。したがって，第一に，本来的には小さな商圏に縛られることとなる。そして，考慮すべき点はこの小さな商圏は店舗の立地によって規定されることとなる。自社工場で製造して，そして立地周辺に小売販売を行うという製造小売業である限りは，そしてその取り扱い製品が生洋菓子であるということから店舗は，すなわち確立された1つの小さな商圏とイコールということとなる。製造小売業という業態を，特別に意識するわけではないが，スイーツ店での購買を想定したときに，消費者は製造小売業者としてのスイーツ店を先ずは選択し，その上でスイーツ製品や立地，アクセスの容易性などにおいて多様なスイーツ店という選択集合・想起集合が形成されることとなる。そして，その上で効用最大化選択が行われて，特定店舗が選ばれることとなる。その後に店舗内での製品選択が行われることが多いだろうし，あるいは最初から特定のスイーツ製品を確定した上で，店舗選択が行われる場合もある。

また，上記の特性から，第二に店舗ブランド，製品ブランド，そしてパティシエ・パティシエール・シェフブランドが重要となってくる。スイーツという場合に，特定の製品ブランドがその店舗の代表的な魅力ある製品となり，顧客吸引の源泉となる。また，有名パティシィエやパティシエール，シェフそのものが魅力ある職人として，その職人が生み出す製品はその人物と同等視され，

その属人性が店舗そのものとなり，人格化された店舗ブランドとして構築されていく傾向もみられる。

　第三に，製造小売業であるが故に，店頭での製品の品揃えにおいて可変性が高いことが挙げられる。消費者ニーズに対して，迅速に対応して製品を製造することはスイーツ店の場合には相対的に容易性が高くなる。それは，一方では自店舗内での製造加工が，自店舗における範囲で収まることでもあり，相対的には零細中小規模の組織とならざるを得ないということでもある。この品揃えの可変性と規模の零細中小性とを併せ持つことが，スイーツ製造小売業の特性であるといえる。

　第四に，物理的空間制約への対応が挙げられる。地域における小商圏の製造小売業であることは，スイーツという製品の属性によるところが大きい。すなわち日持ちがしない生洋菓子を取り扱っていることにより，対象となる消費者の空間分布において物理的な空間制約を受けることとなるのである。

　しかしながら，この空間的制約を突破して全国市場への販売を実践している組織も存在する。これらの企業組織は生菓子から干菓子や焼き菓子へ取り扱い製品を拡張することにより，この制約を突破しているのである。

　第五に，モノ作りとマネジメントの分離・非分離性である。すでに述べたようにスイーツ店においては，製造機能と小売機能が併存することになる。したがって，組織内でのモノ作りと組織マネジメントの両方の業務が同一の組織・店舗内におかれることとなる。小さな地域商圏を対象とするため零細中小規模性であることから，この両方の業務が同一人物において行われることが多くなる。しかしながら，本来的に異質な業務を同一人物が，同等に行うことは困難である。また，それは小さな商圏の顧客を相手とする事業であっても同様であるが，全国市場の商圏やグローバルな商圏を想定するのならば，ますますその同等遂行の困難性は増すし，むしろもの作りの役割と組織マネジメントの役割の分離が必要になってくるであろう。以上から，次頁の図表1-5にあるようなスイーツ製造小売業の成長・維持についての1つの要因間関係性を想定することができる。

図表1-5 スイーツ製造小売業の成長・維持規定関係図

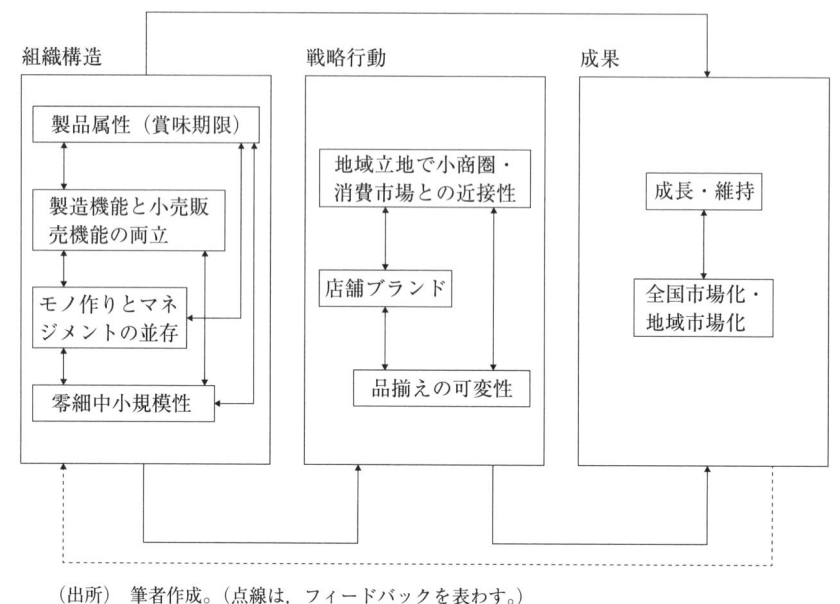

（出所）筆者作成。（点線は，フィードバックを表わす。）

第4節 スイーツ産業における製造小売業の位置づけ

　ここまで，製造小売業としてのスイーツ店の諸特徴をみてきた。以下では，製造小売業が最もそれであるが所以に絞って考察してみることにする。先ずは，スイーツ産業における販売チャネルの状況である。図表1-6にあるように，2011年度の生洋菓子の販売チャネルの構造は，小売販売が主となっている。チャネル別売上高をみると，小売店の直販チャネルが最も多く，2540億8千5百万円で60.5％を占めている。次が，スーパーマーケットの18.3％，そして3番目にコンビニエンスストア（CVS）が12.0％と続く。圧倒的に，生洋菓子は小売店での販売に依存しているということである。百貨店の地下売場でのスイー

第1章 製造小売業のビジネス・モデル　13

図表1-6　2011年度生洋菓子チャネル別市場規模

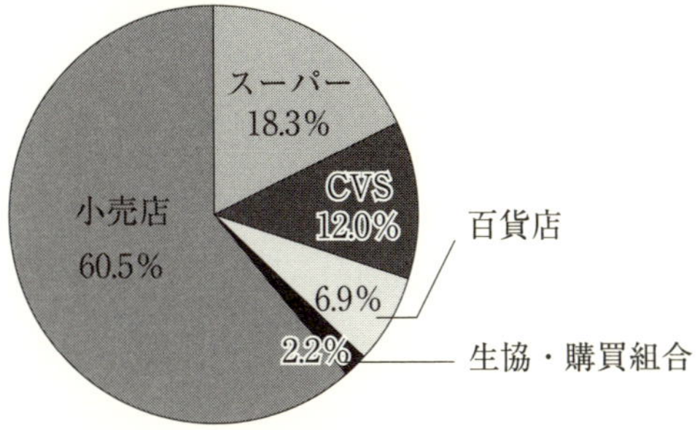

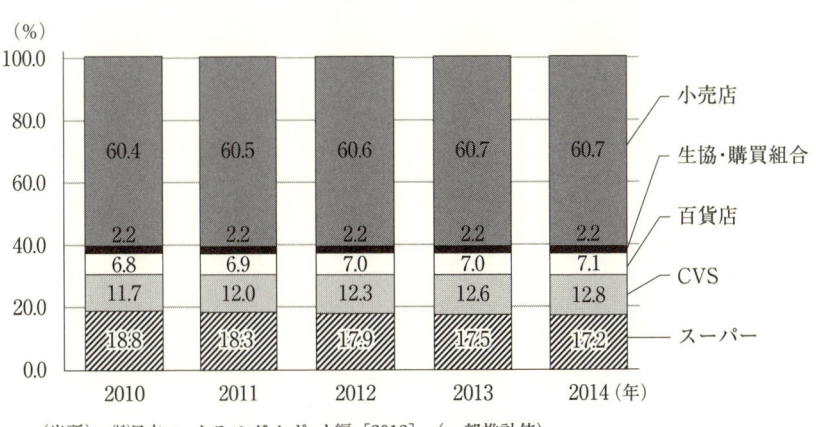

（出所）㈱日本マーケティング・レポート編［2012］。

ツの販売が，ジャーナリスティックには注目されることが多いが，売上高順位ではまだまだ低く，せいぜい7％程度である。むしろ，スーパーマーケットやコンビニエンスストアに上位を譲っているような位置づけである。

　これを年次の推移でみてみると，ほとんど大きな変化がみられない。図表1-7に表されているように小売店販売が圧倒的に強く，60％超えを維持している。ただし，スーパーマーケット経由の売上高が減少し，コンビニエンスストア経由の売上高と百貨店経由の売上高が若干上昇している。2009年はコンビニスイ

図表1-7　生洋菓子チャネル別市場規模の推移

（出所）㈱日本マーケティング・レポート編［2012］。（一部推計値）

ーツ元年とも呼ばれるが，コンビニスイーツの品質向上によりスーパーマーケットで取り扱われるスイーツ製品が，コンビニエンスストアで扱われるスイーツ製品に取って代わられつつあること，また百貨店は不況下において，いわゆる「デパ地下」と呼ばれる食料品売場・スイーツ売場の活性化による集客を展開したことによるものであろう。

　それでは，この製造小売業者としてのスイーツ店において，図表1-6や1-7で示されているように小売販売が増大傾向にあることはわかるが，これらの企業組織は規模の拡大に表される売上高の増大を目指した上で，流通チャネルにおいて地域に縛られがちとなる小売直販を減らして，全国市場化へ向かう傾向があるのだろうか。それとも小売直販比率を高めることは売上高増大という成長行動と同じ方向を向いていると考えてよいのであろうか。上記データに基づき，小売直販比率が平均よりも高い企業，平均より低い企業，まったく小売直販を行っていない企業の売上高の比較を行うため分散分析を実施した。データは，2011年度に基づくものである[5]。

　その結果については，サンプル数が少ないために，ある種の傾向が存在すると言うに留めざるを得ないが，いくつかの傾向を確認しておきたい[6]。図表1-8にみられるように，小売直販企業と非小売直販企業には差異が存在するし，それは売上高においてである。さらに，小売直販企業の中で，その小売直販の比率の差異による売上高の違いは見られていない。地域で経営を営んでいるスイーツ製造小売業者は，その売上高増大という成長を志向するならば，小売直販することをやめ，むしろ販路については既存チャネルを活用することが有効である。また，一部の小売直販を進めることは，その規模の経済を求めた拡大とは反対に売上高の増大には繋がらないのである。そしてもう1つ，小売直販比率の高低と利益高の関係では統計的に有意にならず，利益高の増大については，小売直販することと，しないことの影響はないということである。

図表1-8 小売直販に対する売上高のプロット

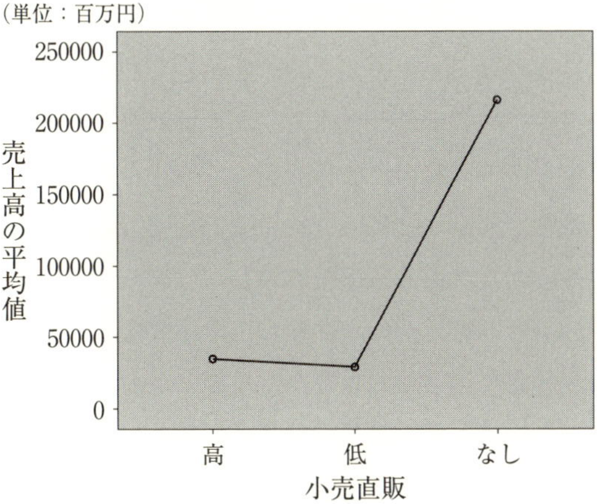

(単位：百万円)

売上高の平均値

第5節　神戸地域のスイーツ産業と地域性

1. 神戸地域のスイーツ産業醸成

　スイーツ製造小売業者は，売上高増大を実現するためには，自ら小売直販を行うよりは，既存の流通チャネルを活用した小売販売を行っているということが確認できた。つまり，直販を行う限りにおいては，地域による制約を受けてしまい，売上高などの大きな成長を得ることが難しいということである。では，多くの地域で製造小売業としてのスイーツ店は減退していっているのであろうか。必ずしもそれだけではない実態が存在する。以下では，神戸地域のスイーツ産業の状況を確認しておこう。神戸地域のスイーツ産業は，神戸市の地場産業の1つとして位置づけられるものであり，長い地域の歴史の中で醸成されてきた産業であるといえる[7]。

　神戸港は，古くは「大輪田の泊」と呼ばれ，大陸との交流拠点の1つであっ

た。その後も「兵庫の津」として国内外の交通の要衝として重要な役割を果たしてきた。したがって，神戸地域にはこの神戸港を通して西洋文化が流入し，洋菓子が普及する下地はあったのである。しかしながら，港町は他地域にも存在している。その中で，神戸に洋菓子産業が地場産業として醸成されてきたのは，神戸地域に何らかの固有の諸条件が整っていたからである。

第一に，需要要件である。これは，先ずは1868（慶応3・明治元）年に設置された神戸居留地の存在である。居留地の存在により，そこで行きかう交流人口，定住人口としての外国人が多数存在し，西洋文化をそのまま持ち込み，この外国人需要層が確実に存在したのである。次に，大阪地区からの富裕層の移住により，高価であっても西洋食品受容という進取の気風がある需要層が存在したことである。明治の時代から大正の時代にかけて，経済発展の中心は大阪であった。この大阪で成功を成し遂げた事業家たちが，経済発展の一方で居住環境が悪化してきた大阪から神戸方面に良好な住宅を求めて移り住んだのである。彼らは，富裕層であり，進取の気風も強く，様々な西洋文化を生活の中に取り込んでいった。スイーツに対してもこれらの需要層が確実に存在したことは，想像に難くない。さらに，言わゆる関東大震災により，外国公館・領事館が関東から神戸へ移行してきたことにより，これら公館勤務者等の需要が生まれ，存在したこともいえる。港町としての歴史をもち，すでに外国人コミュニティも存在していた神戸は，関東大震災により，特に横浜などから外国公館が移ってくる先としては好立地であったといえる。これにより，これら外国公館に勤める人々がスイーツに対しての一定の需要となり得たのである。これら上記のいくつかの目立った需要者達の存在が，神戸地域でのスイーツ産業発展にとっての需要要件として存在した事は明らかである。

第二に，地域風土要件が挙げられる。神戸港は，貿易港として産業物資が行き来するだけではなく，西洋文化浸透のプラットフォームとなる役割もあったのである。先ずは，神戸港は欧州航路に開かれた港であり，スイーツの長い歴史をもったドイツ菓子やフランス菓子が移入される機会が多かったことである。横浜港と異なり，欧州航路が主であった神戸港には，ヨーロッパやロシアからの多様な洋菓子文化が入り込む機会が多かったのである。そして次に，一過性

の観光客ではなく，貿易港であるが故に居住外国人が滞留し，洋風のライフスタイルが根付いていたことが挙げられる。1868年から1899年まで神戸地域に外国人居留地が設けられていた。その後，居留地だけでは収まりきらない外国人居住者が神戸の街に移り住み，地域コミュニティの中にそのライフスタイルとあわせて浸透していったのである。北野地区の異人館の集積や，大正時代後期に芦屋川の西岸・神戸市の東部深江地区にロシア人芸術家を主とした深江文化村が形成されたことなどは，外国人居住者が神戸の街に西洋文化を移入したことに大きな影響を及ぼす1つの舞台となっていたということも言えるだろう。

そして，神戸地域にスイーツ産業が発展した第三の条件として，製造要件が挙げられる。先ずは海外からのスイーツなどの材料輸入が容易であったということである。洋菓子であるスイーツの原材料を国内だけで入手調達することは困難であったが，港町であるが故に，どの地域よりも早くに，そして比較的容易に多様な海外資材を入手できる条件が整っていたのである。次に，戦争，政争，震災の影響により，技術者が神戸へ移行してきたことが挙げられる。好むと好まざるとに関わらず，第一次世界大戦等の戦渦の中で，大陸や上海居留地から日本へ多くの西洋菓子技術者が日本へ移ってきたこと，ロシア革命などの政争を逃れて日本へロシアや欧州の菓子技術者が移ってきたこと，そして関東大震災による被災から神戸地域へ多くの外国人が避難してきたこと，これらにより神戸地域にスイーツ製造の技術が確実に移築されてきたのである。そしてもう1つ，前述のように生洋菓子であるが故にその賞味期限などの製品属性から，小さな商圏が対象となり，神戸地域の居留地居住者や富裕層への提供の中で技術水準の向上機会が存在したことである。生洋菓子は日持ちがするものではなく，当時の運搬技術などから商圏は小さなものとなってくる。したがって周辺地域の顧客層との取引となる。そして，この周辺顧客層が神戸の地域においては西洋菓子に親しんだ外国人居住者，そして大阪から移り住んだ富裕層となってくる。彼らは，品質に対して評価能力が高く，これら消費者のニーズ・要望との切磋琢磨の環境が製造能力の向上をもたらす機会となったのである。以上，次頁の図表1-9を参照されたい。

図表 1-9　神戸洋菓子産業発展の要因

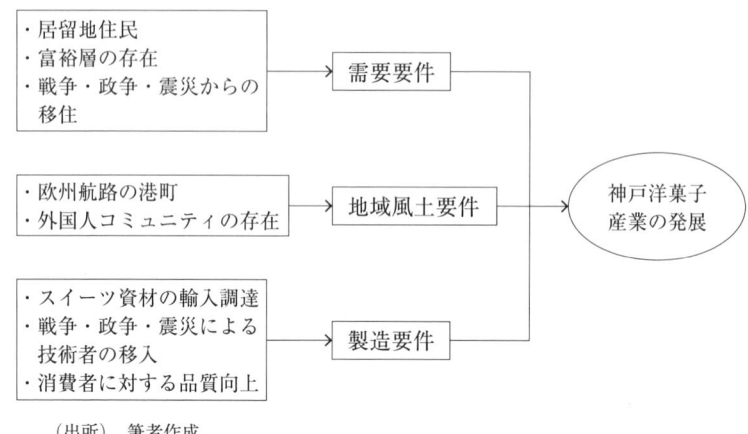

（出所）　筆者作成。

2.　製造小売業としての神戸スイーツ

　神戸地域におけるスイーツの歴史は，神戸地域固有の諸条件があったからこそ発展してきたと言える。それでは神戸地域のスイーツ産業においては，これまで議論してきた製造小売業としての特徴は存在するのだろうか。先ずは，神戸地域のスイーツの認識をみてみよう。消費者にとって「神戸スイーツ」という認識はあるのであろうか。前述した2015年7月と8月に甲南大学で行われたアンケート調査では，65%の回答者が「神戸スイーツ」なるものを認識していることが分かった。この地域認知とスイーツへの好意との関係性について，

図表 1-10　神戸スイーツ認知と好き嫌いのクロス表

			好き嫌い		合計
			好き	好きではない	
神戸スイーツ認知	知っている	度数	1038	18	1056
		標準化残差	.2	-1.5	
	知らない	度数	542	21	563
		標準化残差	-.3	2.0	
合計		度数	1580	39	1619

クロス集計において χ^2 検定を行った。検定の結果は，$p<0.05$ で有意となり，対立仮説が採択され，神戸スイーツの認知とスイーツに対する好評価の関連性が確認されたと言える（図表1-10）。

　では，このように神戸という地域性との関係において，スイーツに対する好評価とのある種の関連があるこの「神戸スイーツ」が，製造小売業としての強みをもつことをみておこう。前記図表1-5にある戦略的行動に従えば，「神戸スイーツ」というブランドとしての認知力があるとすると，成果においては，規模の拡大よりは生産性において優位な立場にあるのが，「神戸スイーツ」であるということがいえるのではないだろうか。それは，図表1-11と図表1-12にみられるように，店舗あたりの売上高をみても，売り場面積あたりの売上高でみても，全国でみた数字よりも神戸でみた数字の方が上回っている。また，神戸市における数字では，小売販売のスイーツ店に対して製造小売のスイーツ店が上回る傾向にあることが分かる。

　神戸という地域に立地したスイーツ店では，「神戸スイーツ」という地域性のもつ認知力を活用して，規模の経済性を求めるだけではない成長の途を歩んで来ている姿があるといえる。全国市場への大規模化，そしてそれに伴い小売販売業としての拡大を目指すスイーツ店がある一方で，製造小売業として規模拡大を目指すのではなく，中小零細規模であることを維持したその上で生産性や

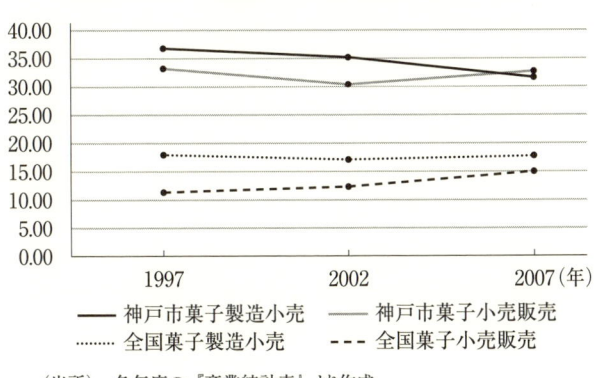

図表1-11　店舗あたりの売上高（百万円／店）

（出所）　各年度の『商業統計表』より作成。

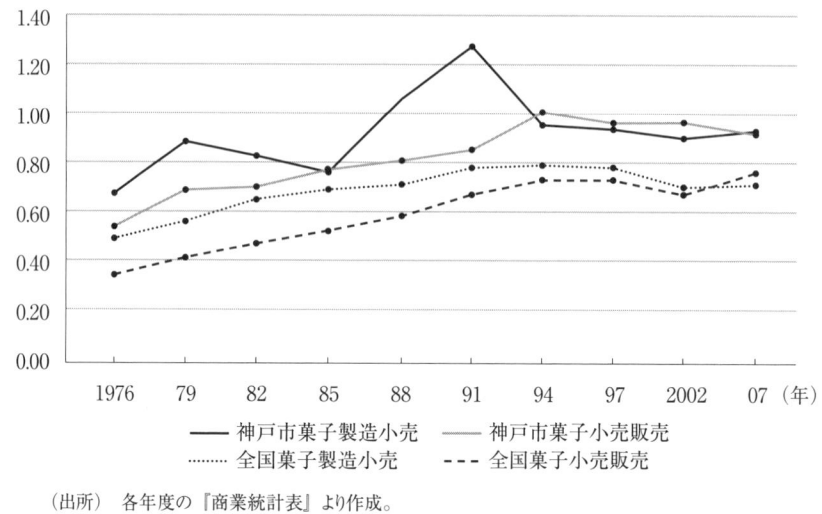

図表1-12 売り場面積あたりの売上高（百万円／㎡）

――― 神戸市菓子製造小売　　――― 神戸市菓子小売販売
……… 全国菓子製造小売　　- - - 全国菓子小売販売

（出所）　各年度の『商業統計表』より作成。

効率性を上げることを進めているスイーツ店が地域には存在するのである。

第6節　結びにかえて

　以上，神戸地域のスイーツ店が，全国のスイーツ店とは異なる様態を有していることが示された。それは，神戸という地域に固有の需要要件，地域風土要件，製造要件からなる地域依存的な諸条件が存在し，その諸条件を前提に神戸におけるスイーツ産業が発展してきたことを表しているのである。
　また，製造小売業という業態は，製造機能と小売販売機能を併せ持つ。そして地域における相対的に小さな商圏を取引相手として，小売販売をしている業態であるが故に，規模の経済性を求めた戦略的行動，すなわち売上高の増大などを目指した製造小売業者としての直営からの離脱傾向がみられる。地域市場

から全国市場への拡大には，製造小売から小売販売に軸足を移していくことが1つの方法として必要なことであるのだろう。ところが，地域市場において，製造小売業であるが故に，地域ニーズへの適応が元来埋め込まれていることに重きを置き，拡大路線よりは，効率性・生産性志向の下で地域ニーズへの適応を重視するスイーツ店の姿をみることができた。それは生洋菓子という製品の諸属性によるものでもあった。つまり，生洋菓子は不要不急の製品であり，小さなエリアではあるが買い回る製品であり，賞味期限が短く，運搬・持ち運びにおいては困難性が高い製品であるということである。また，地域の中小零細規模の製造小売業であるが故に，組織的にもの作りとマネジメントが1つの組織内に並存されていて，迅速な顧客ニーズ対応が提供する製品ライン上で可能である。これらに基づき，地域に根ざした製造小売業の姿としてスイーツ店という製造小売業の存在が確認されたのである。

そして，これらのことにより，地域ブランド認証などの組織的な行動を取ることなく，歴史的・制度的に起こってきた神戸地域におけるスイーツ製造小売店の集積により，「神戸スイーツ」という1つの地域ブランドと呼んでもよいだろうものが自然発生的に醸成されてきたということも出来るであろう。

しかしながら，果たして「神戸スイーツ」というものは，何を指しているのであろうか。少なくとも消費者にとっては，それが存在していることは本章の考察を通じて想定することができるが，その中身は何を指しているのだろうか。単なる総称としての「神戸スイーツ」なのか，具体的な諸特徴・諸条件を有したスイーツ・あるいはスイーツ産業として認識されるものであるのだろうか。これらについての確認が1つの課題として残されている。今後，この確認作業を通じて，製造小売業の，それも地域における製造小売業の地域性や，その成長の方向性についての示唆が得られるであろう。

【キーワード】

製造小売業，商圏，地域経済，産業集積，消費近接性，地域企業の成長戦略，スイーツ店，洋菓子産業，SPA，地場産業

〈注〉
1) 「景気全国判断　1年半ぶり上方修正」『朝日新聞』2015年7月30日。
2) 「ヤマダ電機，11店閉鎖へ」『朝日新聞』2015年6月25日。「3大都市圏　商業地上昇　基準地価　中小都市は下落」『朝日新聞』2015年9月17日。「ヨーカ堂最大40店閉店　5年かけ店舗の2割」『朝日新聞』2015年9月18日。「総合スーパー　大閉店時代　ヨーカ堂最大40店　ユニー数十店検討」『朝日新聞』2015年9月19日。
3) 製造小売の定義について，詳細は久保村・荒川監修［1995］を参照されたい。
4) 本調査は，2015年7月19日と8月2日に甲南大学におけるオープンキャンパス，及び公開講座において実施されたアンケート調査である。調査概要は以下の通りである。なお，当該の質問は，上位3つを選ぶ複数回答の結果である。
　　調査目的：スイーツ及び甲南大学に対する認識についてのイメージ確認
　　実施日時：2015年7月19日（日）11:00-16:00
　　　　　　　2015年8月2日（日）11:00-16:00
　　実施場所：甲南大学岡本キャンパス，西宮北口キャンパス，ポートアイランドキャンパス
　　調査対象：本学オープンキャンパスへの参加者
　　配布枚数：1894
　　有効回答枚数：1880
　　有効回収率：99.3％
　　方法：手渡し，自記入，即日回収
5) ここで使用されたデータは，㈱日本マーケティング・レポート編［2012］に基づくものである。
6) デザートなどのスイーツ製品のチャネル別販売状況上位90社の中で，小売直販を平均値以上の比率で行っている企業，同様に平均以下で行っている企業，そして全く小売直販を実施していない企業の上位10社ごとに比較分析を行ったものである。サンプル数が少なく，傾向が存在したということにならざるを得ないが，分散分析の結果は以下の通りである。

　　分析の結果は，$F(2,27)=6.661$，$p<0.01$となり，小売直販の有無に主効果が存在することがわかった。HSD法による多重比較の結果では，小売直販していない企業の売上高は，高い程度で小売直販している企業の売上高，および低い程度ではあるが小売直販している企業に対し，有意に高いことが認められている（$p<0.05$）。

　　また，同様に小売直販比率の高低に基づき，その利益高の比較を行うために分散分析を実施したが，有意とはならなかった。

小売直販比率	平均値	標準偏差	F
高い	34941	51615.09	6.661*
低い	29458	38015.53	
なし	216215	216246.7	

N=30　　　　　　　　　　　　　　　*$p<0.05$

7) 神戸市HP資料によると，「慶応3年（1868年）の開港以来，神戸は国際港湾都市として発展してきた。開港とともに開設された外国人居留地を通じてもたらされた様々な洋風生活文化に刺激を受け，アパレル，洋菓子，神戸洋家具等の地場産業が生まれた。……洋菓子の歴史：明治期に萌芽し，欧米人により本格的にもたらされ，この欧米文化

を吸収した神戸人による創業がはじまる。現在，各都市の百貨店の食料品売場は，神戸の洋菓子が占める比重が高く，食のファッション化の大きな役割を果たす。……」とされている。「神戸の地場産業について」〈http://www.city.kobe.lg.jp/information/project/iryo/kenko/img/shiryou2.8.pdf〉

〈参考文献〉

石井淳蔵［1978］「商業の生産性指標の理論的再検討」『同志社商学』29（4・5・6），382-390頁。
─────［1989］「小売商業における企業家行動の条件」『組織科学』22（4），26-34頁。
小川英治［1989］「新事業形成のプロセスと企業家職能」『組織科学』22（4），15-25頁。
加護野忠男［1988］「組織変動と認識進歩」『組織科学』22（3），50-59頁。
─────［2007］「取引の文化：地域産業の制度的叡智」『国民経済雑誌』196（1），109-118頁。
久保村隆祐・荒川祐吉監修，鈴木安昭・白石善章［1995］『最新　商業辞典』同文舘出版。
小宮一高［2003］「自己目的志向の小売業者と品揃え形成」『流通研究』6（1），81-93頁。
─────［2007］「成長を抑制する小売業者の経営意識─生業志向概念の再検討を通じて─」『香川大学経済論叢』80（1），69-88頁。
高嶋克義［1997］「生業志向のマーケティング行動」『国民経済雑誌』176（1），48-60頁。
田村正紀［1984］「流通システムへの産業組織論的アプローチ─その批判的考察─」『国民経済雑誌』150（1），14-29頁。
西村順二［2012］「マーケティング・ミックス編集とブランド構築の可能性に関する事例研究─「堂島ロール」成長の源泉─」『甲南経営研究』52（4），31-58頁。
─────［2013］「製造小売業者の消費適応に関する予備的考察─スイーツの事例─」『甲南経営研究』54（1），105-125頁。
森元伸枝［2009］『洋菓子の経営学─「神戸スウィーツ」に学ぶ地場産業育成の戦略』プレジデント社。
Davidson, P., [1989] "Entrepreneurship and After? A Study of Growth Willingness in Small Firms," *Journal of Business Venturing*, 4, pp. 211-226.
Paige, R.C. and M.A.Littrell [2002] "Craft Retailers' Criteria for Success and Associated Business Strategies," *Journal of Small Business Management*, 40 (4), pp.314-331.
Reijonen, H., T.Laukkanen, R.Komppula and S.Tuominen [2012] "Are Growing SMEs More Market-Oriented and Brand-Oriented?" *Journal of Small Business Management*, 50 (4), pp.699-716.
Wiklund, J., P. Davidsson and F. Delmar [2003] "What do they think and feel about growth? An expectancy-value approach to small business managers' attitudes toward growth," *Entrepreneurship, Theory and Practice*, 27, pp.247-270.

〈参考資料〉

『朝日新聞』2015年6月25日，7月30日，9月17日，9月18日，9月19日。
㈱日本マーケティング・レポート編［2012］『デザート市場白書』。
経済産業省『商業統計表』各年度。

矢野経済研究所編［2014］『2014〜2015年版 菓子産業年鑑 和・洋菓子・デザート編』。
矢野経済研究所編『マーケットシェア事典』各年度。

(西村　順二)

第2章

地域活性化のマーケティング

第1節 本章のねらい

　地域活性化が，今日の日本の重要な課題となっている。地域を活性化するための1つの方法として，地域の生産者や事業者が地域で生み出した商品を国内，海外で消費拡大することがあげられる。本章では，地域の特産品（以下，地域産品），その中でも特に食品に焦点をあて，地域産品の消費拡大のためのマーケティングについて論じる。ITの進展によって，生産者がオンライン販売などを通して，消費者に地域産品を直接販売する環境が整ってきた。また，消費者の「安全・安心な食」に対する意識の高まりから，生産者の顔がみえる商品へのニーズが高まっている。しかし，生産者と消費者を直接つなぐチャネルが誕生したにもかかわらず，地域の事業者のこれまでの商品開発は，生産者であるがゆえに製品志向のマーケティング視点で行われることが多い。そこで，本章では地域産品のお取り寄せや観光土産に対する消費者の購買行動に焦点をあて，分析事例の紹介を交えながら論じ，これからの地域産品の消費拡大に必要なマーケティングについて考える。

　本章で紹介する分析事例は，以下の通りである。
▶地域産品のおすそわけの連鎖消費についての分析（第3節）

▶観光土産の売り手，買い手についての分析（第4節）
▶中国人観光客の観光土産のオンライン・リピート購買についての分析（第5節）
▶オフラインのプロモーションがオンラインに与える影響についての分析（第6節）

第2節　地域の抱える課題とマーケティング

1．産業構造の変化

　地域の抱える主要な課題として，少子高齢化といった社会構造の変化と，産業構造の変化があげられる。本節では，産業構造の変化がもたらした地域の抱える課題について概観する。

　我が国の事業所数は，1989年まで増加傾向にあったが，1989年の約662万事業所をピークに減少傾向（2012年は約542万事業所）に転じている[1]。

　図表2-1は，1986年と2012年の事業所数でみた産業構成比の変化である。1986年と比較して2012年では，製造業の割合が4.2ポイント，小売業の割合が6.6ポイント低下している。一方，サービス業の割合が3.8ポイント，医療・福祉の割合が3.6ポイント増加している。

　次に，従業員数で産業構成比の変化をみると，製造業の割合が10.2ポイント低下しており，従業員数の減少割合は事業所数の減少割合と比較して大きくなっている（図表2-2）。これは，経済のグローバル化により製造業の海外移転などで事業所数が減少したが，それに加えて，国内においても製造業のオートメーション化などにより製造の効率化が勧められた結果，雇用の場が減少しているためではないかと推測できる。一方，小売業の割合は0.5ポイントの低下にとどまっており，従業員数の減少割合は事業所数の減少割合と比較して小さい。

図表 2-1　事業所数でみた産業構成比の変化

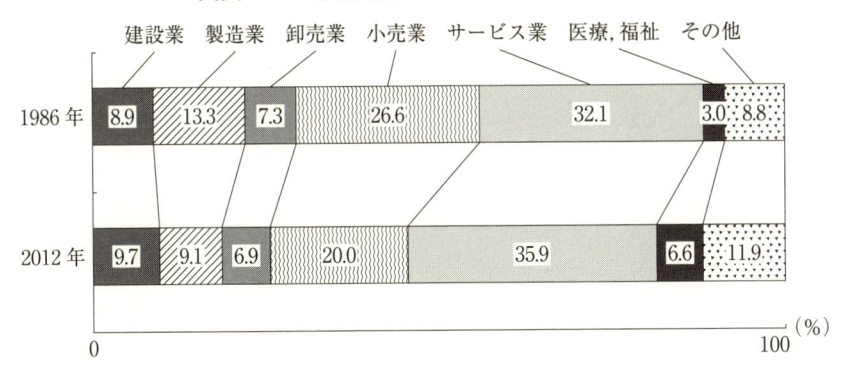

年	建設業	製造業	卸売業	小売業	サービス業	医療,福祉	その他
1986年	8.9	13.3	7.3	26.6	32.1	3.0	8.8
2012年	9.7	9.1	6.9	20.0	35.9	6.6	11.9

(出所)　中小企業庁［2015］364 頁。

図表 2-2　従業者数でみた産業構成比の変化

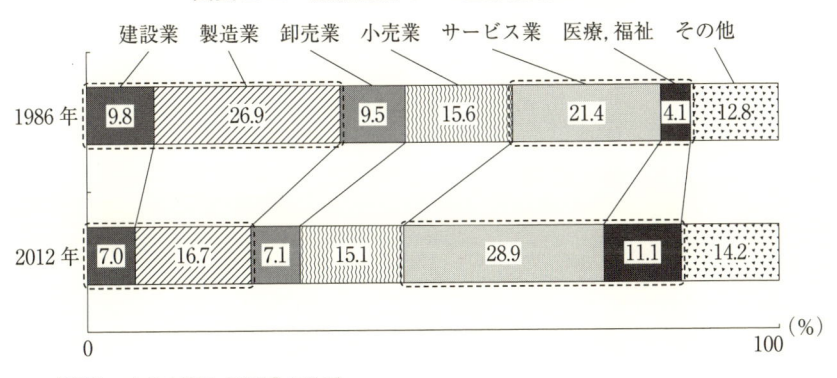

年	建設業	製造業	卸売業	小売業	サービス業	医療,福祉	その他
1986年	9.8	26.9	9.5	15.6	21.4	4.1	12.8
2012年	7.0	16.7	7.1	15.1	28.9	11.1	14.2

(出所)　中小企業庁［2015］368 頁。

これは，小規模の小売店が廃業し，大規模小売店舗への集約が進んでいる結果であると推測できる。中小企業庁によると，特に，地方の中山間地域[2]の市町村においては，事業所数，従業者数の減少傾向がより顕著となっている[3]。

2. 地方圏における産業構成

次に，地域別に産業構成を比較する。図表 2-3 は，地域を東京圏（埼玉県・千葉県・東京都・神奈川県），名古屋圏（岐阜県・愛知県・三重県），大阪圏

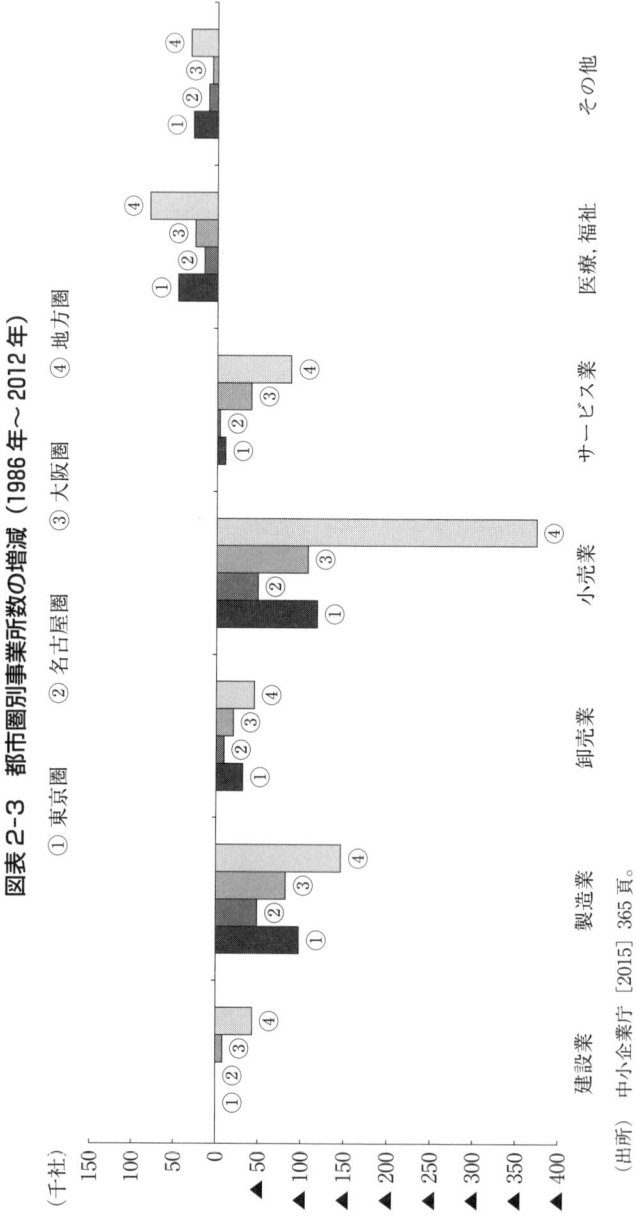

図表 2-3　都市圏別事業所数の増減（1986 年〜2012 年）

① 東京圏　　② 名古屋圏　　③ 大阪圏　　④ 地方圏

(出所) 中小企業庁 [2015] 365 頁。

(京都府・大阪府・兵庫県・奈良県), 地方圏 (東京圏・名古屋圏・大阪圏以外) の4つの地域に分類し, 業種別事業所数の変化について比較したものである。1986年を100とした時の2012年の業種別事業所数の変化について都市圏別をみると, 都市圏 (東京圏, 名古屋圏, 大阪圏) と比較して地方圏において, 建設業, 製造業, 卸売業, 小売業, サービス業の割合の低下が大きく, その中でも特に小売業の事業所数の割合が大きく低下している。これは, 商店街にある小売店の減少などが要因であると考えられる。そのため, 地域の賑わいの創出の場ともいえる商店街の活気が失われるなどの問題が顕在化し, これら問題の解決が地方圏の抱える課題のひとつとなっている [4]。

次に, 1986年を100とした時の2012年の業種別従業者数の変化について都市圏別にみると, 都市圏 (東京圏, 名古屋圏, 大阪圏) と比較して地方圏において, 建設業, 製造業, 卸売業の従業者数の割合が低下し, サービス業, 医療・福祉の従業者数の割合が増加しており, 特に医療・福祉の従業者数の増加が顕著である (図表2-4)。小売業は事業所数が大幅に減少したにも関わらず, 従業者数の割合がわずかではあるが増加していることから, 地域圏においてもショッピングモールなどの大規模小売店舗への集約が進んでいると推測できる。

減少割合の大きな製造業について, 都市圏別に製造業の中分類をもとに, 従業者数の変化をみる。図表2-5によると, どの都市圏においても多くの業種で従業者数が減少しているが, 特に地方圏における繊維, 木製品の従業者数の減少が顕著である。繊維や木製品は地域の特産品や工芸品である場合も多く, 非食品の特産品の製造にかかわる従業者が減少していることが推測できる。一方, 食料品, 化学工業, 輸送用機械は従業者が増加している。つまり, 地域における食品の製造業は, 非食品の製造業と比較して余力があるとみなすことができる。

そこで, 本章では他の業種に比べて, わずかではあるが伸び幅があると考えられる食品の製造業を中心に, 地域産品の消費拡大のためのマーケティングについて論じる。

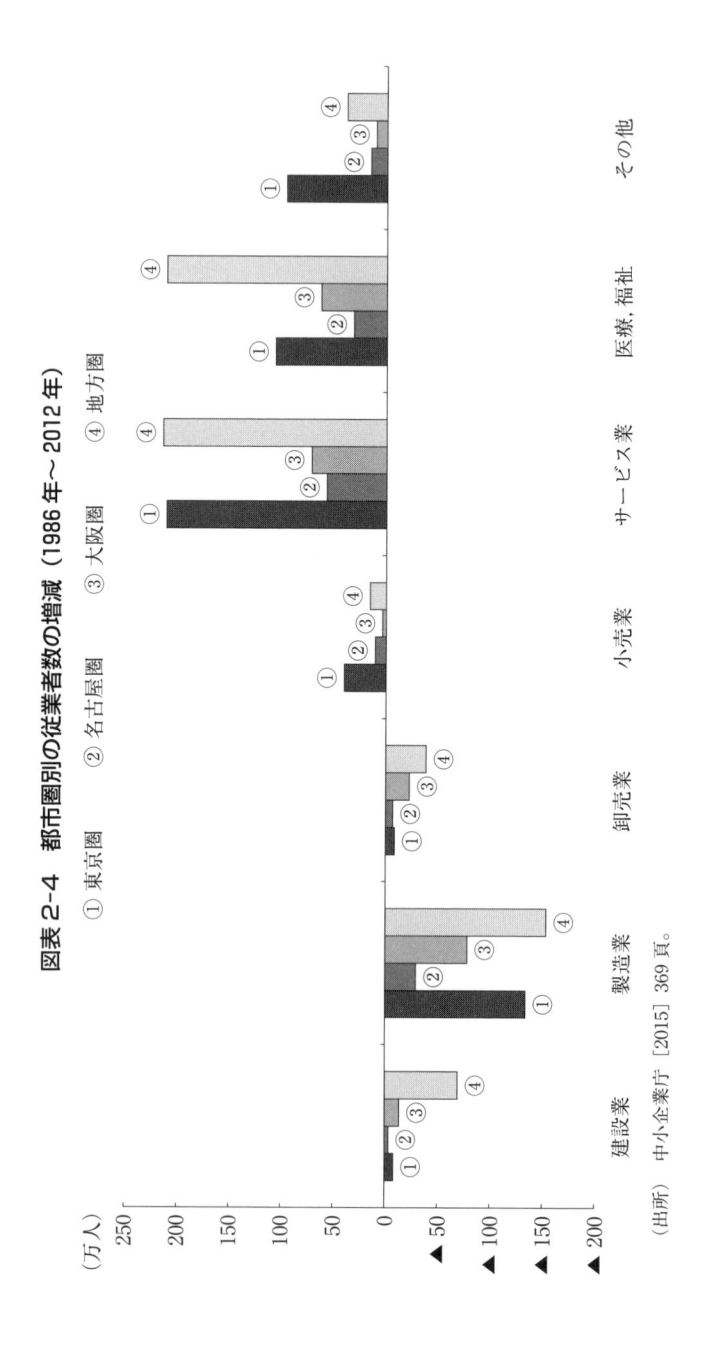

図表 2-4 都市圏別の従業者数の増減（1986 年〜2012 年）

① 東京圏　② 名古屋圏　③ 大阪圏　④ 地方圏

(出所) 中小企業庁 [2015] 369 頁。

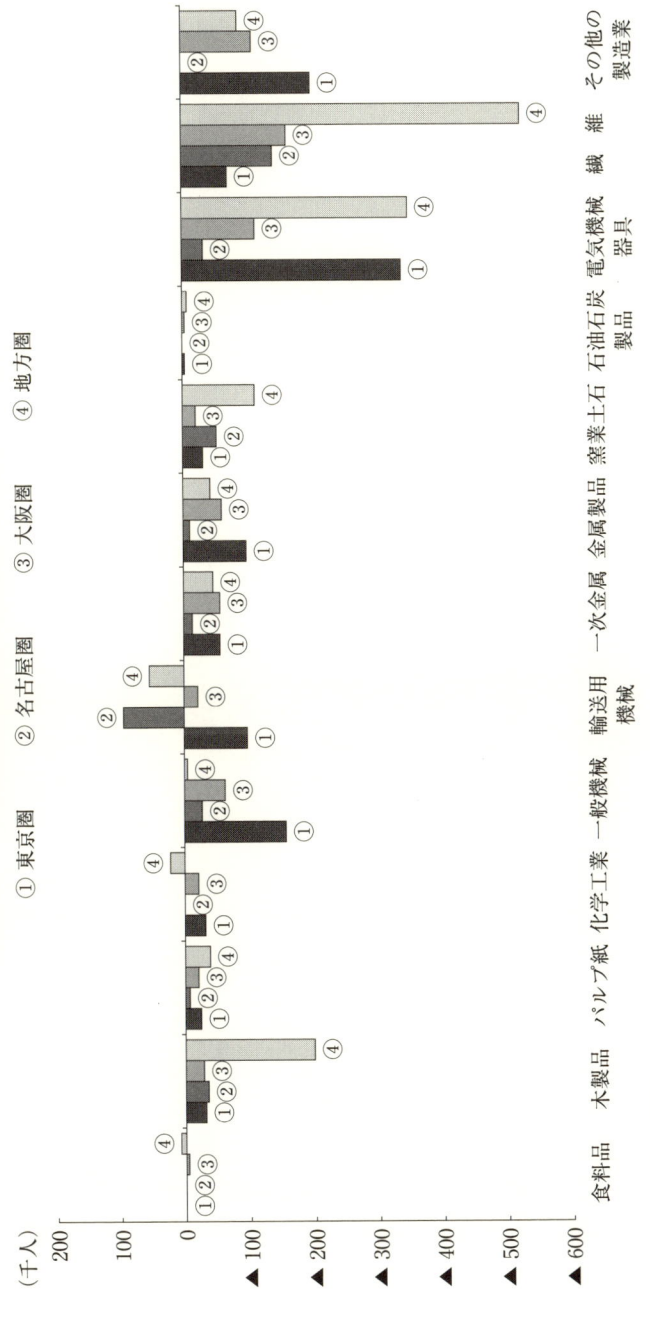

第 2 章　地域活性化のマーケティング　31

図表 2-5　都市圏別でみた従業者数の変化（製造業中分類）

① 東京圏　② 名古屋圏　③ 大阪圏　④ 地方圏

食料品　木製品　パルプ紙　化学工業　一般機械　輸送用機械　一次金属　金属製品　窯業土石　石油石炭製品　電気機械器具　繊維　その他の製造業

（出所）中小企業庁 [2015] 375 頁。

3. 地域ブランド商品による消費拡大の必要性

　地域の製造業や小売業の減少といった産業構造における課題や，少子高齢化といった社会構造における課題に対応し，地域を活性化するための１つの方法として，地域の生産者や事業者が地域で生み出した商品の国内，海外での消費拡大があげられる。

　地域事業者による地域の強みを活かすためには「差別化の武器ともなる地域資源を積極的に活用すること」[5]が重要であり，いままでから，「日本全国のあらゆる地域において，地域経済の担い手である中小企業・小規模事業者が，地域資源を活用した特産品等の開発」[6]を行ってきた。しかし，大企業と異なり，地域の事業者は経営資源が限られている。中小企業庁の中小企業・小規模事業者の地域が抱える課題への対応状況の調査によると，課題への対応は実施していないと回答した中規模企業は５割強，小規模事業者では７割強にのぼっている[7]。

　地域資源を活用する際の主要な課題には，中小企業庁が行った市町村と商工会議所に対する調査によると，「ブランド力のある商品・サービス開発」，「販路開拓」，「地域資源活用方法の検討」，「マーケットニーズを捉えた商品・サービス開発」があげられている（図表2-6）。地域活性化のために地域産品の消費拡大が喫緊の課題であるにもかかわらず，行政や事業者は消費者ニーズの把握，商品開発の方法，販売チャネルなどのマーケティング全般に関する課題を抱えており，この課題の解決が地域産品の消費拡大のために必要である。

　そこで，本章では，地域の特産品（食品）のマーケティングに焦点をあて，地域活性化のために有効なマーケティング戦略について具体的に論じる。

　「マーケットニーズを捉えた商品・サービス開発」を行うためには，買い手である消費者のことを理解する必要がある。そのために，第３節において，地域産品を販売するために今後，有力なチャネルになると考えられるオンライン販売に焦点をあて，地域産品をオンライン購買する消費者の特性について論じる。第４節では，地域産品の商品開発として大きなウエイトを占める観光土産開発の消費者の購買行動について論じる。第５節では，販路拡大のためのグローバ

図表2-6 地域資源を活用する際の課題

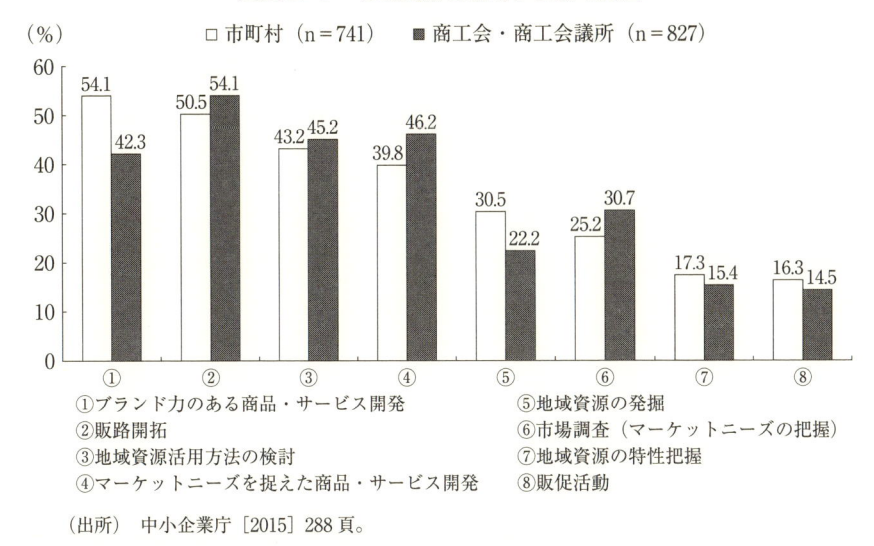

□ 市町村（n=741）　■ 商工会・商工会議所（n=827）

	市町村	商工会・商工会議所
①ブランド力のある商品・サービス開発	54.1	42.3
②販路開拓	50.5	54.1
③地域資源活用方法の検討	43.2	45.2
④マーケットニーズを捉えた商品・サービス開発	39.8	46.2
⑤地域資源の発掘	30.5	22.2
⑥市場調査（マーケットニーズの把握）	25.2	30.7
⑦地域資源の特性把握	17.3	15.4
⑧販促活動	16.3	14.5

（出所）中小企業庁［2015］288頁。

ル戦略として，インバウンド観光とその後の消費者のオンラインでのリピート購買について論じる。第6節では，オンライン購買を促進するためのオフラインのセールス・プロモーションについて論じる。

第3節　地域産品のオンライン購買における消費者行動

1．ITの活用による地域産品の消費拡大について

　地域産品を購買する場合には様々な状況が考えられる。観光で訪れた現地で地域の特産品を購買する場合，特産品を取り扱っている百貨店などの小売店で購買する場合，直接生産者や製造元と直接コンタクトをとり購買する場合などである。さらに，「お取り寄せ」という言葉で表現されるオンライン・ショップ

での購買も近年は盛んに行われている。

2014年の消費者向け電子商取引（以下 B to C-EC）の市場規模は約12.8兆円であり，そのうち食品の市場規模は1兆1915億円，前年比20.4%増の伸びとなっている（図表2-7）[8]。食品の市場規模は年々拡大傾向にあり，市場拡大の要因の1つとして，「オーガニック」商品への消費者ニーズの高まりや，「お取り寄せブーム」に伴い，食品調達にインターネットを活用するといった消費者行動が着実に広がっていることが指摘されている[9]。地域産品のB to C-ECは，食品を取り扱う地域の事業者にとって，消費者と直接つながることのできる有力な販路となることが期待され，そのための取り組みが必要になっている。さらに，行政にとっても地域事業者の地域産品のB to C-ECへの取組みへのサポートが，地域活性策として重要なテーマとなっている。

しかし，B to C-ECは比較的参入が容易で多くの事業者が参入しているため，その中でいかに効果的に売上を伸ばしていくのかが，B to C-ECに取り組む際の大きな課題となっている。特に地域の事業者は経営資源が限られている場合が多く，効果的な方法を見つけることが必要である。

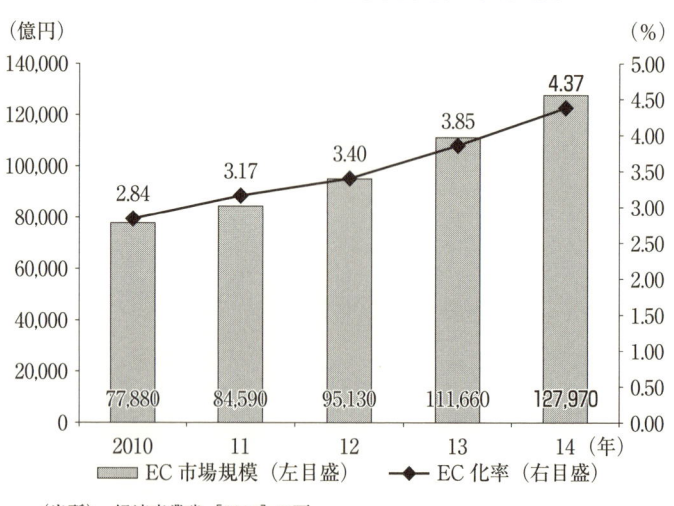

図表 2-7　消費者向け電子商取引の市場規模

年	EC市場規模（億円）	EC化率（%）
2010	77,880	2.84
11	84,590	3.17
12	95,130	3.40
13	111,660	3.85
14	127,970	4.37

（出所）経済産業省［2015］2頁。

2. オンライン購買における知覚リスク

B to C-EC における主要な課題の1つに，消費者が購買する際に認識する知覚リスクがあげられる。オンライン購買における知覚リスクは店頭における購買と比較して全般的に高い傾向にあり，知覚リスクの低減が利用の促進につながるとされる[10]。

Forsythe はオンライン購買における主要な知覚リスクを4つに分類して分析を行っている。4つの知覚リスクは，製品・サービスの品質判断の困難さである「商品リスク（product performance risk）」，クレジットカードなどの支払いに関する「決済リスク（financial risk）」，個人情報の取り扱いなど店舗の信用に関する不安である「心理的リスク（psycho-logical risk）」，店舗での直接購買の即効性や簡便性と比較した「時間・利便性の喪失リスク（time/convenience loss risk）」である[11]。

辻本は，地域の観光事業者がオンライン販売に参入する際の課題について，事業者にインタビュー調査を行い，オンライン販売の事業形態を観光施設型，多角化型，生産者型，通販拡張型に分類し，事業形態ごとの課題と対応すべき知覚リスクを提示し，観光施設型と通販拡張型に，これまでの知覚リスク研究では論じられることのなかった「便益の喪失リスク」が存在するとしている（図表2-8）[12]。

便益の喪失リスクとは，同一商品の販売価格が，現地の実店舗よりもオンライン・ショップのほうが高額になり，消費者がオンライン・ショップ購買によ

図表2-8 事業形態別の課題と知覚リスク

事業形態	課題	知覚リスク
観光施設型	店頭とオンライン・ショップの価格差	便益の喪失リスク
多角化型	取り扱い商品の範囲の拡大	商品リスク
生産者型	収穫時期による販売期間の制約	信用リスク
通販拡張型	既存会員とオンライン・ショップの価格差	便益の喪失リスク

（出所）辻本［2014］149頁。

り便益を喪失するリスクのことである[13]。店頭とオンライン・ショップの商品価格に差が生じる原因は，観光施設型や通販拡張型の事業者は，来場顧客や既存顧客に対し価格による便益性の付与を志向する傾向にあり，さらにオンライン・ショップでの消費者のクレジットカード支払における手数料負担を回避しようとするためである[14]。

これまでの研究によると，オンライン購買の際の主要な知覚リスクには，「商品リスク」，「決済リスク」，「心理的リスク」，「時間・利便性の喪失リスク」，「便益の喪失リスク」があり，これらの低減が利用促進につながると考えられる。

3. 食品に特有の知覚リスク

知覚リスクの中の商品リスクに焦点をあて，食品の商品リスクの特徴について考える。例えばB to C-ECの利用が多い書籍・雑誌と比較した場合，食品に対して認識する知覚リスクが異なる理由として，辻本らは4つの項目をあげて，次のように説明している（図表2-9）[15]。

品質の確認については，雑誌・書籍はEC上でも試読が技術的に可能であるが，食品はEC上での試食が不可能であるため品質を確認することが困難であり，店頭との差は大きくなる。品質の均質化については，食品は農産物，海産物などその時々の天候などに生育状態が左右されるものや，手造りのものが多く，工業製品と比較して品質の均質化が困難な商品が多く，他の商品カテゴリ

図表2-9　食品と書籍・雑誌の知覚リスクの違い

項　　目	食　　品	書籍・雑誌
品質の確認	試食不可能	試読可能
品質の均質化	困難	容易
同一商品のリピート購買	多い	ない
返品	消費期限がある	技術的には可能

（出所）辻本ほか［2011］142頁を筆者修正。

とは異なる認識がなされている[16]。同一商品のリピート購買については，書籍・雑誌の場合は同じものを何度も購入することは考えにくいが，食品の場合は頻繁に発生することが想定されるため，消費者の購買状況や利用経験の度合いにより知覚リスクの程度は変化する[17]。返品に関しては，食品は消費期限があるため，返品に伴う同一商品の再度の販売が困難なものが多く，そのため，返品に向かない商品であるが，書籍・雑誌は返品後の再度の販売は技術的には可能である[18]。

つまり，食品のオンライン購買の際の知覚リスクには，消費者の事前の商品認知の有無や消費経験の有無に伴う購買状況の差が影響する。そのため，消費者の商品認知や消費経験の度合いに対応した知覚リスクの解消策を検討することが必要である。

4. 消費者の地域産品のおすそわけ行動

読者は自ら購入，または知人から贈られた地域の特産品が余ったので，誰かにおすそわけした経験はあるだろうか。さらに，他者から贈られた地域の特産品を気に入って，再度自ら購入した経験はあるだろうか。

おすそわけという言葉の一般的な意味は「もらいものの余分を分配すること。また，利益の一部を分配すること（『広辞苑』第三版）」であり，自ら消費する物の余分や一部を相手に与える贈与行動である[19]。従来は，家庭で栽培した作物や手料理などの余りを隣人，知人などに配っていた「おすそわけ」が，現代では店頭で購入した自宅における自家消費用の商品の余分を贈与するという行動に比重が移ってきている[20]。

図表2-10は，辻本らのおすそわけの連鎖消費モデルである[21]。このモデルは，消費者の意思決定過程である「購買動機」，「商品探索・選択」，「使用」のサイクルが繰り返され，商品が与え手Aから受け手B，受け手Cへと連鎖的に購買されていくことを想定している。もし，このような購買の連鎖が存在するならば，消費者の交友ネットワークの中で連鎖的に商品情報が伝達され，購買が促進されていくと考えられ，売り手の立場からは非常に有効かつ効率的な

図表2-10　おすそわけの連鎖消費モデル

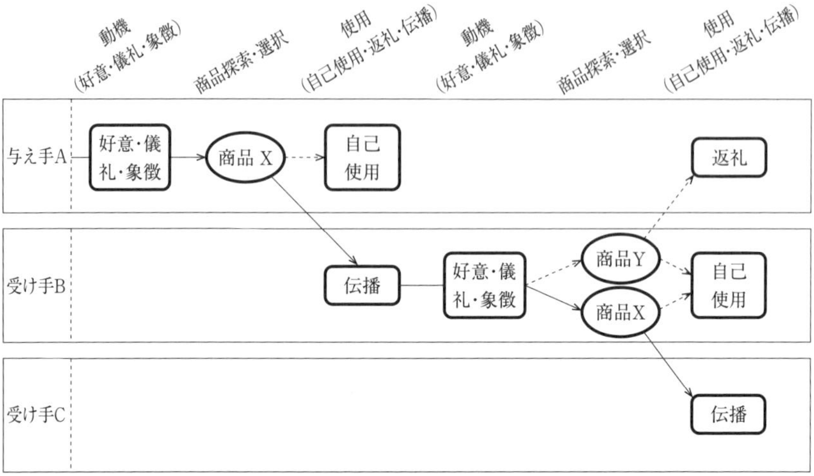

```
                 動機           使用        動機           使用
              (好意・儀礼・象徴) 商品探索・選択 (自己使用・返礼・伝播) (好意・儀礼・象徴) 商品探索・選択 (自己使用・返礼・伝播)

与え手A  │ 好意・儀  →  商品X  ⇢  自己                              返礼   │
         │ 礼・象徴              使用                                      │

受け手B  │                      伝播  →  好意・儀   ⇢  商品Y  ⇢  自己    │
         │                              礼・象徴   ⇢  商品X      使用    │

受け手C  │                                                          伝播  │
```

（出所）　辻本ほか［2010］107頁。

マーケティング・ツールとしておすそわけ行動を位置づけることができる[22]。

　さらに，おすそわけは，クチコミの効果をもつ。クチコミは購買の意思決定に強い影響を与えるといわれる[23]。特に，クチコミの受信者が商品の知識を十分にもっていない場合や，情報をもっている場合でも商品選択に迷ったり，確信がもてない場合に，クチコミ情報を利用することによって購買決定が容易になる[24]。

　一般的なクチコミが情報（話題）のみを相手に伝えるものであるのに対し，おすそわけは，情報に加え実態（もの）を相手に伝えることができる。また，情報のみが伝達されるクチコミの場合は，話し手による実際の商品使用経験の有無は不明であるが，おすそわけの場合は使用経験を伴うため，より情報に信用性や具体性が付与され，一般的なクチコミと比較してより商品リスクを低下させるとされる[25]。

　そのため，おすそわけ行動は，他の商品カテゴリと比較して，商品リスクが高くなる特徴をもつ食品の商品リスクを低減する効果をもつと考えられる。つまり，おすそわけ行動を促進することは，おすそわけの受け手の購買の意思決

定に効果的なマーケティング・アプローチの方法になりうる。

5. おすそわけの効果分析

では，実際に特産品のお取り寄せにおいて，おすそわけの連鎖消費は存在するのかどうかを検証する。データは2010年3月5日・6日にインターネット調査会社（マクロミル）を通して，全国の20代から60代を対象に実施したものを使用する。有効回答数は617（男性307，女性310）であった。

調査の結果，サンプルの半数以上におすそわけの連鎖消費経験（よくする6.3％，したことがある45.5％）があることがわかった（図表2-11）。

お取り寄せ経験と，おすそわけ経験の関連性を，カイ二乗検定により検証する（図表2-12）。検定を行った結果，有意確率1％以下でお取り寄せの経験と，おすそわけ経験の独立性の仮説が棄却された。つまり，お取り寄せ経験と，おすそわけ経験が関連していることが確認できた。続いて残差分析[26]を行うと，お取り寄せの経験がある人は，おすそわけをよく行うという結果になった（調整済み残差8.6，p<0.01）。

次に，お取り寄せ経験と，おすそわけの連鎖消費経験の関連性を，カイ二乗検定により検証する（図表2-11）。検定を行った結果，有意確率1％以下でお取り寄せ経験と，おすそわけの連鎖消費経験の独立性の仮説が棄却された。つま

図表2-11　お取り寄せとおすそわけの連鎖消費のクロス表

			「おすそわけ」をもらって気に入ったので、その後自分でも購入したことがありますか？			合計
			よくする	したことがある	したことがない	
お取り寄せの経験	ある	度数	34	236	192	462
		比率	7.4%	51.1%	41.6%	100.0%
		残差	4.8	25.6	-30.4	
	ない	度数	5	45	105	155
		比率	3.2%	29.0%	67.7%	100.0%
		残差	-4.8	-25.6	30.4	
合計		度数	39	281	297	617
		比率	6.3%	45.5%	48.1%	100.0%

図表2-12　お取り寄せとおすそわけのクロス表

			あなたは友人・知人に「おすそわけ」をしますか？			合計
			よくする	したことがある	したことがない	
お取り寄せの経験	ある	度数	76	280	106	462
		比率	16.5%	60.6%	22.9%	100.0%
		残差	8.6	11.2	-19.8	
	ない	度数	14	79	62	155
		比率	9.0%	51.0%	40.0%	100.0%
		残差	-8.6	-11.2	19.8	
合計		度数	90	359	168	617
		比率	14.6%	58.2%	27.2%	100.0%

り，お取り寄せ経験と，おすそわけの連鎖消費経験が関連していることが確認できた。続いて残差分析を行うと，お取り寄せの経験がある人は，おすそわけの連鎖消費をよく行うという結果になった（調整済み残差4.8, $p<0.01$）。

この結果から，地域産品のお取り寄せを行う消費者は，おすそわけの連鎖消費を引き起こしやすい人たちであるとみなすことができる。そのため，地域産品のオンライン販売において，消費者のおすそわけ行動に着目して，マーケティング施策を行うことは，消費拡大のために有効であると考える。

第4節　地域産品の観光土産開発

1.　国内観光による特産品の消費拡大について

消費者にとって地域産品を購買する機会は，お取り寄せのためのオンライン購買以外に，旅先で観光土産を購買する場合などがある。

観光庁の旅行・観光消費動向調査によると2014年の土産代・買い物代の国

内観光消費額（旅行中の支出）は2兆5621億円である[27]。そのうち，菓子や農水産物などの食料品は1兆8622億円であり，全体の72.7%を占める[28]。観光土産の商品開発は「地域観光事業の経済的な要素を高めるためにも重要な要素」[29]であり，地域経済の活性化の観点から土産物が本来もつ地域性をより強調した商品開発が重要であるとされる[30]。

さらに，観光土産の消費拡大のためには，その場限りの一過性の消費ではなく観光土産として購買された商品のその後の定期的な購買（リピート購買）の喚起が必要であるとされる[31]。そのためには，旅行先で購買した観光土産を，再度オンラインにより購買できるしくみづくりを行うことが必要である。

2. 観光土産における消費者の購買行動

観光における消費者行動研究の視点から，観光客の購買行動には日常の購買と比較して次の3つの特殊な要因があることが指摘されている。1）観光は，日常から離れるために責任感が低下し，理性的でない購買行動をとる可能性があること，2）観光地の独特な環境が消費者に刺激を与える「場所の消費」であること，3）旅行者が購買する土産物（souvenirs）は，旅行の記憶という価値の象徴であり，また，他者との関係を維持するためにも，もちいられることである[32]。

日本人の観光土産の購買行動の特徴として，他者への贈与を目的とした観光土産の購買があげられる。辻本らは，贈与対象や贈与動機の違いにより，商品選択において好ましいと認識し優先される商品の要素に差があることを明らかにし，「パッケージ因子」，「外的因子」，「現地因子」，「配慮因子」，「顕示因子」の5つの因子からなる観光土産の選択基準モデルを提示している[33]。また，観光土産のリピート購買については，ほぼ半数の被験者にオンラインや電話，百貨店の物産展などにおける観光土産のリピート購買経験があり，他者からもらった観光土産のリピート購買の経験者も3割にのぼっている[34]。このように前節で述べたおすそわけの連鎖消費と同様の消費者行動が，観光土産の購買においてもみられる。

これらの先行研究により，日本人の観光土産購買の特徴として，1）他者に対する贈与を目的とした観光土産の購買がみられること，2）他者に対する贈与のための商品の選択基準は自己に対する購買の選択基準とは異なること，3）観光土産におけるリピート購買行動が存在していることが明らかになっている。

3. 事業者の商品開発における課題

では，地域事業者は，観光土産の好ましい商品の評価基準を理解した上で，商品開発を行っているのであろうか。これについて筆者らが行った分析事例を紹介する。データは，熊本県物産振興協会に加盟する観光土産事業者に対して，2013年6月から7月にかけて，留置調査によりアンケートを実施したもの（有効回答数79社）と，熊本県を2011年に旅行した経験者を対象に2012年2月16日・17日に実施したインターネット調査のものを使用している。有効回答数は307（男性152，女性155）である。

図表2-13は観光土産の購買意思決定モデルである[35]。このモデルでは，観光土産は，観光土産の買い手自身により消費され評価される場合と，観光土産を贈られた受け手によって消費され評価される場合があると想定している。

そのため，観光土産の連鎖消費を促進するためには，事業者（売り手）は買い手と受け手の好ましい商品の評価基準を把握する必要がある。今回紹介する分析事例は，売り手と買い手の評価に関する差異についてである。

図表2-14は，売り手と買い手の商品評価の際について，残差分析を行ったものである。分析結果の解釈は，残差について売り手が正に有意な場合は，買い手は売り手が推測しているよりもその項目について好ましい評価をしていないとみなすことができる。一方，買い手が正に有意な場合は，買い手は売り手が推測しているよりもその項目について好ましいと評価しているとみなせる。残差が有意でない項目は，売り手と買い手の評価にギャップがないとみなすことができる。

特産品変数は，買い手が売り手よりもかなり高く評価している（買い手の調整済み残差7.0，$P<0.01$）。これまで，観光土産の開発については特産品の使用

図表 2-13　消費者の購買意思決定プロセスに基づく観光土産の購買意思決定モデル

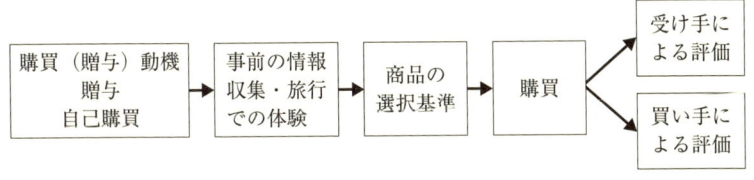

購買（贈与）動機　贈与　自己購買 → 事前の情報収集・旅行での体験 → 商品の選択基準 → 購買 → 受け手による評価／買い手による評価

（出所）辻本ほか［2013］231頁を筆者修正。

図表 2-14　売り手と買い手の商品評価の差異

	項目	売り手 度数	売り手 率(%)	売り手 調整済み残差	買い手 度数	買い手 率(%)	買い手 調整済み残差
パッケージ因子	パッケージが気に入った	36	9.7	4.6**	23	3.1	-4.6**
外的因子	小わけできる	26	7.0	0.5	46	6.2	-0.5
外的因子	ご当地キャラ	22	5.9	2.3*	23	3.1	-2.3*
外的因子	かさばらない	40	10.8	5.1**	24	3.2	-5.1**
現地因子	定番のお土産	30	8.1	-1.0	74	9.9	1.0
現地因子	他では手に入らない	45	12.1	3.3*	47	6.3	-3.3**
現地因子	特産品	48	12.9	-7.0**	241	32.3	7.0**
配慮因子	相手が気に入りそう	52	14.0	-0.3	109	14.6	0.3
配慮因子	価格が手ごろ	51	13.7	-1.8	133	17.9	1.8
顕示因子	TVや雑誌で話題の商品	22	5.9	2.0*	25	3.4	-2.0*

** は1%以下の有意差、* は5%以下の有意差を表す。

（出所）辻本ほか［2015］62頁を筆者修正。

が強調されているが，特産品であることは買い手にすでに十分に好ましいと評価されている。すなわち，観光土産に特産品が使用されているのは当然の前提であると買い手は考えている。そのため，売り手がこれ以上特産品の使用を強調しても，消費者の評価は高くならないと推測できる。

　むしろ，売り手が今後観光土産の商品開発を行う際に重視すべき点は，魅力的なパッケージの開発（買い手の調整済み残差 -4.6，$P<0.01$），ご当地キャラの活用（買い手の調整済み残差 -2.3，$P<0.05$），かさばらないための工夫（買い手の調整済み残差 -5.1，$P<0.01$），希少性のある商品の開発（買い手の調整済み残差 -3.3，$P<0.01$），話題性の喚起（買い手の調整済み残差 -2.0，$P<0.05$）

などである。

　上記の分析から，売り手と買い手の商品評価にはギャップが生じていることがあきらかになった。従来の，地域における商品開発には，特産品の活用が強調されているが，消費者視点で考えると，もはや特産品の活用はあたりまえのことである。事業者が今後，商品開発に必要な視点は，いかに消費者のニーズに対応した付加価値を加えていくかを考えることである。

第5節　地域産品の販路のグローバル化

1. インバウンド観光における観光土産の購買

　前節では，国内観光について述べたが，本節ではインバウンド観光[36]に焦点をあてる。日本を訪れる外国人観光客数は年々拡大し，2014年には過去最高の1341万人（前年比29.4％増）となり，訪日外国人の旅行消費の総額は2兆278億円で過去最高（前年比43.1％増）を記録した[37]。旅行消費総額のうち，買物代は7,146億円であり，旅行消費額の35.2％を占める[38]。中国からの訪日客数は，240万9200人（前年比83.3％増）であり，旅行消費額は約5,583億円，ひとり当たりの買い物代は127,443円となっている[39]。訪日外国人の平均のひとり当たりの買い物代は53,278円であることから，中国人の買物代が突出している[40]。中国人観光客の商品カテゴリ別の買い物内訳をみると，76.2％が菓子を購入し，54.9％がその他の食品を購入している（図表2-15）[41]。つまり，中国人観光客はインバウンド観光における観光土産購買の主要なターゲットであるといえる。本節では，訪日中国人観光客に焦点をあて，インバウンド観光における観光土産のオンライン・リピート購買について論じる。

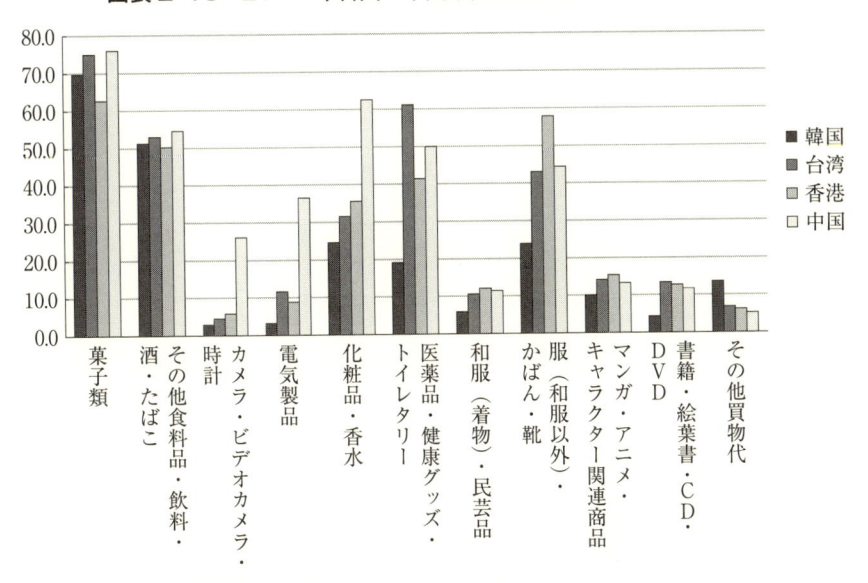

図表2-15　2014年韓国・中国系観光客商品カテゴリ別購買率

凡例：■韓国　■台湾　■香港　□中国

横軸カテゴリ：菓子類／酒・たばこ／その他食料品・飲料／時計／カメラ・ビデオカメラ／電気製品／化粧品・香水／医薬品・健康グッズ・トイレタリー／和服(着物)・民芸品／かばん・靴／服(和服以外)／マンガ・アニメ・キャラクター関連商品／DVD／書籍・絵葉書・CD／その他買物代

（出所）国土交通省観光庁［2015c］をもとに筆者作成。

2. 越境EC[42)]による新たな市場（海外）への挑戦

　経済産業省の「平成25年　電子商取引に関する市場調査」によると，2013年（2013年1月～12月）の越境 B to C-EC（越境消費者向け電子商取引，以下越境EC）利用率は，日本は10.2%，米国は24.1%であるのに対して，中国は35.4%であった[43)]。2014年の中国の越境EC（日本・米国）の総市場規模は1兆2,354億円であり，このうち，日本経由の市場規模は6,064億円，米国経由6,290億円となっている。経済産業省（2015）によると，中国の日本経由の市場規模は，2018年には2014年の約2.3倍の1兆3,943億円になると推計されている[44)]。

　中国人消費者の日本からの購入品目では，食料品が38.5%と最も多い[45)]。中国の消費者が越境ECを行う理由として，「国内で購入するよりも商品品質が良い」，「国内で購入するよりも取引の安全性が高い（偽物が少ない）」が日本や米国の消費者と比較して多くあげられている（図表2-16）。

図表 2-16 越境 EC の利用理由 (2013 年)

中国消費者

理由	日本からの購入 (N=269)	米国からの購入 (N=624)
求めている商品（ブランド）が国内で販売されていない	42.8	45.5
国内で購入するよりも価格が安い	47.2	45.4
国内で購入するよりも商品品質が良い	50.6	58.5
国内で購入するよりも取引の安全性が高い（偽物が少ない等）	38.3	43.1
海外からの購入がステータスとなる	18.2	12.7
その他	0.4	0.6

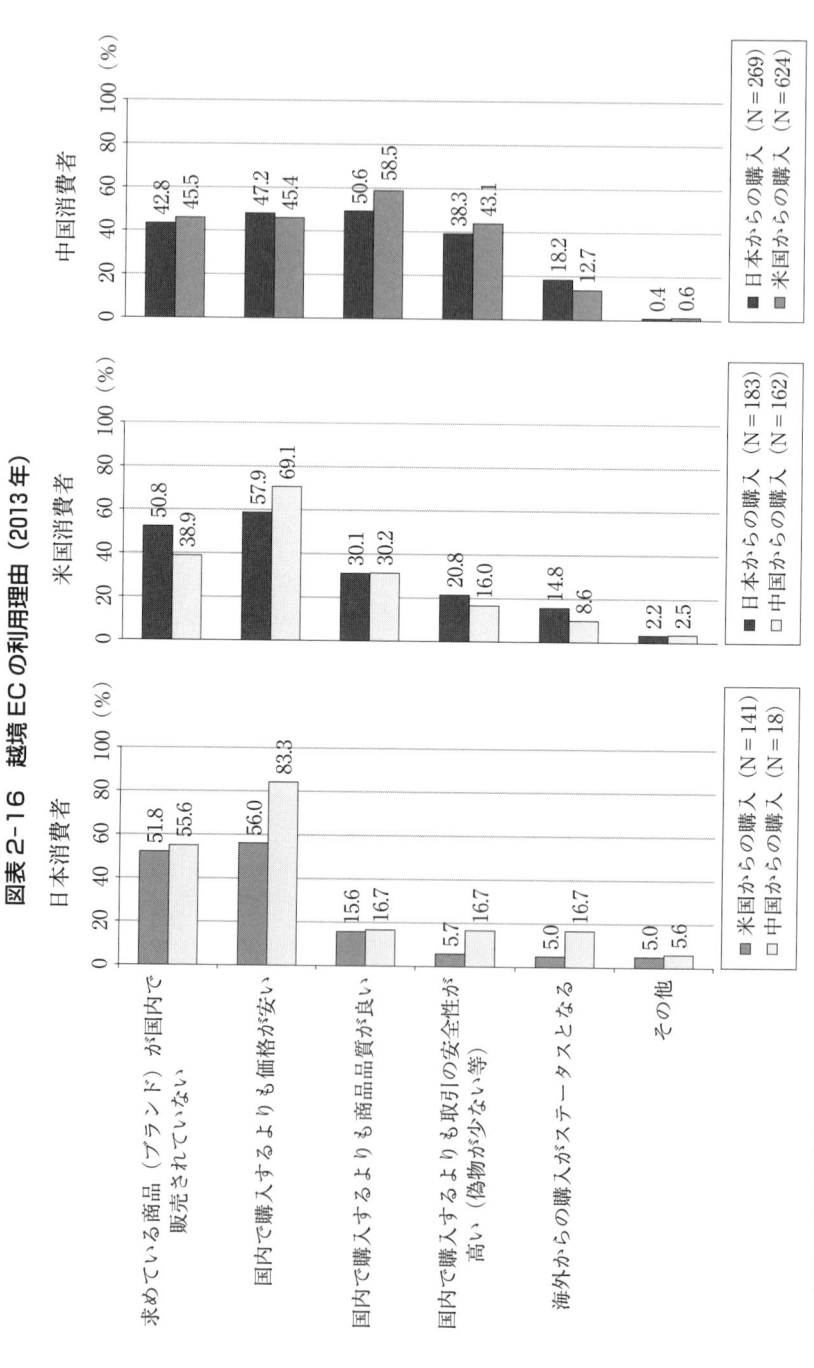

米国消費者

理由	日本からの購入 (N=183)	中国からの購入 (N=162)
求めている商品（ブランド）が国内で販売されていない	50.8	38.9
国内で購入するよりも価格が安い	57.9	69.1
国内で購入するよりも商品品質が良い	30.1	30.2
国内で購入するよりも取引の安全性が高い（偽物が少ない等）	20.8	16.0
海外からの購入がステータスとなる	14.8	8.6
その他	2.2	2.5

日本消費者

理由	米国からの購入 (N=141)	中国からの購入 (N=18)
求めている商品（ブランド）が国内で販売されていない	51.8	55.6
国内で購入するよりも価格が安い	56.0	83.3
国内で購入するよりも商品品質が良い	15.6	16.7
国内で購入するよりも取引の安全性が高い（偽物が少ない等）	5.7	16.7
海外からの購入がステータスとなる	5.0	16.7
その他	5.0	5.6

(出所) 経済産業省 [2014] 164 頁。

これらの状況を考えると，日本を訪れた中国人観光客が，帰国後オンラインで観光土産をリピート購買する可能性は高いと考えられる[46]。

3. 越境ECの知覚リスクについて

中国人観光客が，日本で購入した観光土産を，帰国後にオンラインでリピート購買すると仮定した場合，地域事業者はどのような形態のオンライン・ショップで販売することが知覚リスクの低減に有効であるのかを検証する。

データは，2013年，2014年に日本を訪れた中国人観光客（北京，上海，広州，深圳の20代から60代の居住者）を対象に2015年2月10日から2月16日の期間にインターネット調査を実施し収集したものを使用する。有効回答数は823である。

菓子，農産品，農水産物の加工品の3つの商品カテゴリを，日本にある生産者・製造者が直営のショップ，日本にある生産者・製造者が直営ではないショップ，天猫（Tmall）などの中国系のモールに出店するショップの3つの店舗形態で購買すると仮定した9つのパターンを想定し，「商品リスク」，「決済リスク」，「心理的リスク」，「時間・利便性の喪失リスク」，「便益の喪失リスク」を感じる度合いについて質問している。

本節では，菓子についての分析結果を紹介する。図表2-17は，菓子を購買する場合の，3つの店舗形態における知覚リスクについて，残差分析を行ったものである。日本にある生産者・製造者が直営のショップで購買する場合，商品リスクに関する質問項目である「商品の品質への不安」（調整済み残差-2.6, $p<0.01$），「商品の消費期限の不安」（調整済み残差-2.7, $p<0.01$）がマイナスに有意となっている。一方，時間・利便性の喪失リスクに関する質問項目である「商品到着までの時間がかかることに不安」（調整済み残差3.3, $p<0.01$），「言語が不得手なことに関する不安」（調整済み残差3.2, $p<0.01$）はプラスに有意になっている。天猫（Tmall）などの中国系のモールに出店するショップで購買する場合は，商品リスクに関する3つの質問項目のすべてが，プラスに有意になっている。

図表 2-17 菓子を購入する場合の 3 つの店舗形態における知覚リスク

<table>
<tr><th colspan="2" rowspan="3">店舗</th><th colspan="10">知覚リスク</th></tr>
<tr><th colspan="2">商品リスク</th><th>心理的リスク</th><th>決算リスク</th><th colspan="2">時間・利便性喪失リスク</th><th colspan="2">便益喪失リスク</th></tr>
<tr><th>商品の品質や味に不安</th><th>商品の消費期限に不安</th><th>商品が偽装であるかどうか不安</th><th>自分の個人情報を漏洩しないか不安</th><th>クレジットカードでの支払いに不安</th><th>商品到着までの時間がかかることに不安</th><th>言語が不得手なことに関して不安</th><th>現地で購入した金額よりも商品が高い値段への不安</th><th>商品の送料が高くなるかの不安</th></tr>
<tr><td rowspan="3">直営</td><td>度数</td><td>285</td><td>272</td><td>322</td><td>286</td><td>261</td><td>374</td><td>349</td><td>308</td><td>323</td></tr>
<tr><td>比率
(n=823)</td><td>34.6</td><td>33.0</td><td>39.1</td><td>34.8</td><td>31.7</td><td>45.4</td><td>42.4</td><td>37.4</td><td>39.2</td></tr>
<tr><td>調整済み残差</td><td>-2.6**</td><td>-2.7**</td><td>-1.1</td><td>-0.5</td><td>-0.4</td><td>-3.3**</td><td>-3.2**</td><td>0</td><td>0.8</td></tr>
<tr><td rowspan="3">非直営</td><td>度数</td><td>363</td><td>361</td><td>366</td><td>339</td><td>309</td><td>374</td><td>353</td><td>351</td><td>367</td></tr>
<tr><td>比率
(n=823)</td><td>44.1</td><td>43.9</td><td>44.5</td><td>41.2</td><td>37.5</td><td>45.4</td><td>42.9</td><td>42.6</td><td>44.6</td></tr>
<tr><td>調整済み残差</td><td>-0.3</td><td>0.5</td><td>-1.4</td><td>0.3</td><td>0.4</td><td>-0.1</td><td>0.2</td><td>-0.1</td><td>0.6</td></tr>
<tr><td rowspan="3">天猫など</td><td>度数</td><td>384</td><td>361</td><td>400</td><td>317</td><td>284</td><td>307</td><td>280</td><td>330</td><td>315</td></tr>
<tr><td>比率
(n=823)</td><td>46.7</td><td>43.9</td><td>48.6</td><td>38.5</td><td>34.5</td><td>37.3</td><td>34.0</td><td>40.1</td><td>38.3</td></tr>
<tr><td>調整済み残差</td><td>2.8**</td><td>2.1*</td><td>2.6**</td><td>0.2</td><td>0</td><td>-3.1**</td><td>-3.4**</td><td>0</td><td>-1.4</td></tr>
</table>

** は 1％以下の有意差，* は 5％以下の有意差を表す。

分析の結果，日本にある生産者・製造者が直営のショップでは，時間・利便性の喪失リスク，天猫などの中国系モールでは商品リスクを感じる傾向にあることが確認でき，これらのリスク低減の対策が必要であることが明らかになった。日本の観光土産をオンライン販売する場合には，日本のメーカー（生産者）直営であること・日本から直送する商品であることを強調することが有効であると考える。

第6節　産学連携による消費拡大のためのプロモーション

1. オフライン・プロモーションによる知覚リスクの低減

　前節まで，お取り寄せや観光土産のオンライン・リピート購買による地域産品の消費拡大について，知覚リスクの低減に焦点をあてて論じてきた。
　本節では，オンライン購買を促進するためのプロモーションについて論じる。オンラインにおけるリピート購買の際には，事前の店頭（オフライン）購買経験が，オンライン購買時の知覚リスクを低減させるといわれている[47]。そのため，オフラインとオンラインのプロモーションを組み合わせたクロス・プロモーションを行うことが効果的であるとされる[48]。
　そこで，本節は，オフラインのプロモーションがオンライン購買にもたらす影響についての検証事例を紹介する。検証の対象は，水俣病が発生した熊本県の水俣地区で生産されている野菜である。
　1956年の水俣病の発生から半世紀以上が経過しているにもかかわらず，水俣地区は「環境被害」のマイナスのイメージを負い続けており，このマイナスのイメージを払拭するために，行政は環境に配慮した街づくりに熱心にとりくんでいる。2011年には環境首都コンテストで全国初となる「日本の環境首都」の称号を獲得し，水俣地区には「安全・安心」の生産・製造を志向する事業者が

多く存在する。そこで，彼らが生産する無農薬野菜を対象にオフライン・プロモーションの実践的な検証を行う。

マイナスのイメージを負っている同地区の商品は，そうではない地域と比較して，消費者がより知覚リスクを感じやすいと推測できる。そのため，同地区の産品に対する検証により得られた知見は，災害や事故，公害などで傷ついた他の地域への応用が可能であると考えられる。本検証は，そのような地域の地域活性化に対して，大学がどのような貢献ができるのかという視点を取り入れている。そのため，読者が地域活性化のためのマーケティングの実践を授業で行う際に活用できるように，検証のプロセスを明示した構成にしている。

2. 産学連携の取り組み「水俣産野菜のオフライン・プロモーション」

マーケティング・ミックスの構成要素であるプロモーションとは，消費者に対し，自社の製品を理解してもらうために情報を発信する活動のことである[49]。プロモーションの構成要素は人的販売，広告，パブリシティ，セールス・プロモーションであり，これらを組み合わせることで，売り手は消費者に対して様々なコミュニケーションを行う。そこで，これらの4つの要素を組み合わせたプロモーションを大学祭において実施し，プロモーションを実施する際の課題やオンラインへの影響について検証する。

近年，企業（ブランド）が消費者に対して行う新たなコミュニケーションの形として，企業，支援者，一般消費者の三角形のコミュニケーションが提唱されている[50]。これは，消費者の一部を，商品の推奨などを行うコミュニケーション活動の協力者として抽出し，企業と支援者が価値共創を行っていくというものである[51]。本検証はこの概念を用い，商品情報の発信を売り手である生産者と支援者である学生が行っている（図表2-18）。

検証は，桃山学院大学大学祭開催期間である2014年11月14日（金）から11月16日（日）を含む，2014年2月から2014年12月に行った。協力事業者は，熊本県水俣市を中心とした，南九州オーガニック食材の企画・販売を行っている株式会社もじょか堂である。もじょか堂はオンラインとオフラインの

図表 2-18 本検証の枠組み

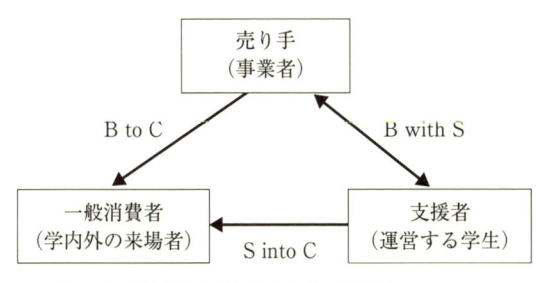

```
              売り手
             （事業者）
           ↗          ↖
      B to C          B with S
       ↙                  ↘
  一般消費者  ←――――  支援者
（学内外の来場者） S into C （運営する学生）
```

（出所）恩蔵ほか［2011］34 頁を筆者修正。

ショップを有している。

3. プロモーションの実施プロセス

　まず，2014 年 4 月に支援者の役割を担う学生が，プロモーションの構成要素をふまえた企画の提案を行った。商品を理解してもらうためには，消費者が実際に消費経験をもつことが必要であるため，大学祭に水俣野菜の模擬店を出店することになった。販売する商品は，非価格プロモーションの手法であるデモンストレーションを取り入れ，簡単に野菜の美味しさを体験することが可能な水俣野菜の串揚げの実演販売に決定した。その後，もじょか堂の担当者と，適切な野菜の検討を行い，大学祭開催時期に収穫される野菜について試作を重ね，販売商品を開発した。

　次に，学内の関係者だけでなく，学外からの来場者にアプローチするためには，非価格プロモーションのスペシャルイベントの実施が有効であると考え，水俣野菜についての情報を提供することが決定した。イベントは，インパクトがあり，広告や広報活動（パブリシティ）が行いやすいものとして，熊本県のご当地キャラであるくまモンの活用が提案された。つまり，学生は大学祭にくまモンを招聘すれば，来場者やメディアの注目が高まり，結果として水俣野菜のプロモーションに効果をもたらすことができると考えたわけである。

　くまモン招聘のため，2014 年 8 月に熊本県の出張機関である大阪事務所を訪

問し，今回のプロモーションの主旨を説明し，くまモンのイベントへの出演を依頼した。結果として，熊本県の協力を得ることができ，くまモンの11月14日の来学が決定した。

　プロモーションの概要が決定したのちに，以下のプロモーション・ミックスの策定を行った。

　① 広　　告

　最初に取り組んだのは，プロモーションのロゴの制作である。プロモーション名は水俣の野菜であること，実演販売であることを認知してもらいやすいネーミングとして「水俣野菜食堂」が提案され，ロゴに「特別ゲスト『くまモン』！」と表記することにより，くまモンの来場が告知できるものとした。ロゴは，手配りチラシ，ポスター，大学ホームページ，ショップの看板，テイクアウトの容器に使用された。広告活動は，近隣の幼稚園への訪問による告知，学内での事前のチラシ配布，ツイッターによる発信を行った。

　② パブリシティ

　くまモンが来場することで，大学の広報室の支援が得られることになった。広報室は，来場告知のポスターを制作し学内や関連施設への掲出を行った（写真①）。さらに，大学ホームページのトップページにプロモーションの告知を掲載した。新たな支援者を獲得することにより，情報の発信がより広範囲に行える結果となった。また，学生からの要請に対応し，広報リリースを作成しメディアへの配布，記者クラブでの発表の調整を行った。学生たちが本プロモーションの概要を記者クラブで発表した結果，朝日新聞の取材が実現し，11月15日付の朝刊（大阪版）に本プロモーション活動が紹介された。

　③ 人的販売

　来場者に「くまモン＝水俣野菜食堂」をイメージしてもらうために，くまモントレーナーをユニフォームとして採用した（写真②）。試作の結果，販売商品は水俣で生産された無農薬のれんこん，かぼちゃ，じゃがいもとなり，野菜ごとに火が通る時間に差があったため，串揚げではなくバラでカップにいれて販売することになった。また，オンライン販売への誘導として，もじょか堂のパンフレットを購入客に配布した。

写真① 大学が制作したくまモン来場告知ポスター　　写真② 模擬店とユニフォーム着用のスタッフ

④　セールス・プロモーションについて

　スペシャルイベントとしてくまモンが登場するイベントを実施した。内容は，学生による水俣市についてのプレゼンテーション，水俣市についてのクイズ大会，写真撮影会であり2回開催された。この取組みが，翌日の朝日新聞朝刊（大阪版）に掲載されたため，土日の来場者が増加するなどの効果があった。

4.　オフライン・プロモーションがオンラインに与える影響

　オフライン・プロモーションが実施された2014年11月のもじょか堂のオンライン・ショップへのセッション数（サイトへの訪問回数）は前年比146.4％増，ユニークユーザー（測定期間中のサイトのユーザー数）は132.7％増，ページビューは234.4％増であった（図表2-19）。セッション数は，11月10日に最大となっており，これは大学ホームページのトップページに本プロモーションの告知がでた日である（図表2-20）。オンライン・ショップへのアクセスが大幅に伸びたことから，オフライン・プロモーションはオンライン・ショップへの集客に効果があることが明らかになった。

　さらに，もじょか堂の担当者が11月14日に，大学祭の様子をFacebookに投稿したところ，インプレッション（投稿が表示された回数）が1,200を超え，11月単月では2番目の高さとなり，投稿に対する「いいね！」の数も，他の投

図表 2-19　オンラインショップへの効果

	2014 年 11 月	2013 年 11 月	増減率
セッション数	2,607	1,058	146.4
ユーザー数	1,727	742	132.7
ページビュー	11,923	3,566	234.4

（データ提供）　株式会社もじょか堂。

図表 2-20　セッション数の推移

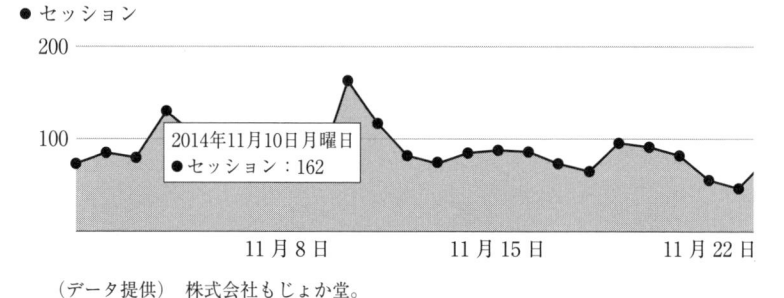

2014年11月10日月曜日
● セッション：162

（データ提供）　株式会社もじょか堂。

稿に比べると非常に多い結果となった。

その他の効果として，地元の人たちから「学生さんたちが販売してくれるのを見て，こっちまで嬉しくなった」「もじょか堂すごい！頑張ってるね！」などの激励の声が多く得られたとのことである。遠隔地でのオフライン・プロモーションが地元におけるプロモーション効果を生じさせているとみなすことができる。

オンラインとオフラインのプロモーションは，本来は継続的に行われるべきであり，継続的な効果測定が必要であると考える。さらに，今回はくまモンという強力なコンテンツをもつ熊本県の事例であるために，今後条件の異なる地域を対象とした検証を行う必要があると考える。

副次的な知見として，本実践は大学が地域活性化に貢献でき，かつ学生への教育的効果が高い結果となったため，大学がオフライン・プロモーションの支援者となり，地域活性化に貢献できる仕組みづくりが必要であると考える。

---【キーワード】---
地域活性化，連鎖消費，オンライン購買，リピート購買，知覚リスク，観光土産，インバウンド観光，越境EC

〈注〉
1) 中小企業庁［2015］362頁。
2) 中山間地域とは，平野の外縁部から山間地を指し，山地の多い日本では，このような中山間地域が国土面積の73%を占めている。
3) 中小企業庁［2015］372頁。
4) 中小企業庁［2015］364頁。
5) 中小企業庁［2015］285頁。
6) 中小企業庁［2015］285頁。
7) 中小企業庁［2014］90頁。
8) 経済産業省［2015］54頁。
9) 経済産業省［2015］55頁。
10) 青木［2005］73-74頁。
11) Forsythe［2003］p.869.
12) 辻本［2014］149頁。
13) 辻本［2014］149頁。
14) 辻本［2014］149頁。
15) 辻本・石垣［2011］142頁。
16) 辻本・石垣［2011］142頁。
17) 辻本・石垣［2011］142頁。
18) 辻本・石垣［2011］142頁。
19) 辻本・小沢・石垣［2010］104頁。
20) 辻本・小沢・石垣［2010］104頁。
21) 辻本・小沢・石垣［2010］107頁。
22) 辻本・小沢・石垣［2010］107頁。
23) 濱岡［1997］19頁。
24) 杉本［1997］225頁。
25) 辻本・小澤・石垣［2010］106頁。
26) 残差とは，観測度数と期待度数の差分のことであり，基準をそろえるために標準化を行った調整済み残差が，2.58以上ならば1%以下で有意差があり，1.96以上ならば5%以下で有意差があるとみなせる。
27) 国土交通省観光庁［2015a］のデータより筆者算出。
28) 国土交通省観光庁［2015a］のデータより筆者算出。
29) 北川［2001］26頁。
30) 鍛冶［2006］51頁。
31) 辻本［2015］1頁。

32) Oh, et al. [2004] p.309.
33) 辻本・田口・荒木 [2013] 232-235 頁。
34) 辻本 [2015] 8-9 頁。
35) 辻本・田口・荒木 [2013] 231 頁。
36) インバウンド観光とは，非居住者が特定国で行う観光旅行のことである。
37) 国土交通省観光庁 [2015b] 2 頁。
38) 国土交通省観光庁 [2015b] 4 頁。
39) 国土交通省観光庁 [2015b] 4 頁。
40) 国土交通省観光庁 [2015b] 5 頁。
41) 国土交通省観光庁 [2015c] のデータより筆者算出。
42) 越境ECとは，消費者と，当該消費者が居住している国以外に国籍をもつ事業者との電子商取引（購買）のことをいう。経済産業省 [2015] 68 頁。
43) 経済産業省 [2014] 13 頁。
44) 経済産業省 [2015] 76 頁。
45) 経済産業省 [2014] 179 頁。
46) 複数の国内EC事業者から，中国からの越境ECによる売上高が急激に伸びているという情報があり，その一因として，インバウンド数の増加が寄与しているのではないか，との意見があり，日本滞在中に購入した商品を帰国後，現地でもリピート購入したり，帰国後購入したくなった際に越境ECを行うなどの消費行動が消費を押し上げているケースもあるであろうと推測している。経済産業省 [2015] 85 頁。
47) 辻本・石垣 [2012] 233 頁。
48) 辻本 [2014] 142-143 頁。
49) 恩蔵 [2012] 218 頁。
50) 恩蔵・ADKR3プロジェクト [2011] 32 頁。
51) 恩蔵・ADKR3プロジェクト [2011] 32 頁。

〈参考文献〉

青木 均 [2005]「インターネット通販と消費者の知覚リスク」『愛知学院大学経営研究所々報』第44巻，第1号，69-82頁。

恩蔵直人・ADK R3プロジェクト [2011]，『R3コミュニケーション』宣伝会議。

恩蔵直人 [2012]「第10章コミュニケーション対応」和田充夫・恩蔵直人・三浦俊彦『マーケティング戦略』（第4版）有斐閣。

鍛冶博之 [2006]「観光学の中の土産物研究」『社会科学』同志社大学人文科学研究所，Vol.77, 45-70 頁。

北川宗忠 [2001]「地域観光事業の展開」北川宗忠編『観光事業論』ミネルヴァ書房。

経済産業省 商務情報政策局 情報経済課 [2015]『平成26年度我が国経済社会の情報化・サービス化に係る基盤整備（電子商取引に関する市場調査)』経済産業省。

経済産業省 商務情報政策局 情報経済課 [2014]『平成25年度我が国経済社会の情報化・サービス化に係る基盤整備（電子商取引に関する市場調査)』経済産業省。

国土交通省観光庁 [2015a]「2014年1〜12月期（確報）」『旅行・観光消費動向調査』ホームページよりエクセルデータをダウンロード。
〈http://www.mlit.go.jp/kankocho/siryou/toukei/shouhidoukou.html〉

国土交通省観光庁 [2015b]「訪日外国人消費動向調査2014年 年間値（確報）プレスリ

リース」『2015 年 3 月 26 日プレスリリース』。
〈http://www.mlit.go.jp/common/001084355.pdf〉
国土交通省観光庁［2015c］「平成 26 年の年間値の推計（暦年）」『訪日外国人消費動向調査』ホームページよりエクセルデータをダウンロード。
〈http://www.mlit.go.jp/kankocho/siryou/toukei/syouhityousa.html〉
杉本徹雄［1997］『消費者理解のための心理学』福村出版。
中小企業庁［2015］『中小企業白書―地域発，中小企業イノベーション宣言！―』（2015 年版）中小企業庁。
中小企業庁［2014］『中小企業白書―小規模事業者への応援歌―』（2014 年版）中小企業庁。
辻本法子・荒木長照・朝田康禎・田口順等［2015］「観光土産購買における売り手・買い手・受け手の商品評価に関するギャップ―地域活性化のための観光土産開発に向けて―」『観光と情報』第 11 巻，第 1 号，57-70 頁。
辻本法子［2015］「観光土産のオンライン・リピート購買に関する知覚リスクの研究」『桃山学院大学総合研究所紀要』第 39 巻，第 2 号，1-28 頁。
辻本法子［2014］「観光土産のオンライン・リピート購買の研究―熊本県水俣・芦北地区における実践的検証―」『地域活性研究』第 5 巻，141-150 頁。
辻本法子・田口順等・荒木長照［2013］,「贈与動機が消費者の購買行動にあたえる影響―熊本県における観光土産の実証研究―」『桃山学院大学経済経営論集』第 55 巻，第 1・2 号，225-255 頁。
辻本法子・石垣智徳［2012］「商品の購買パターンと知覚リスクに関する研究―食品のネット購買と店舗購買の事例―」『南山経営研究』第 27 巻，第 2 号，215-235 頁。
辻本法子・石垣智徳［2011］,「インターネット販売における地域産品の消費拡大に関する研究―お取り寄せグルメの実証研究―」『地域活性研究』第 2 巻，141-151 頁。
辻本法子・小沢佳奈・石垣智徳［2010］,「物産展来場者のおすそわけ行動に基づく消費拡大に関する研究―関西の百貨店における実証研究―」『地域活性研究』第 1 巻，103-113 頁。
濱岡　豊［1994］「クチコミの発生と影響のメカニズム」『消費者行動研究』第 2 巻，第 1 号，29-73 頁。
Forsythe, S. M. and Shi, B., [2003], Consumer Patronage and Risk Perceptions in Internet Shopping, *Journal of Business Research*, Vol.56, 11, pp.867-875.
Oh, J., Y-J., C-K., Cheng, X., Y., Lehto, and J. T. O'Leary [2004] "Predictors of tourists' shopping behaviour: Examination of socio-demographic characterristics and trip typologies," *Journal of Vacation Marketing* , Vol. 10, No. 4, pp. 308-319.

　　　　　　　　　　　　　　　　　　　　　　　　　　（辻本　法子）

第3章

サプライチェーン組織のマーケティング
―流通システムにおける戦略・組織・パフォーマンス―

第1節 本章のねらい

　近年，わが国の流通システムにおいてサプライチェーン・マネジメント（以下，SCM）の展開が注目されているが，現実をみてみると，スムーズにSCMの展開がなされているというわけではない。そこでは，全体最適化を実現する手法としてSCMが求められているにもかかわらず，実際にはその実現が流通システムにおける各経済主体や経済主体内部の部門による部分最適化行動によって阻害されているという問題が見受けられる。そのような背景を踏まえて，現代の流通システムにおけるSCMの展開について，すなわち，メーカー・卸売業者・小売業者を含む組織間・内部組織の関係性について，加工食品業界の成功事例を対象に解説する。その際，メーカー主導，小売業者主導といった主導権別のSCMの事例に焦点を当てながら，「戦略」，「構造」，「プロセス」，「パフォーマンス」という分析枠組みをベースに解説していく。そのねらいは，過渡的段階と称されるSCMの展開に関する様々な問題点の把握及びその解決策が明らかにされることにある。

第2節 はじめに

　近年，わが国の流通システムにおいてSCMの展開が注目されている[1]。従来は，パワーをもったメーカー主導型の流通システムが主流であったが，近年は大手小売業者へパワーシフトする中で，小売業者主導型の流通システムへ再編されつつあるケースも見受けられ，そのことは卸売業者へも何らかの影響を及ぼしている。さらには，製品の多様化と価格競争の激化を通じて流通費用や在庫を削減する競争圧力や需要予測の重要性が高まりつつある中で，近年における情報通信技術の進展により，SCMといった「製・配・販」の新しい分業関係が模索され始めている。

　しかし，現実のSCMの展開という現象に焦点を合わせると，現代のわが国の流通システムにおいてスムーズにSCMの展開がなされているというわけではなく，業界別に観察してみると過渡的段階にあるともいえる。ここでいう過渡的段階という意味合いは，全体最適化を実現する手法としてSCMが求められているにもかかわらず，実際にはその実現が流通システムにおける各経済主体や経済主体内部の部門による部分最適化行動によって阻害されているという問題が浮き彫りにされていることを含んでいる。すなわち，流通システムを構成する各経済主体や経済主体内部の部門が自己の利益を追求するあまり，全体システムの利益を犠牲にする部分最適化に陥っていると解釈することができる。

　以上のような背景を踏まえて本章では，現代の流通システムにおけるSCMの展開について，すなわち，メーカー・卸売業者・小売業者を含む組織間・内部組織の関係性について，加工食品業界の事例に焦点を当てながら解説する。実際，このような業界を観察してみると，メーカーが主導するシステムだけではなく，小売業者や卸売業者が主導するシステムもあり，誰が主導権を握るかによって様々なSCMの形態が見受けられる。本章では，そのような主導権別のSCMの事例に焦点を当てながら，「戦略」，「構造」，「プロセス」，「パフォー

マンス」という分析枠組みをベースに解説していく。以上のような分析を進めていくことにより，過渡的段階と称されるSCMの展開に関する様々な問題点の把握及びその解決策が明らかにされると考えられよう。

第3節　わが国の流通システムにおけるSCMの展開

1. わが国の流通システム観の変遷

（1）対立観からパートナーシップ観へ

わが国の流通システムにおけるSCMの展開を分析するためには，まずは，わが国における流通システム観の変遷を再確認することに意義があろう[2]。それは，流通システム内のパートナーシップ関係に至るまでの製販対立の長い歴史を再確認することを意味する。そこでまず，わが国におけるチャネル研究の原点というべき「チャネル交渉論（風呂［1968］）」と，メーカー主導の流通系列化体制と小売業者主導のシステムをシステム間競争関係と捉えた「多元的流通システム論（佐藤［1974］）」に着目してみよう。

風呂［1968］は，元々独立した経済主体であり独自の意思決定枠をもつ市場的存在である流通業者とのチャネル関係において，コンフリクトの存在を前提としてチャネル協調を得るためには，継続的かつ反復的な交渉によって達成するしかないと論じている。そして，「商業資本の系列化は商人の『取揃え販売力』を減殺し，『顧客吸収力』を減殺する。この側面からみるかぎり，商業資本の系列化は，当該商人の活動能力を掣肘し，産業資本家の意図に反して無能で魅力のない商品を生み出す」[3]と述べている。

一方，佐藤［1974］は，メーカー主導の流通系列化に対抗するシステムとして，小売業者主導の管理システムの重要性を強調している。そして，それによ

って成立する「多元的流通システム」こそが,高度に発達した先進国の流通経路の一般的な姿だと主張している。さらに,わが国の「多くのマーケティング学者や流通論者は,家電メーカーによって代表されるようなマーケティング戦略,その流通系列化政策は現代の技術革新の重要な一部であり,流通系列化の不可欠な一翼であると考えている」[4]ことに不快感を示した後に,様々な所説に頼りながら「流通系列化によるマーケティング戦略は,社会的にみて,けっして望ましいものではない」[5]と強調している。

以上のような両氏による強調点をまとめると,当時のチャネル現実を説明する「記述論」的スタンスよりも,ありうるべきチャネル現象を強調する「規範論」的なスタンスを堅持していたといえる。すなわち,わが国のチャネル研究に多大な影響を及ぼした両氏の流通系列化に関する批判的スタンスは,後のチャネル研究者にも影響を及ぼし,メーカー主導の流通系列化はいずれ崩壊するであろうというある種の規範として働いていたのである。しかし,そのことが現実化するまでは相当な時間を要し,その間,メーカー主導の流通系列化は一層進展していくことになった。

1970年代と80年代を通して,ほとんどの消費財業界におけるメーカー主導の流通系列化は佳境を迎えることになる。当時のわが国におけるメーカー主導のマーケティングは,はじめにメーカーによる徹底的なチャネル管理ありきで,次にそれを補うべくフルラインと絶えざるモデルチェンジという特徴で成立していた。すなわち,当時のメーカーの優れたパフォーマンスが,流通系列化によって成し遂げられたことを意味していた。しかし,1980年代後半にわが国の流通システムは,大きな変革の渦に巻き込まれていくことになる。この時期になって様々な消費財業界の分野で,流通系列化が崩れ落ちることになり,その代わりに主に新興の大手小売業者が主導する製販統合という新たな流通イノベーションが始まることになる。

このような背景の中,当時のチャネル研究において注目されていたパワー・コンフリクト論を援用しながら,チャネル環境の不確実性とチャネル組織の情報処理パラダイムの関係をモデル化した石井［1983］によって,チャネル研究の転換期が訪れる。その結果,風呂［1968］以降,概して概念的かつ規範的だ

ったチャネル研究とは一線を画すべく，チャネルにおけるパワーとコンフリクトの関係を探る実証研究が旺盛に行われることになる。パワーによるコンフリクト抑制を通して協調を確保するメカニズムを究明することによって，石井［1983］以降のチャネル・システム論は，当時のチャネル研究の支配的パラダイムの地位を獲得する。何よりも，パワーとコンフリクトの相互関係を探るチャネル・システム論は，当時のメーカー主導の流通系列化の実像と符合しており，事実，実証研究の対象になるべきメーカー主導の流通系列化はわが国の流通システムに溢れていたのである。

　しかし，1980年代後半に入り，小売業の上位集中度が高まり，メーカーにとっても上位の大手小売業者との取引が重視される高集中度販路へとチャネル戦略をシフトせざるを得なくなり，メーカー主導の流通系列化の有効性は著しく落ちることになった。それと同時に，従来のパワー・コンフリクト・モデルで捉えたような行動科学的変数中心のアプローチから，社会心理学などの分野から借用した信頼やコミットメント概念を中心に，社会的結合を重視しながらもさらに経済的変数までをも考慮に入れた戦略的な協調関係を強調するアプローチへ，チャネル研究の方向性は大きく転換した。1980年代後半から日本でも本格的な流通再編の波が押し寄せることになる。それによって，メーカー・卸売業者・小売業者で成り立つチャネル・システム全体の効率化・合理化を図ることができる「パートナーシップ型チャネル」へと，メーカー主導のチャネル政策の転換が避けられない時代が到来した。このような状況で，新たなチャネル現実を説明する理論モデルを探せない状態で，日本のチャネル研究は停滞期を迎えることになるが，このようなチャネル現実を捉えようとするチャネル研究者の奮闘も続く。

　例えば，矢作［1994］ではコンビニエンスストアに焦点を合わせ，消費者ニーズの多様化がますます在庫負担と売れ残りリスクを加重させる中で受注生産体制への移行が不可避だと主張している。コンビニエンスストアという発展著しい小売業態が分析対象であったが，そこから導き出された結論はパワーとコンフリクトが渦巻く「取引」から，相互信頼に基づく協調関係を求める「連携」がチャネル関係の基本になるべきだということであった。このような研究に刺

激され，多くのチャネル研究者は，対立ではなくパートナーシップに照準を合わせ，製販間の新たな取り組みを本格的に理論化しようとする動きが広がっていった。その代表的な研究である石原・石井編［1996］では，まずはメーカー・流通業者間の「情報共有」が求められ，次は「意思決定の統合」に至ると述べ，両者間の取り組み関係を「製販統合」と呼んでいる。ここで注目すべきことは，チャネル管理の主体が，一層チャネル・パワーを増している小売業者を暗に想定していることである。このように1990年代中盤において，わが国のチャネル研究者が一斉に新たな研究のフロンティアとして見なし，現実の製販統合の動向に取り組み，活発な研究を行った。すなわち，日本のチャネル研究における次なる展開として，「チャネル・パートナーシップ論」が登場したのである。

(2) パートナーシップ観から次なる枠組みの模索へ

チャネル・パートナーシップ論は，戦略目標の共有による協調関係を重要視し，製販が共にウィンウィン関係を長期継続的に築き上げることができると前提する。そこでは，製販間の対等性や互恵性という現実の製販統合の特徴を説明する有用な道具として，パワー・バランス・モデルを取り入れ，従来のパワー・コンフリクト・モデルの問題を解決しようと試みている。しかし，現実の製販間におけるパワー・バランスは実に不安定なバランスでもある。製販統合を維持させるために，パワー・バランス・モデルに依拠してもチャネルの対立関係は常に存在しうるものであり，その上に大手小売業者の台頭が目覚ましい今日，現実の流通システムは改めてパワー・インバランスの状況に戻りつつある。それゆえ，製販統合を理論化すべきチャネル・パートナーシップ論も，現存するパワー・ゲームの実状を等閑視した結果，現実のチャネル現象に対して納得のいく説明がなされていないともいえる。

チャネル・パートナーシップ論においては，製販間の長期的な利益の実現という戦略目標の共有をもって，安易にパワーを行使するのではなく短期的な利益をあえて犠牲にできる意志と行動の必要性を強調している。その意志と行動の証として関係特定的資源の相互投資を行うのだが，そこでもやはりパワー依存度関係に収斂され，さらに結合利益の配分の段階ではパワー・ゲームの様相

が避けられない。このことは結局のところ，製販間という「ダイアド関係」で捉える以上は，現実のチャネル現象をパワー問題に還元させるしかないという帰結になってしまうのである。このような状況を見極め，新たに取り組むべき製販関係を，生産と流通のダイアドではなく，SCM のような「ネットワーク関係」として捉え直すことを求めているのが加藤［2006］である。

　加藤［2006］は，「マーケティングと商業の相克」関係を受け止めた上での新たな製販ネットワーク関係の定式化を試みている。そこでは，実需の変化に即応して開発した商品の供給を機動的に行う商業的需給調整メカニズムを提示し，消費者ニーズを満足させるべく，現実的に流通システムの主役として登場している大手小売業者がネットワーク・オーガナイザーとして注目されている。しかし，今やチャネル研究者によってその存立根拠さえも否定されがちなメーカー主導の流通系列化も，ネットワーク組織に該当するものであり，もちろんそのオーガナイザーもメーカーである。実際，様々な業界をみてみると，従来のメーカー主導の流通系列化の姿は残っていないものの，未だメーカー主導の下で卸売業者（販売会社）や小売業者をカバーするネットワークとして機能するシステムも展開されている。従来のメーカー主導の流通系列化に対する否定的な評価が，どうしてもパワーが横行する支配・被支配構図から由来するならば，それへの再評価のための次なる枠組みをベースとしつつ再分析することも意義があろう。

　以上のように，現代のわが国におけるチャネル現場は，メーカー主導や小売業者主導といった多元的なシステムが機能している。このような状態を崔［2011］は，「多元的チャネル・ネットワーク・システム」と呼んでいるのだが，その考え方は次のようなものである。多元的チャネル・ネットワーク・システムは，ネットワーク間の対決を促すより，顧客満足のためのネットワーク効率性の最大化を優先する。多元的チャネル・ネットワーク・システムにおいては，メーカーであれ，小売業者であれ，さらに卸売業者であれ，ネットワークを主導する各オーガナイザーが，ダイアド関係に付きまとうパワー関係に安住せず，ネットワーク効率性を最大限にすることを目標とする。チャネル・システム構成員全体のハーモニーを重んじ，何よりもネットワーク存続と発展のために最

終審判者としての消費者のニーズに応えるように柔軟にかつ不断に切磋琢磨することが望まれる。

わが国のチャネル研究は，チャネル現実を解釈するための支配的モデルを探し求めてきた。チャネル交渉論，チャネル・システム論，そしてチャネル・パートナーシップ論などは，日本のチャネル研究の歴史において段階的に頭角を現し，節目における支配的パラダイムになった。しかし，チャネル現実は予測できない消費者のニーズ変化に対応すべくいかにも複雑多岐に進化・深化していった。このようなチャネル現実は単一の支配的パラダイムでは到底捉えきれない故に，チャネル研究においても複数均衡を追い求めるべきともいえる。また，これまでのチャネル研究は，取引関係の変化プロセスを解明することや，企業間関係の構造選択問題と管理問題に力点を置いてきたともいえる。それ故，競争優位性の構築という観点からの議論はやや希薄であったといえるのではないだろうか。しかし，加藤［2006］や崔［2011］のように「ネットワークの視点」の重要性が提起されたり，さらには他の研究者によって，「パフォーマンスの多次元的属性」の重要性や競争優位としての「組織能力」という概念に焦点があてられるようになるなど，次なる枠組みの模索が展開されようとしている。

以上のようなことを鑑みると，近年，わが国の流通システムにおいてSCMの展開が注目されている現実として，メーカーが主導するシステムだけでなく，小売業者や卸売業者が主導するシステムも併存しており，誰が主導権を握るかによって流通システムの「システム」特性は違ってくるはずである。すなわち，メーカー，小売業者ないし卸売業者のうち誰が主導者となるか，大きな役割を果たす流通システムやSCMが併存する状況の中で，主導者によって異なるシステムの特性を明らかにすることが，今後の追求すべき課題として残されているといえよう。では，どのような分析枠組みをベースとしつつ「システム」特性を明らかにしていくことに意義があろうか。このような課題を追求する際の有益な知見を得るために，次項ではまず，SCMの考え方に注目してみよう。

2. SCMの考え方について

(1) SCMの定義

　SCMの定義について考える前に，サプライチェーンとは何かについてみておくことにしよう。サプライチェーンの定義については，様々な論者による見解がある[6]。これらについて吟味してみると多くの点で共通しており，その内容は次のように要約することができる。すなわち，サプライチェーンは顧客に価値を付加するモノ，サービス，情報を提供する供給源からエンドユーザーまでの上流，下流に関わる企業間のビジネスネットワークや流通チャネルの供給連鎖と考えることができる。そして，サプライチェーンを構成するものは，原材料や部品のメーカー，製品組立業者，卸売業者，小売業者，物流業者そして最終消費者も含まれる。

　SCMの定義についても，様々な論者による見解がある[7]。これらを吟味してみると，SCMという用語は，学問的にも実務的にも普及しているにもかかわらず，その定義はかなり混乱していることがわかる。その内容は様々な視点から考察すると次のように要約できる。

　第1に，SCMが対象とする範囲は，企業内の機能はもちろんのこと，サプライヤーから最終顧客までの範囲が考えられる。第2に，SCMの流れの対象は，主としてモノ，サービス，情報，資金を含んでいる。第3に，SCMの目的は，最小の資源で高度な顧客価値を創出して顧客の満足を得ることによって競争優位性を確保することである。そこでは，様々な資源を組み合わせることで実行される。第4に，SCMにおける統合とは，企業内統合と企業間統合を意味するものであり，その具体的な内容はプロセスにかかわる機能，活動と関係の統合である。第5に，SCMにおけるコンセプトは，マネジメント原理・原則を含んだマネジメント活動である。

　ここで，従来のSCMをめぐる様々な議論を総括する形で，統一的なSCMの定義化を試みているMentzer, et al. [2001]の議論についてみてみよう。彼らは次のようにサプライチェーン・マネジメントを定義している。

「SCMとは，特定企業内におけるビジネスの諸機能にわたる，また，サプライチェーン内の諸ビジネスにわたる伝統的なビジネス機能と戦術に関わる体系的かつ戦略的なコーディネーションのことである。それは，個別企業及びサプライチェーン全体の長期的なパフォーマンスを改善することを目的に行われる」[8]。

この定義の特徴は，その目的が明確に長期的パフォーマンスの改善にあるとしたこと，SCMの本質が企業内の機能コーディネーション（対内的コーディネーション）と，企業間の機能コーディネーション（対外的コーディネーション）にあるとしたところにある。具体的には，図表3-1に示されているようなSCMのモデルを提示している。

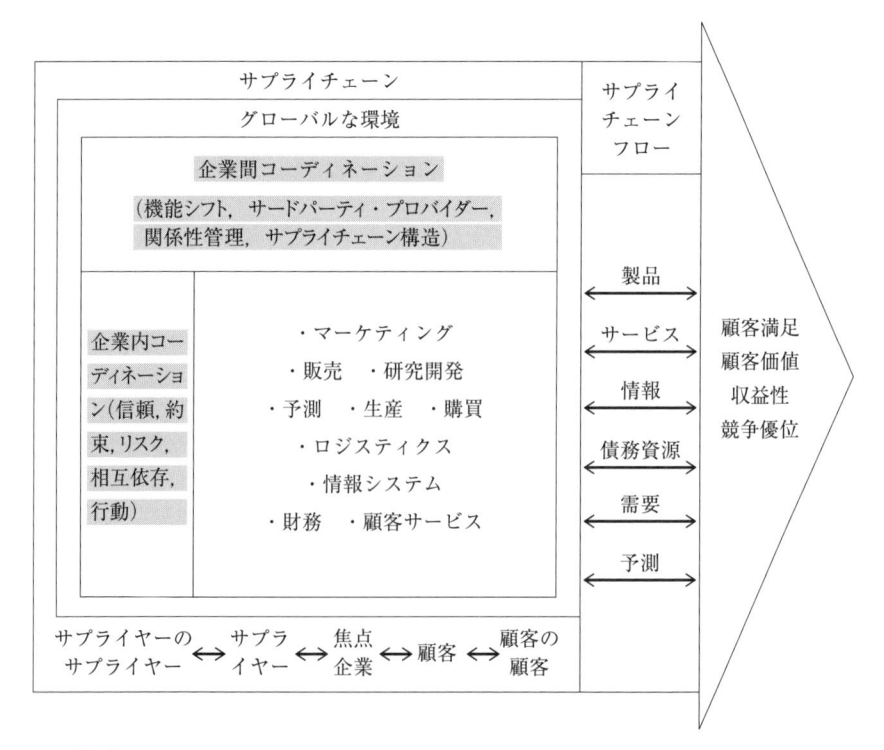

図表3-1　SCMのモデル

サプライチェーン		サプライチェーンフロー	
グローバルな環境			
企業間コーディネーション（機能シフト，サードパーティ・プロバイダー，関係性管理，サプライチェーン構造）			
企業内コーディネーション（信頼，約束，リスク，相互依存，行動）	・マーケティング ・販売　・研究開発 ・予測　・生産　・購買 ・ロジスティクス ・情報システム ・財務　・顧客サービス	製品 ↔ サービス ↔ 情報 ↔ 債務資源 ↔ 需要 ↔ 予測 ↔	顧客満足 顧客価値 収益性 競争優位
サプライヤーのサプライヤー ↔ サプライヤー ↔ 焦点企業 ↔ 顧客 ↔ 顧客の顧客			

（出所）　Mentzer, et al. [2001] p.19.

以上のようなSCMに関する議論からもわかるように，そこではサプライチェーンを構成する各経済主体間と経済主体内部の部門間のコーディネーションがいかになされているかということが，最も重要な要素であるといえよう[9]。このように考えられるのは，現代における情報通信技術の進展が大きな要因であるといえる。なぜなら，情報通信技術の進展によるインパクトは，企業内だけではなく，企業間の壁を超えて，コーディネーションに関わるコストを削減し競争優位を実現する手段になりうるからである。そこで本章では，SCMを次のように定義する。

「SCMとは，情報通信技術をベースとして，サプライチェーンを構成する各経済主体や経済主体内部の部門が保有する各種の情報，知識，資源を組み合わせて，より俊敏な組織能力を発現させ，より効率的かつ効果的な組織類型を戦略的に選択することによって，サプライチェーン全体における競争優位の構築を目指していくマネジメント手法である」。

(2) SCMの概念図

以上のようなSCMの定義をもとに，ここでは本章におけるSCMについての概念図を提示する。そこで，SCMに関する重要な事項について再確認してみよう。

まず，これまで様々な研究者が提示してきたSCMに関する概念の変遷を，簡単に振り返ってみる。初期のSCMに関する研究では，広義の物流チャネルの管理問題をその対象としていた。ここで広義と書いたのは，メーカーを起点とした販売物流だけではなく，サプライヤーからの調達物流や企業内の物流まで，すべてを含んだ管理問題だったからである。

ただ，このような物的フローの効率化は企業内はもちろん，企業間を巻き込む課題であり，情報通信技術の助けを借りなければ，とうてい物流問題の効果的な解決は不可能である。そのため，SCMの重要な経営資源として，情報通信技術が早くから位置づけられるようになり，情報通信技術をベースとして供給側（サプライヤー，メーカー，卸売業者，小売業者）と需要側（顧客，消費者）との間に双方向の情報の流れを構築することが，SCMの中心課題である

との認識も登場するようになった。

しかし，これらの概念に不足していたのは，そもそもサプライチェーンは誰のために存在するのか，そしてサプライチェーンにおいて誰が「ネットワーク・オーガナイザー」となるのかという視点であった[10]。物的フローの効率化にしろ，情報フローの効率化にしろ，サプライチェーンにおいては誰かがオーガナイザーとなり，最終的には需要側（顧客，消費者）に満足してもらうようなサプライチェーンをデザインしなければ意味がない。そこで，物的フローや情報フローなどの各種機能領域の編成問題から脱却して，顧客満足の実現を目指して，サプライチェーン全体の仕組みを根本から見直すという主張が生まれることになったのである。

では，サプライチェーン全体の仕組みを根本から見直すということはどういうことであろうか。SCMの究極的な目的は，サプライチェーンを構成する個々の経済主体や経済主体内部の部門による利潤最大化行動を超えた，サプライチェーン全体の利潤を追求することで，具体的には，トータルコストを削減し（効率性の追求），顧客価値と顧客満足を高め（効果性の追求），競争優位を構築・維持しようとすることである。そこでの重要課題は，協働を通して実現する情報共有である。それは，メーカー，卸売業者，小売業者というような，もともと取引が行われているサプライチェーン上の各経済主体や経済主体内部の部門が，サプライチェーン全体の利益増大を目的として，様々な資源や資金を入手する情報共有を指している。

サプライチェーンにおける協働は多くの場合に情報の共有とその利用を意味するが，SCMのそれは企業内を含めた企業間の情報共有によって特徴づけられるものであるといえる。このような協働を通した情報共有が，SCMの手段として広く理解されるようになった背景に，情報通信技術の進歩によってその実現性が高まったという現状の認識に基づいていることはいうまでもない。それとともに，情報共有を実現するために行われる企業内・企業間の協働をSCMの方法論として捉える考え方が形成されたことに負うところが大きいといえよう。この考え方は，間違いなくSCMを構成する諸概念の中でその中枢に位置づけられるものであろう。すなわち，現代におけるSCMは，情報通信技術の

応用によって実現されるものとして捉えることが重要なのである。

　ここで，以上のSCMに関する議論を踏まえて，適切なサプライチェーンをデザインするための解決すべき2つの問題を提示する。それは，「コーディネーション問題」と「インセンティブ問題」である[11]。サプライチェーンを構成する各経済主体や経済主体内部の部門は，サプライチェーン全体のパフォーマンスを高めるために，これら2つの問題を解決することをベースとしながら，自らの基本的なサプライチェーン戦略を打ち立てる必要がある。

　コーディネーション問題とは，サプライチェーンを構成する各経済主体や経済主体内部の部門が個々の利潤のみを追求するのではなく，サプライチェーン全体の目標を可能な限り効率的かつ効果的に達成できるように，サプライチェーンにおける情報（知識，資源などを含む）の流れをどのように設計するべきか，意思決定プロセスをどのように設計するべきか，誰がどのような機能を担うべきか，という問題である。そこでは，どの経済主体や経済主体内部の部門がサプライチェーンにおいてネットワーク・オーガナイザーとなるべきかが明らかにされ，そして，ネットワーク・オーガナイザーとしての経済主体や経済主体内部の部門がどのようなコーディネート活動を行っているかが明らかにされる。

　インセンティブ問題とは，サプライチェーンにおいて異なった目標をもつ各経済主体や経済主体内部の部門にどのような動機づけを行い，サプライチェーン全体の目標に沿った行動をさせるか，という問題である。すなわち，サプライチェーン全体のパフォーマンスが高まるようなインセンティブ体系をいかに構築するか，という問題である。そこでは，サプライチェーンにおけるネットワーク・オーガナイザーとしての経済主体や経済主体内部の部門がどのようなインセンティブ体系を構築するべきかが明らかにされる。

　以上のような議論をもとに，本章で提示するSCMの概念図は，図表3-2の通りである。この概念図をベースとしつつ，わが国の流通システムにおける多様なSCMの展開を明らかにするためには，いかなる分析枠組みが必要となってくるであろうか。このような課題を追求する際の有益な知見を得るために，次節以降では，Nakano and Akikawa [2014] の議論に注目しつつ分析枠組

図表 3-2 SCMの概念図

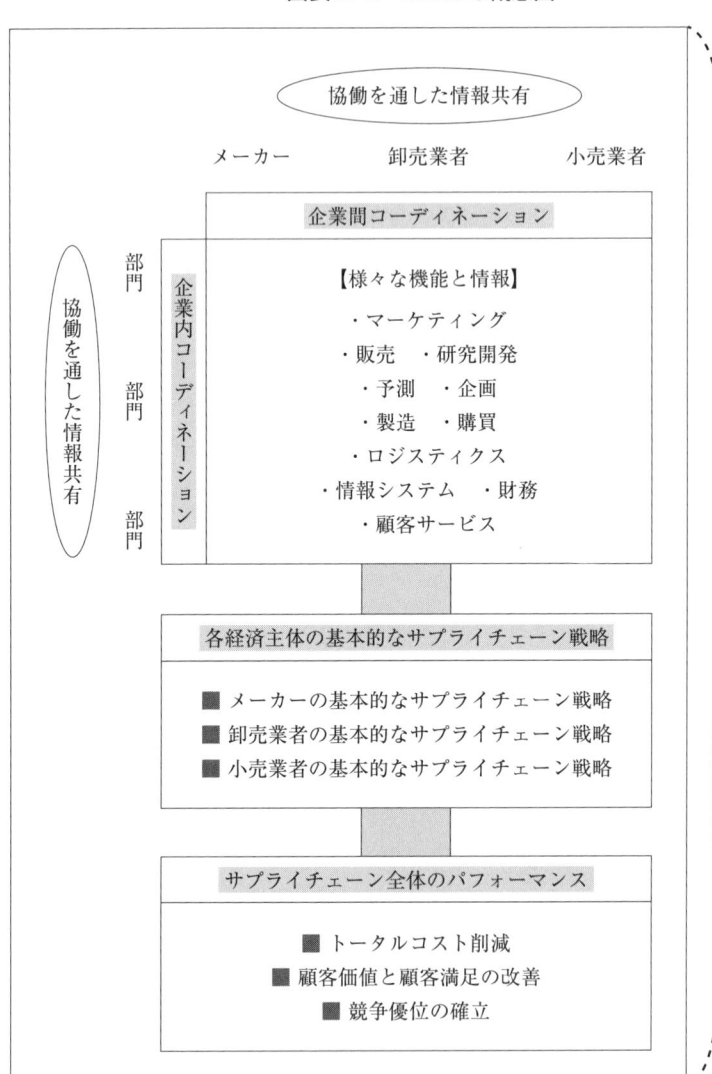

協働を通した情報共有

メーカー　　卸売業者　　小売業者

企業間コーディネーション

【様々な機能と情報】
・マーケティング
・販売　・研究開発
・予測　・企画
・製造　・購買
・ロジスティクス
・情報システム　・財務
・顧客サービス

企業内コーディネーション　部門　部門　部門

協働を通した情報共有

各経済主体の基本的なサプライチェーン戦略

■ メーカーの基本的なサプライチェーン戦略
■ 卸売業者の基本的なサプライチェーン戦略
■ 小売業者の基本的なサプライチェーン戦略

サプライチェーン全体のパフォーマンス

■ トータルコスト削減
■ 顧客価値と顧客満足の改善
■ 競争優位の確立

インセンティブ問題（ネットワーク・オーガナイザーによるインセンティブ体系の構築）

コーディネーション問題（誰がネットワーク・オーガナイザーとなり、いかに取り組むか）

(出所)　筆者作成。

みを構築し，事例分析を試みてみよう。

第4節　分析枠組みについて
―戦略・構造・プロセス・パフォーマンス―

　戦略的マネジメントと組織デザインの分野において，次に示す命題は有名である。すなわち，戦略，構造，プロセス間で適切な調整を成し遂げた企業は，そのような調整が欠如している競争企業よりも優れたパフォーマンスを生み出す（Galbraith and Nathanson [1978]），という命題である。その命題は経営学の分野では目新しいものではなく古典的なものとなっているが，Nakano and Akikawa [2014] はその命題を SSPP（Strategy, Structure, Process, Performance）パラダイムと称して，SCM の研究領域にも本格的に適用しようと試みている。そこで本節では，Nakano and Akikawa [2014] の議論に依拠しながら，わが国の流通システムにおける多様な SCM の展開を明らかにするための分析枠組みとなりうる，「戦略」，「構造」，「プロセス」，「パフォーマンス」の具体的な考え方についてみていくことにしよう。

① 「戦略」について

　Galbraith and Nathanson [1978] によると，戦略は「戦略形成プロセスに派生する特定の行動」と定義され，具体的には，「企業の基本的なミッション，企業が達成しようとする目的を決定するプロセス，そしてその目的を達成するために使用可能な企業資源を管理するための主要な戦略や方針」とされている。すなわち，「自社はどのような企業なのか，どのような企業ではないのか」，「今後何をするのか，今後何をしないのか」という自社のビジネスの境界条件を規定するものである。そして，そのコアとなるものは，「自社の全体的な戦略目標は何か」，「顧客にどのような価値を提供するか」，「市場で自社を差別化するポイントは何か」という3つの問いに答えを出すことである。Galbraith and

Nathanson [1978] では，主に製品と市場に関わる多角化戦略に焦点を合わせており，あくまでも企業レベルの戦略を想定しているが，SCM の研究領域においても参考となる考え方だといえよう。

SCM の研究領域においても，その文脈において様々な戦略の定義づけが事業レベルと機能レベルに分けられてなされている。まず，事業レベルについては，購買等のような特定の機能の戦略的重要性に焦点を当てているものや，外部の関係性や統合のような特定の活動に焦点をあてているものがある。前者がいわゆる，物流戦略・営業戦略・調達戦略といった部門レベルの戦略に関わるものであり，後者は，外部の企業との協働をいかに構築するかに関わる関係構築戦略に該当するものといえる。

事業レベルの戦略に対して，機能レベルの戦略は SCM に関してより具体的なものとなっている。例えば，目標を達成するために設計される「行動計画パターン」，顧客需要を満たすよう卓越することが選択される「競争的優先順位」，そして「サプライチェーン志向」などである。「行動計画パターン」とは，サプライチェーン全体の目標を達成するために，組織間・内部組織においていかなる行動が設計されるべきかに関わるものである。「競争的優先順位」とは，サプライチェーンにおける各経済主体の顧客ニーズをベースとしつつ，そのニーズを満たすために何をやり何をやらないかといった選択に関わるものである。「サプライチェーン志向」とは，サプライチェーンにおいて様々なフローを管理することに関係している諸活動を，組織間・内部組織においていかにして体系的かつ戦略的に調整していくかに関わるものである。

さらに，これらの機能レベルの戦略の他にも，「リーン戦略」と「アジャイル戦略」という2種類のサプライチェーン戦略に焦点を当てているものもある。前者，すなわち，機能的製品（予測可能な顧客需要に直面するタイプ）のための効率的なサプライチェーン戦略は，できる限りあらゆる無駄を縮減し，大量生産を通してコストを下げ，そして顧客に標準化製品を提供することを基本とする戦略である。それに対して後者，すなわち，革新的製品（予測が不安定な顧客需要に直面するタイプ）のための反応的なサプライチェーン戦略は，急速に変化する市場環境に反応し，不安定な市場に反応するために大容量のバッフ

ァを維持する必要があり，そして顧客に個別化製品を提供することを基本とする戦略である。

② 「構造」について

Galbraith and Nathanson [1978] によると，構造を「生産，財務，マーケティングなどのような役割への仕事の分割」とみなしている。すなわち，「機能，製品，地域もしくは市場間で部門もしくは事業部に役割を再結合すること，そして，その役割構造間のパワーを配分すること」とみなしている。例えば，いくつかの構造タイプとして，「集権的な職能別組織」，「分権的な多事業部制組織」，「マトリクス組織」などが挙げられる。

Galbraith and Nathanson [1978] が内部構造に焦点を当てている一方で，SCM の文脈における構造は内部構造と外部構造に区別しているところに特徴がある。内部構造については，「公式化」と「集権化」という次元が使われている。「公式化」とは，SCM 活動に対する意思決定と仕事上の関係が公式ルールと標準約款，そして標準手続きによって管理される程度をいう。「集権化」とは，SCM の意思決定を行う際のパワーが組織において集中する程度をいう。外部構造については，内部構造と同様に「公式化」と「集権化」が使われており，それ以外の次元として「頻度」，「互恵主義」，「ネットワーク構造」，「地理的分散」といった様々な次元が使われている。「頻度」とは，外部の企業との取引に関わる回数のことであり，「互恵主義」とは，取引相手の自社に対する待遇と同等の待遇を与えようとする主義をいう。「ネットワーク構造」とは，外部の企業との取引をめぐって直接間接につながっている複数の組織間の集合体のことであり，「地理的分散」とは，取引相手がどれだけ地理的に分散しているかに関する程度をいう。

SCM の文脈における内部構造と外部構造については，上記の次元の他にも次のような具体的な次元に焦点を当てているものもある。内部構造については，部門が継続的に共同意思決定に従事できるよう構成された「(持続的) 各部門間の協議会」，特定の計画管理に関して部門間の協働が促進されるよう構成された「(一時的) 組織横断的なチーム」，特定の計画を目的としたいくつかの部門努力

を調整する「(一時的)連絡要員」などが挙げられる。

さらに，内部構造におけるSCM特有の組織形態として，「職能別組織」，「マトリクス・チャネル組織」，「プロセス・スタッフ組織」，「統合的ライン組織」といったものに注目しているものも存在する。「職能別組織」は，物流業務がひとつの部門に集約された組織であり，「マトリクス・チャネル組織」は情報指向の組織とされ，その中心となるSCM部門の主たる役割は機能部門や外部の取引先との調整や連携になる。「プロセス・スタッフ組織」は「マトリクス・チャネル組織」と同様，その中心となるSCM部門は機能部門や外部の取引先との調整や交渉の役割を果たすのだが，SCM部門は本社のスタッフ部門に位置づけられている。「統合的ライン組織」は，主要なSCM業務に従事する複数の機能部門を1つのSCM部門に統合した形態である。

外部構造については，取引企業との「長期的関係」の程度，「買い手またはサプライヤーへの依存度」，「供給ベースの縮小」，「サプライヤーの数」などの次元に焦点が当てられている。「長期的関係」とは，外部の企業との取引において長期的か短期的かに関わる程度を指し，「買い手またはサプライヤーへの依存度」とは，取引相手と自社のどちらにパワーが集中しているかに関わる程度をいう。「供給ベースの縮小」と「サプライヤーの数」については，外部の企業との取引に関わる絞り込みの程度を指している。

③ 「プロセス」について

Galbraith and Nathanson [1978] によると，プロセスを「複雑な組織の部門内または部門間における仕事の方向性や頻度，そして分化した役割を連結するフロー」とみなしている。具体的には，「資源配分プロセス」，「パフォーマンス評価」，「報酬システム」，「統合メカニズム」といった次元を含んだ内容となっている。

SCMの文脈におけるプロセスは，先ほどの構造と同様に，内部プロセスと外部プロセスに区分しているところに特徴がある。内部プロセスについては，情報，アイデア，設備を共有するといった「資源共有」，相互作用と調整を通したフォーマルもしくはインフォーマルな「共同作用」，共同の予測や共同の業務

計画といった「共同計画」，特定の活動の統合を通した業務連携もしくは機能統合を意味する「統合的活動」，費用対効果を改善する方法といった特定の活動に関する「共同意思決定」，部門の目的・目標が部分最適にならないよう調整する「目的・目標の共同設定」，機能を管理することからプロセスを管理することへの転換を意味する「プロセス志向」などの次元が挙げられる。

外部プロセスについては，内部プロセスと同様の次元として，「資源共有」，「共同作用」，「統合的活動」，「共同計画」，「共同意思決定」，「目的・目標の共同設定」などが挙げられ，外部プロセス特有の次元として，焦点企業の主導による取引相手の参加を意味する「パートナーの関与」，資本設備への融資や研究開発費の共有を含んだ「リスクや報酬の共有」などが挙げられる。

④ 「パフォーマンス」について

パフォーマンスは元来，多次元的な構成概念である。様々な種類のパフォーマンスへの影響が過去の研究において調べられてきており，そこでは多数の次元が用いられている。これらの次元は次のような2つのグループに分類されよう。すなわち，ロジスティクスや生産のような業務的な活動のパフォーマンスを意味する「業務パフォーマンス」と，様々な活動を通して総合的に生み出されるパフォーマンスを意味する「企業パフォーマンス」である。「業務パフォーマンス」に関する具体的な次元を挙げてみると，「品質／顧客満足」，「コスト」，「リードタイム」，「資産」，「柔軟性／反応性」などがある。「企業パフォーマンス」については，利益・売上・総資産利益率・投資収益率といった「財務パフォーマンス」と，市場シェア・競争力といった「市場パフォーマンス」などの具体的な次元に分類することができる。

SCMの文脈におけるパフォーマンスは，SCM関連の活動が主に業務的なものとなるため，「業務パフォーマンス」に焦点が当てられることになろうが，SCM関連の活動を戦略的重要性に伴う全社的活動とみなしてみると，究極的には「企業パフォーマンス」についても考慮する必要があろう。

以上のように，わが国の流通システムにおける多様なSCMの展開を明らか

図表 3-3　SCM の分析枠組み

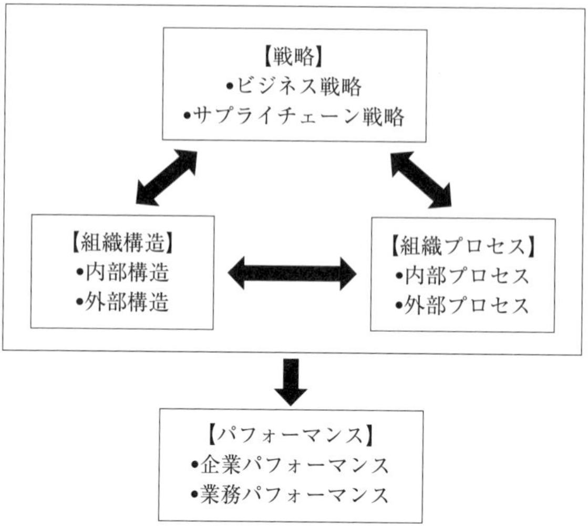

```
                    【戦略】
                ・ビジネス戦略
                ・サプライチェーン戦略
                   ↙      ↘
        【組織構造】  ⇔  【組織プロセス】
        ・内部構造         ・内部プロセス
        ・外部構造         ・外部プロセス
                     ↓
                【パフォーマンス】
                ・企業パフォーマンス
                ・業務パフォーマンス
```

（出所）　筆者作成。

にするための分析枠組みとなりうる,「戦略」,「構造」,「プロセス」,「パフォーマンス」の具体的な考え方についてみてきたが, これら4つの適合性を考慮したうえで分析枠組みを提示すると図表3-3のようになる。そこで,「組織構造」と「組織プロセス」に注目し, マネジメントの観点からその内容についてまとめると次のようになる。

　まず, 外的マネジメントに該当するのは,「外部構造」と「外部プロセス」である。「外部構造」とは, 取引相手との関係性を示すものであり, パートナーとなる取引相手とどのような関係を結ぶかという問題に関わっている。具体的には, 取引・連携の継続性や資本関係, パワー関係などといった対レベルの関係, パートナーとして何社の取引相手と付き合うか, 受発注の配分はどうするかなどといったセットレベルの関係, パートナーは他にどのような業者と付き合っているか, それぞれの業者の取引量はどのくらいかなどといったネットワークレベルの関係のことを指している。「外部プロセス」とは, 取引相手との取引をめぐる様々なやりとりを示すものであり, 複雑な協働関係をどのようなプロセス・方法で進めていくのかという問題に関わっている。具体的には, コミュニ

ケーションのあり方や，問題解決の作法がその焦点となろう。

次に，内的マネジメントに該当するのが，「内部プロセス」と「内部構造」である。「内部プロセス」とは，外的マネジメントを営んでいく上で必要となる，経済主体自身の担うべき業務やそのための調整を上手にこなしていくための能力に関わっている。具体的には，外的マネジメントに関係する社内のいくつかの部署・部門がどの程度組織としてのまとまりをもちながら仕事を進めることができるか，あるいは人材はどの程度知識を備えているかといったことが，ここでの問題となろう。「内部構造」とは，「内部プロセス」能力を支える内部組織のメカニズムに関わるものであり，そこでは，能力や知識を育み，高め，維持するための組織上の様々な創意工夫，努力が必要となる。具体的には，どのような構造の組織を組み立て，どのように人材を配置し，あるいは人材をどのように育て，管理していくのかといったことが，ここでの問題となろう。

次節では，以上のような分析枠組みをベースとしつつ，加工食品業界におけるSCMの展開に関する事例分析を試みてみよう。

第5節 加工食品業界における事例

1．POSデータ開示による協働関係構築（小売業者主導の事例）

まず，事例の概要と「戦略」面についてみてみよう[12]。2000年頃から食品業界において「協働MD（Merchandising）研究会」と呼ばれる動きが活発化している。協働MD研究会は，食品スーパーマーケット開示のPOSデータを納入卸売業者やメーカーが分析することで，品揃えや棚割り，さらには販売促進策を提案する取組みである。このような展開は，従来は小売業者内部で実施してきたPOSデータ分析等をもとにした，小売店頭展開のカテゴリー・マネジメント推進に関わる分析等の業務であった。それが，POSデータ開示を契機

に納入企業における業務へとシフトしており，小売業者視点でいえば，カテゴリー・マネジメント主体の企業間SCMの再構築への取組みであり，それに対応する企業内SCM再構築の新たな協働関係構築戦略である。そこで事例対象となる企業は，北海道を商圏とした生活協同組合（コープさっぽろ）であり，経営危機を契機として2000年にPOSデータの全面開示に踏み切った事例である。

では次に，このようなPOSデータ開示による協働関係構築戦略を展開する際に，どのような「構造」「プロセス」面が実行されてきたかに注目してみよう。コープにおいて，POSデータ開示に先立ち仕入先との間で協働MD推進組織を1999年に立ち上げている。そこでは，仕入れの意思決定の透明化とMD革新の促進を目的とした「場」の形成が重要視された。2003年に，日本ではじめてウェブ上でのPOSデータの開示システムを構築している。開示POSデータは，取扱全商品カテゴリー，店舗ごと，部門ごとに過去3年の月別情報および過去156週に及ぶ週別情報である。2004年には，購入情報閲覧サービス，メールマガジン配信サービス，掲示板による情報提供サービスなどが提供されている。コープにおけるPOSデータ開示は，特定カテゴリーに関して280社もの仕入先企業の専門的視点から分析することによる，店舗の問題点を指摘することが，第三者の視点，第三者のノウハウを取り込むことになり，実効性の高いMD提案の実現を目指すことである。同時に，それら成果に加え，POSデータの分析などを担う本部スタッフの，量的・質的両面での不足を解消する効果をももたらしている。

コープにおける仕入先との間で構築した協働MD組織は，運営形態からMD研究会とMD協議会に分類されている[13]。両者に共通するのは，取引先の営業担当者はコープが開示したPOSデータを解析し，店舗におけるMD展開の弱点を明確にした上で，売場改善提案を発表し店舗展開の成果を検証し，新たな課題を提示していくことである。一方で，両者の違いについては，MD研究会が競合他社を含むコープの取引先担当者が一堂を会することで，MD提案を行うオープンな場であるのに対し，MD協議会はコープとのクローズドな場である点に差異がある。

MD 協議会は，2002 年から生鮮部門での MD 研究会の成功を受け年間仕入れ総額 1 億円以上の食品・日用品部門の取引先 75 社を対象に推進され現在はさらに増加している。MD 協議会として，クローズドな場を設けたのは，食品部門の仕入れ先企業が他社への情報開示に難色を示したことが主たる背景にある。MD 協議会は半期ごとに開催され，コープにおける次期 MD 戦略が提案されている。

　MD 研究会は，参加企業における知恵が集積する「知のプラットフォーム」として機能している。それには，MD 提案の検証が困難であることを解決する方策として機能し，MD 提案・推進サイクルを実践する場としての役割が求められる。具体的推進状況として，MD 研究会は年 6 回開催され，参加者はコープ側から理事長，商品本部長，農産，畜産，水産，日配の各部門長に加え各部門のバイヤー 60 人程度が参加している。仕入先企業は 300 社程度の営業担当者約 800 人が参加し，毎回の研究会において，4〜5 社の取引先営業担当者が自社商品の MD 提案の発表を行っている。その提案に対しては，食品部デイリー MD 研究会採点表に準拠し，参加企業（競合他社を含む）による第三者的な視点から評価することで，ノウハウの共有化を促進させる効果をねらっている。

　MD 研究会の推進に当たって，理事長を主体に，成果を高める前提条件の整備を図るために推進原則を設定している。原則は，仕入先との信頼関係構築であり，仕入先の信頼を得る前提として労力を掛けた提案内容に関して，コープの各店舗で確実に実践することである。それに加え，提案内容はコープとともに取引先が蓄積したノウハウであるので，その成果は MD 提案成功事例として他社に提案・活用することを否定しないとしている。

　以上のような「戦略」，「構造」，「プロセス」間の適合性により，次のような「パフォーマンス」を達成しているという。第 1 に，仕入先企業における営業担当者の POS データ分析による MD 提案スキルが向上し，取引先企業内に優れた知識および人材が蓄積されたことである。第 2 に，コープ本部および店舗における発注数量の適正度が高まったことである。第 3 に，仕入先における営業面での生産性の向上が得られたことであり，MD 提案・推進の本来的な目的である販売機会損失の最小化に成果が得られ，効率的・効果的な品揃えの実施レ

ベルが高まったことである。第4に，商品カテゴリーごとにある部門の壁を低くしたことである。

2. 受注生産流通システムと部門間の調整（メーカー主導の事例）

まず，事例の概要と「戦略」面についてみてみよう[14]。事例対象となるカルビーは，スナック菓子やシリアル食品などを製造・販売するメーカーである。カルビーの商品の多くは油で揚げて作られるため，時間がたつと油が劣化して風味が落ちてしまう。そのため，同社の商品は作り貯めができず，消費財の中でも生鮮品に近い。また，主要な原料である馬鈴薯は年に1度しか収穫できず，毎年秋に1年分の販売総量と品質が決まってしまう。このような商品や原料の特性により，カルビーでは「実需（小売店からの発注）」ベースの生産・流通戦略が採用されている。

では次に，このような実需ベースの生産・流通戦略を展開する際に，どのような「構造」「プロセス」面が実行されてきたかに注目してみよう。カルビーは生産・流通のオペレーションを，従来の見込みベースから実需ベースへと変化させている。見込みベースのオペレーションでは，販売部門が店舗ごとの特売予定や新製品の売れ行き，売れ筋のばらつきなどをもとに需要予測を行い，その予測値に従って物流部門が在庫計画を立案して，生産部門に生産量を指示していた。この予測タイプでは，予測プロセスの標準化と予測権限によるヒエラルキーによって，部門間の調整が行われていたといえる。

同社は，実需ベースのオペレーションに移行してからは，定番品と特売品を分けて管理している。定番品については，物流部門が過去の出荷実績をもとに予測を行い，必要な在庫量を決めて生産部門に生産量を指示している。よって，定番品の予測は，予測を担当する部門が販売部門から物流部門に交代しているものの，その予測タイプは従来のタイプと同様のものである。この予測では，物流部門は予測の権限をもっているが，ヒエラルキーによって部門間の調整を行っているというよりは，市場の不確実性が低い定番品に関する予測プロセスの標準化の程度を高めることで，事後的な部門間の調整をできるだけ行わない

第3章　サプライチェーン組織のマーケティング　83

ようにしているといえる。

　一方，特売品については，販売部門が受注した数量をもとに，物流部門が出荷数量を決めている。特売品については，完全な受注生産で需要予測を全く行わないというわけではないが，出荷量の8割は受注によって決まるので，残りの2割を予測すればよいという，極めて標準化の程度が高い手法を採用している。また，販売部門は，あらかじめ設定された販促の枠に特売品の受注を当てはめることで，製造や配送の制約条件と受注を合わせている。さらに，物流部門は生産部門に上限・下限在庫量の枠を提示している。このように，生産・販売・物流部門は販促や在庫量の枠を設定し，あらかじめアウトプット（具体的には，販売部門の受注量，生産部門の生産量）を標準化しておくことで，計画を調整しているのである。

　以上のような「構造」「プロセス」面を運営していく中で，次のような様々な問題が生じ，それぞれの問題に対して解決策を施している。第1に，生産ロットサイズの縮小によって在庫は減るが，製造原価が上がるという問題に対しては，「指標の連鎖を共有」することで解決がなされている。第2に，特売品の需要が読めず，生産部門では緊急の生産増減に対応する必要が生じ，製造原価が上がるという問題に対しては，「プランニング・ミーティングへの取組み」により解決がなされている。第3に，アイテム数が増えた影響で，減少していた在庫が増加に転じるという問題に対しては，「BSC（Balanced Scorecard）を使った目標管理」と「3層マネジメントへの取組み」により解決がなされている。以下において，これらの解決策について詳しくみてみよう。

① 「指標の連鎖を共有」

　生産ロットサイズの縮小によって在庫は減るが，製造原価が上がるような事態が生じると，一般的には生産部門が抵抗したり，管轄部門間での対立が起こりかねない。そこで同社が用いた有効な調整手段が，「指標の連鎖の共有」である。指標の連鎖とは，店頭鮮度の向上を実現するために事前に想定されていた様々な指標の因果関係である。同社では，生産・販売・物流部門の責任者が集まる経営会議で，このような因果関係を共有することで，全社的な目標を達成

するために何を優先すべきか，各部門は何をすべきかを明確にしたのである。このような役割を果たす指標の連鎖は，詳細かつ行動志向のシナリオの作成・共有に関するものである。すなわち，同社は部門間でシナリオを共有し，指標間の優先順位や各部門の重点指標に関する合意を形成することで，抵抗・対立を回避できたといえる。

② 「プランニング・ミーティングへの取組み」

特売品の需要が読めず，緊急の生産増減に対応する必要が生じ，製造原価が上がるような事態が生じると，生産部門が混乱しかねない。そこで同社が用いた有効な手段が，小売業者，卸売業者との「プランニング・ミーティング」の展開に部門横断的に取り組んだことである。プランニング・ミーティングは，個々の小売業者が抱える問題を解決する活動であるため，販売部門が提案した個別の販売促進企画と生産・物流部門の供給を同期させる必要がある。とくに，小売業者の発注やオペレーションの精度が低い状況では，絶えず情報を共有したり調整することが求められる。同社では，経営会議での議論を通じて個別に対応策を検討している。

プランニング・ミーティングへの取組みは，関係者間の緊密かつ継続的なコミュニケーションや予見されない問題の迅速な解決に関するものである。予期せぬ事態が発生して，ある指標のパフォーマンスが停滞・悪化した場合，パフォーマンスを回復・向上させる施策を共同で検討する必要がある。この場合，現場で情報を共有して，すばやく問題解決にあたることで混乱を避けることができる。同社が主導したプランニング・ミーティングにより，関連部門が協力して積極的に取り組むことで，結果として，停滞していた事前受注率を徐々に向上させることができ，緊急の生産増減も減っていったのである。

③ 「BSCを使った目標管理」

BSCを使った目標管理は，報酬制度と一体となった目標管理に関するものである。このような制度を導入すれば，各部門，SBU (strategic business unit)，個人の活動を全社的な目標と対応づけることができ，各組織・個人の自律的な

活動が期待できる。先ほどの「指標の連鎖を共有」で示したようなシナリオを共有できるのは一部のコア人材に限られる。一般の組織構成員に対しては，シナリオの共有を期待するよりも，全社的な方向性にそった目標を具体的に提示する方が望ましい。同社の場合，従来から小集団での改善を行ってきたが，標準的な制度として導入することは，それまで各部門の責任者が主体的に構築してきた新しいプロセスを，現場の管理者や一般の組織構成員が安定的に運営し，パフォーマンスを維持できるようにする効果をもたらしたのではないかといえる。

④ 「3層マネジメントへの取組み」

3層マネジメントについては，製造マネジャー，エリア・マネジャーは常にパフォーマンスを監視し，異常時には適宜協力して原因究明や問題解決に当たっている。このような現場の管理者間のやりとりは，継続して行われている経営会議のような「経営トップ，マネジャーの定期的な現状検討会議」よりも，例外的な問題の迅速な解決につながり，パフォーマンスの悪化を防いだり，すばやい回復をもたらすと考えられる。ただし，この制度の導入に対しては，現場にも戸惑いがみられている。そのため，製造マネジャーが物流機能に目配りできるようになるのに時間を要している。その影響で，アイテム数が増加した際に在庫水準を維持できなかったのではないかとみられる。店頭鮮度は高い水準で推移しているとはいえ，組織の後退を防ぐことは容易ではないことが伺える現象である。

以上のような「戦略」，「構造」，「プロセス」間の適合性により，次のような「パフォーマンス」を達成している。とくに，部門間調整に関わる「構造」，「プロセス」面を運営することにより，事前受注率を高めることで，従来よりも社内の在庫量を減らし，店頭鮮度を向上させる一方で，製造原価については品質保証強化の影響で大幅に増加したものの，徐々に元の水準に近づけている。

第6節　おわりに

　以上見てきたSCMの事例は，とくに，需要予測に関する企業間の協働と部門間の協働についての事例であった。そこで，CPFR (Collaborative Planning, Forecasting, and Replenishment) に関する研究から得られた知見を参考にしながら，本章におけるインプリケーションを提示する。

　まず，CPFRとは「サプライチェーンにおいて，複数の企業が共同でプロモーション活動を計画し，需要予測を連動させ，それらの計画や予測に基づいて，生産や補充を行うこと」[15] をいう。この定義をベースとしつつ，CPFRに関する研究に注目してみよう。

　Stank et al. [1999] による研究では，米国のメーカーと小売業者を，共同予測および補充・販売促進の共同計画の実践の程度によって，CPFRの導入の程度が低いグループと高いグループに分類した。そして，t検定を使って，パフォーマンスとの関係を分析した結果，コストや在庫，顧客サービスに関する指標にはほとんど有意差は見られなかった。これは，大半の企業におけるCPFRの導入はまだ基本的な段階に留まっているからではないかと考えられる。すなわち，発展途上あるいは先進的なCPFRへの取り組みについては，パイロット・テストのように，限定された商品群を対象とした試験的な段階にあるため，企業全体のパフォーマンスの向上には結びついていないのではないかと推測される。さらに，販売部門やマーケティング部門のCPFRへの参加は名ばかりにすぎないと指摘している。

　Barratt [2004] による研究では，イギリスのグローサリー業界を対象に事例研究を行い，協働的な計画を阻害する要因を整理している。そのリストを見ると，「事前に合意された事項が実行されない」，「共同で開発した計画システムにプロモーションの情報が入力されない」，「小売業者はプロモーションの変更がメーカーの業務プロセスにどのような影響を及ぼすのかを理解していない」，さ

らには「企業間で，誠実さや信頼感が欠けている」といった項目が挙げられている。さらに，部門間の統合の程度が低いと，小売業者から入手した需要情報を，川上のサプライヤーにとって意味のある情報に変換することができず，サプライヤーとの協働が限られたものになってしまうと指摘している。すなわち，部門間の予測・計画プロセスの統合の程度を高めないと，企業間の協働的な予測・計画の潜在的な効果を引き出せないのである。

その他の研究に着目すると，CPFRの失敗の原因として，相互の信頼の欠如や能力の不足を取りあげているものや，部門間の予測プロセスが確立されていなければ，CPFRだけを導入してもうまくいかないと述べているものもある。さらに，CPFRに関する記述の中で，社内統合型から始まり，パートナリング統合型へ至るSCMの発展過程において，社内統合型がうまく発展できなければ，その後の展開で大きな成果を上げることは難しいと主張しているものもある。その本質は，社内のプロセスが統合できていない状況で，外部とつなげても効果は期待できないということを意味している。

以上のようなCPFRに関する研究から得られた知見をまとめると次のようになる。CPFRは概念が先行しており，実務においては，まだ十分に機能していない。すなわち，たとえCPFRに取り組んでいたとしても，そもそも企業間の相互の理解や参加者個人の理解が不十分であり，かつ実践しようとしても，実力が伴っていない場合が多い。実力不足とも関係するが，企業内部の予測・計画プロセスでさえ，統合の程度がまだ低い。このことから，CPFRの導入によってパフォーマンスを向上させるには，企業内部の予測・計画プロセスを確立させるとともに，外部企業との緊密な関係を構築する必要があることがわかる。

以上のような知見から，本章におけるインプリケーションとして次のようなことが強調できよう。企業は市場競争に勝ち残る必要があるのだが，そのために必要な業務のすべてを自らまかなうことはできない。他の企業と何らかの結びつきをもちながら，競争に臨むことになる。では，企業は競争相手に優るために他社との結びつきをどのように営んでいけばよいのだろうか。ここで強調したい点は，結局のところ自らの努力や工夫にある，ということである。他社と何らかの結びつきをもちながら，競争優位を構築するためには自らどのよう

な仕組み，工夫，努力が必要なのか，ということである。ここでとくに着目するのは，SCMを主導する主体者自身の戦略展開と内部組織の構造やプロセスのあり方である。他社との意義ある結びつきの成否を決めるのは，とりわけ競争優位への貢献という視点に立つならば，つまるところ自分自身である，というのが強調したい論点である。命題として，そうした本来「当たり前」と思われるかもしれないことができる企業となかなかできない企業とが存在するのが実態なのではないだろうか。一見当たり前のことで，なぜ企業間の差がつくのか。どうしてある企業はそれができて，他の企業はできないのか。そのことを探っていくのも今後の課題として残されよう。

―【キーワード】――――――――――――――――――――――――
流通システム，チャネル研究，サプライチェーン・マネジメント（SCM），戦略，構造，プロセス，パフォーマンス

〈注〉
1) 本章では流通システムを，メーカーだけでなく，競合するメーカーや取引関係にある卸売業者・小売業者との相互作用によって構成される流通システム全体を指す概念として捉えている。
2) この項については，崔［2011］，崔・石井［2009］に依拠している。より詳細な議論は，これらの文献を参照されたい。
3) 風呂［1968］146頁。
4) 佐藤［1974］182頁。
5) 佐藤［1974］183頁。
6) 主要なものとして，Bechtel and Jayaram［1997］，Mentzer et al.［2001］を参照されたい。
7) 主要なものとして，Bechtel and Jayaram［1997］，Mentzer et al.［2001］を参照されたい。
8) Mentzer, et al.［2001］p.18。
9) ここで，「コーディネーション」の定義について明確にしておこう。「コーディネーション」とは，「同格，同調，調整」という意味をもち，誰が，何のために，何を調整するかによって，様々な分野で利用される。サプライチェーンにおいては多様な経済主体が介在しており，サプライチェーン全体の活性化を図るための各経済主体の活動を「コーディネート活動」と呼ぶ。コーディネート活動について，ある経済主体がサプライチェーン内にある様々な情報や資源を結びつけて，自社の事業展開に活かしていく活動とし

て捉えることとし,「コーディネート機能」は,「サプライチェーンにある様々な情報や資源を結びつけて,ある経済主体の事業展開に活かしてく機能」として定義する。
10) ネットワーク・オーガナイザーという概念は,加藤［2006］に依拠している。そこでは,ネットワーク・オーガナイザーとしての商業者が強調されており,その本質は,商業者がマーケティングによって否定・排除されるものではなく,むしろ現代のサプライチェーンにおいては商業者による需給調整メカニズムが高度に発揮されるものとして捉えていることである。このような需給調整の形態として重要なことは,流通過程に踏み込んだものだけでなく,企画機能の発揮といった生産過程に踏み込んだ需給調整も含んでいることである。すなわち,事後的な調整だけでなく,事前的な調整も含んでいることである。詳しくは,加藤［2006］第10章を参照されたい。
11) ここでのコーディネーション問題とインセンティブ問題については,Saloner, et al. [2001] を参考にした。
12) この事例については,菊池［2013］,近藤［2010］［2012］に依拠している。より詳細な議論は,これらの文献を参照されたい。
13) ただし現在は,MD研究会は様々な紆余曲折を経て休会となっている。
14) この事例については,中野［2010a］［2010b］［2012］に依拠している。より詳細な議論は,これらの文献を参照されたい。
15) Skjoett-Larsen, et al. [2003] p.532.

〈参考文献〉
石井淳蔵［1983］『流通におけるパワーと対立』千倉書房。
石原武政・石井淳蔵編［1996］『製販統合―変わる日本の商システム』日本経済新聞社。
加藤 司［2006］『日本的流通システムの動態』千倉書房。
菊池宏之［2013］「加工食品のサプライチェーンをめぐる対抗と協調」木立真直・斉藤雅通編『製配販をめぐる対抗と協調』中央経済社,149-168頁。
近藤公彦［2010］「POS情報開示によるチャネル・パートナーシップの構築―コープさっぽろのケース」『流通研究』第12巻,第4号,3-16頁。
近藤公彦［2012］「POS情報開示が生み出す協調と競争」『ビジネスインサイト』19 (4), 4-7頁。
佐藤 肇［1974］『日本の流通機構』有斐閣。
崔 相鐵［2011］「日本におけるチャネル研究の空白ゾーン―流通系列化と製販統合の狭間」『マーケティング・ジャーナル』第31巻,第1号,4-18頁。
崔相鐵・石井淳蔵［2009］「製販統合時代におけるチャネル研究の現状と課題」崔相鐵・石井淳蔵編『流通チャネルの再編』中央経済社,285-327頁。
中野幹久［2010a］『サプライチェーン・プロセスの運営と変革―部門間の調整とパフォーマンスの関係―』白桃書房。
中野幹久［2010b］「生産・流通プロセスの変革における部門間の調整:カルビーにおける受注生産流通システムの構築」『組織科学』Vol.43, No.4, 59-72頁。
中野幹久［2012］「協働型EDIの普及メカニズム:消費財製造業と組織小売業の戦略共有へ向けた取り組み」藤原雅俊・具承桓編『ICTイノベーションの変革分析』75-103頁。
風呂 勉［1968］『マーケティング・チャネル行動論』千倉書房。
矢作敏行［1994］『コンビニエンス・ストア・システムの革新性』日本経済新聞社。

Barratt, M. [2004] "Unveiling enablers and inhibitors of collaborative planning," *The International Journal of Logistics Management*, Vol.15, No.1, pp.73-90.

Bechtel, C. and J. Jayaram [1997], "Supply Chain Management: A Strategic Perspective," *The International Journal of Logistics Management*, Vol.8 (1), pp.15-34.

Galbraith, J. R. and D. A. Nathanson [1978], *Strategy Implementation: The Role of Structure and Process*, West Publishing Co, Minnesota.

Mentzer, J. T., W. DeWitt, J. S. Keebler, S. Min, N. W. Nix, C. D. Smith and Z. G. Zacharia [2001] "Defining Supply Chain Management," *Journal of Business Logistics*, Vol.22, No.2, pp.1-25.

Nakano, M. and T. Akikawa [2014], "Literature review of empirical studies on SCM using the SSPP paradigm," *International Journal of Production Economics*, Vol.153, pp.35-45.

Saloner, G. A., Shepard, and J. Podolny [2001] *Strategic Management*, John Wiley & Sons.（石倉洋子訳『戦略経営論』東洋経済新報社 2002年。）

Skjoett-Larsen, T., C. Thernøe and C. Andresen [2003] "Supply chain collaboration: Theoretical perspectives and empirical evidence," *International Journal of Physical Distribution & Logistics Management*, Vol.33, No.6, pp.531-549.

Stank, T. P., P. J. Daugherty and C. W. Autry [1999] "Collaborative planning: Supporting automatic replenishment programs," *Supply chain Management: An International Journal*, Vol.4, No.2, pp.75-85.

（玄野　博行）

第4章

ビッグデータとマーケティング

第1節　本章のねらい

　数年前よりマスコミ等で注目を浴びているキーワードの1つにビッグデータがある。本章では，ビッグデータの意味を理解するとともにビッグデータを取り巻く環境の変化が企業マーケティングにどのような影響を与えるのかを概説する。
　まず，ビッグデータそのものを解説する前にITの進化と企業を取り巻く環境の変化について確認する。その後，ビッグデータとは何なのか，その価値の源泉について掘り下げる。このような変化の中で，企業と消費者という視点からビッグデータのもたらした変化について言及する。
　ビッグデータを収集，分析，活用する企業の立場からすれば，何をどのように変更しなければならないのか，今後どのようにすべきなのか，何が課題なのかを考える。一方，ビッグデータの源泉となる消費者にとっては，今日のビッグデータは自らにとってメリットがあるのか，それともデメリットであるのか等も踏まえて解説する。
　最後に，ビッグデータを活用した企業の成功事例を紹介するとともに個人情報保護法の改正案についても言及する。

第2節　ビッグデータとマーケティングの変化

1. M2MからIoTへ

　通信機器（含むコンピュータ）がない時，人は会話や文字を使用して情報のやりとりをしてきた。その後，電話，コンピュータが発明され，人は機械を介して情報のやりとりを行うようになった。さらに，産業ロボット等の普及により，そこに組み込まれたセンサやコンピュータが，工場内ネットワークを介して，各機器の情報収集を行い，制御用コンピュータとデータのやり取りをし，生産量や運転スピードを自動調整するようになった。その他，気象や環境の情報，交通渋滞等の社会情報などを観測し，データを収集する機器もネットワークにつながれ，それを分析，表現することで役立っている。このことを，M2M（Machine to Machine：機器間通信）という。

> M2M：パソコンや携帯電話のみならず，自動販売機，自動車，エレベータやトンネルなどの社会インフラに至る各種機器をネットワークにつないで，機器同士が自律的に情報のやり取りを行う技術や仕組みのこと[1]

　M2Mは各機器の専用ネットワークにつながれていたが，携帯電話の普及とともに，低コストかつ高速の無線ネットワークが社会にいきわたるようになり，通信機器，コンピュータ，センサなどの機器の小型化，高性能化，低価格化が進んだ。その結果，消費者が日常使用する様々なものからも通信が可能となった。さらに，インターネットの普及により，データは通信業者の境界を越えて，やりとりできるようになった。このように様々なモノがインターネットにつながり，膨大なデータを容易に扱えるようになったことにより，そこから多くの発見やノウハウを入手できるようになった。このようにしてできた仕組みを

IoT（Internet of Things）と呼ぶ。

> IoT：「モノのインターネット」である。これまで主としてWebやメールなど人のコミュニケーションをサポートするために発達した従来のインターネットとは違い，コンピュータが組み込まれたモノ同士がネットワークを組み，インターネットを通して社会や生活を支援するということを意味する[2]。

2. 環境の変化とビッグデータの概念

　前節で見た通り，機器の小型化，高性能化，低価格化によるパーソナルメディアの普及とこれまで存在していた通信業者別のデータのやり取りに関する境界がなくなったことにより，従来のインターネットにM2Mの情報はもとより，消費者の情報や企業の情報も追加的に流れ込む条件はそろってきた。しかし，それだけでは単にこれまでよりも量が増え，多様なデータが頻繁にインターネットを通過しているにすぎない。もちろん，この現象（従来よりもインターネットに多くのデータが流れ込んだこと）自体をビッグデータと呼ぶこともあるようだが，本章では以下で改めて定義することにする。

　ビッグデータとは，2010年頃より使用されはじめたことばといわれているが定かではない。日本では2012年がビッグデータ元年と呼ばれており[3]，大量のデジタル化された情報であり，動画サイトやSNS（Social Network Service）サイトの写真，動画，音声データをはじめ，鉄道やコンビニエンスストアの利用履歴データ，ネット上のアクセス履歴を含んでいる。

　ビッグデータを単に「事業に役立つ知見を導出するためのデータ」とするものもあるが，どの程度のデータ規模かという量的側面はもとより，どのようなデータから構成されるか，あるいはそのデータがどのように利用されるかという質的側面において，従来のシステムとは違いがあると考えられる（総務省）。

　一般に，ビッグデータはVolume（多量），Velocity（高速，高頻度），Variety（多種，多様）という3つのVに象徴される特徴があるといわれている。米IBMはさらにVeracity（正確）を追加し，4つのVが特徴であるとし

ている[4]。

　FacebookやGoogleが1日数10億件，Twitterが数億件／日など（2013年時点），日を追うごとにデータが蓄積されている。2020年には44Z（ゼタ：44兆ギガバイト）となり，音声，画像，動画といった非構造化データが大半を占めるようになるといわれている[5]。

　ビッグデータの意味するところについては，「大量データを処理し，そこから価値を生み出す試み行為」や「データを集めて処理する演算能力にかかるコストよりも，データから生み出される価値の方が大きいもの」など諸説あるが，本章では，「大量データを処理し，そこからさらなる価値を生み出した情報およびその元情報」をビッグデータと呼ぶ。

　この定義に基づけば，単にインターネット上に量的に以前よりも多くのデータが流入したことのみでは不十分であり，その取扱可能性や分析可能性の意味も付帯していると考えられる。

　まず，取扱可能性であるが，利用できる権利がなければデータを勝手に拝借するしかない。これは犯罪であり，そのためには何らかの対応が必要となる。そこで，今日のビッグデータを活用する企業は，データを共有することによって新サービスを考えている現象が確認できる。例えば，ヤフーがカルチュア・コンビニエス・クラブ（CCC）とポイントを統合することが報じられたことは，ネット上の買い物履歴とCCCのTポイントカードの買い物履歴の統合に他ならない[6]。その他，インターネットイニシアティブ（IIJ）や富士通総研が中心となり，企業が連携し，個人の買い物履歴などのビッグデータを他社と共有し合える専門組織の設立も発表されている[7]。

　次に，分析可能性であるが，これまでも大企業やネット事業者は膨大なデータを保有していたが，高速かつ大容量の記憶装置などのハードウエアが必要であった。もちろん，そのようなハードウエアは高額であり，投資すべきか否かは企業にとっても重要な問題であった。それが，ハードウエアのコストパフォーマンスの改善やデータを安価に効率よく扱うことができるソフトウエアの技術革新が進み，これまで高額な投資をしなければ取り扱うことができなかったデータを取り扱うことができるようになった。

また，ビジネス環境の不確実性の高まりや変化の激しさがこれらのデータの有効活用の必要性を高めたと考えられる。

3. マーケティングの変化

　日本でマーケティングという言葉が使用されるようになった時代（1980年代ごろ）の市場の状況は，景気が良く企業が消費者の需要を個別に認識する必要はなく，平均的な消費者のニーズを把握すればある程度の売上が確保できた。当時の企業の目標は市場シェアの拡大に主眼が置かれ，マス広告が主流であった。

　しかし，今日におけるマーケティング環境は，当時とは変化しており，いわゆるマスマーケティングでは，競合企業から競争優位性を勝ち取ることはできない。市場には，製品やサービスが溢れ，個別の市場においても売上は横ばいまたは下降傾向にある。したがって，従来のマスマーケティングではなく，（消費者）個人に対するマーケティングを行う必要があり，顧客各々に対する個別（ワントゥウワン）マーケティングが必要となってきている。

　これらの違いを整理すると以下のようになる（図表4-1参照）。

　企業の戦略は，企業視点から顧客重視になり，顧客に対する考え方は個別情報が入手できる場合は，企業への貢献度を測定できるが，そうでない場合はマスマーケティング同様に公平に扱うしかない。また，メディアコミュニケーションも個を把握できる会員カードもしくはメールアドレス等の情報がない場合

図表4-1　マスマーケティングと個別マーケティングの比較

	マスマーケティング	個別マーケティング
市場環境	成長	飽和
企業目標	市場シェアの拡大	個別顧客の囲い込み
戦略の基本	企業視点	顧客重視
顧客に対する考え方	公平	公平・企業貢献度別評価
メディアコミュニケーション	マス広告	マス広告・個別SP

（出所）　佐藤・樋口［2013］8頁を参考に筆者一部修正。

は，マス広告を使用するしかない。

近年特にビッグデータが注目されるのは，この個別マーケティング施策が成功であったか否かを判断するための情報提供がビッグデータを利用することによって可能となるからである。具体的には，ID付きPOSデータや自社のWebページへのアクセスログなどが挙げられる。これらのデータは顧客の行動の結果であるため，企業が何らかの広告またはSP（サービス・プロモーション）を行い，その戦略がうまくいったとすれば，購買履歴やWebのアクセスログをチェックすれば，以前より販売金額（販売個数）が増加すると考えられる。このような「結果の原因（条件）と予想される結果」を一般に仮説といい，それが認められるかどうかチェックすることを検証という。

マスマーケティングの時代にも仮説・検証の考え方やその数理統計的な検証法は存在していたが，大量のデータの蓄積ができなかったり，情報が顧客別になっていなかったり，データを処理するためのハードウエアやソフトウエアが充分な性能を有していなかったため，現場レベルでの活用はほとんどなかった。

このようにビッグデータが入手できるような環境になった今日，自社だけがこの状況についていけないことは大きなデメリットである。もちろん，独自の情報によってマーケティング戦略を策定することも考えられるのであるが，次節ではビッグデータおよびその活用方法についてさらに詳しくみていくことにする。

第3節　ビッグデータマーケティングに必要なもの

1. ビッグデータの整理

ビッグデータをビジネスで活用する際に，データ出所や性質から複数の分類が可能である。まず，経済産業省では図表4-2のように8種類から構成される

図表4-2 ビッグデータ

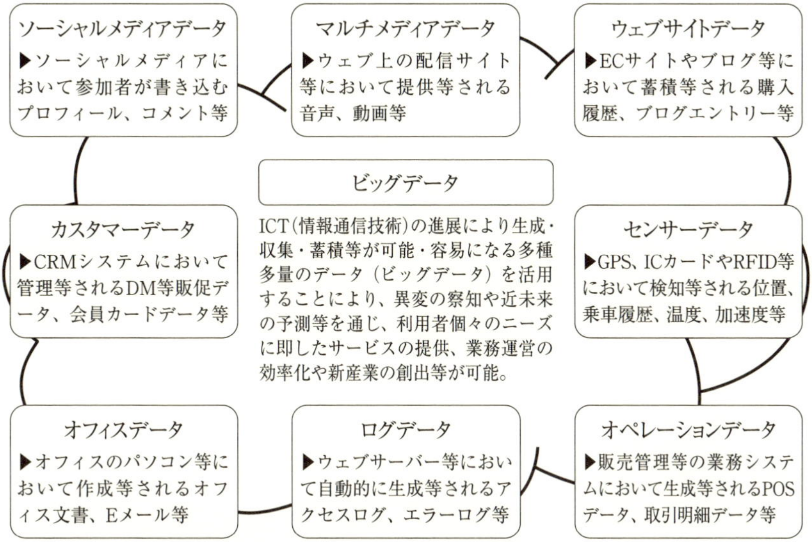

```
ソーシャルメディアデータ          マルチメディアデータ           ウェブサイトデータ
▶ソーシャルメディアに            ▶ウェブ上の配信サイト         ▶ECサイトやブログ等に
おいて参加者が書き込む            等において提供等される         おいて蓄積等される購入
プロフィール、コメント等          音声、動画等                   履歴、ブログエントリー等

                              ビッグデータ
                              ICT（情報通信技術）の進展により生成・
カスタマーデータ                 収集・蓄積等が可能・容易になる多種          センサーデータ
▶CRMシステムにおいて             多量のデータ（ビッグデータ）を活用         ▶GPS、ICカードやRFID等
管理等されるDM等販促デ            することにより、異変の察知や近未来          において検知等される位置、
ータ、会員カードデータ等          の予測等を通じ、利用者個々のニーズ          乗車履歴、温度、加速度等
                              に即したサービスの提供、業務運営の
                              効率化や新産業の創出等が可能。

オフィスデータ                   ログデータ                    オペレーションデータ
▶オフィスのパソコン等に           ▶ウェブサーバー等におい       ▶販売管理等の業務システ
おいて作成等されるオフ            て自動的に生成等されるア      ムにおいて生成されるPOS
ィス文書、Eメール等               クセスログ、エラーログ等      データ、取引明細データ等
```

（出所）　総務省情報通信審議会基本戦略ボード資料より作成。

としている。

　まず，上段がソーシャルメディアデータ，マルチメディアデータ，ウエブサイトデータである。これらの共通点はWebを介在して存在するデータである。次に，下段のオフィスデータ，ログデータ，オペレーションデータであるが，オペレーションデータは必ずしもWebを介在する必要はなく，オフィスデータもメール等Webを使用するデータもあれば，あえてWebを使用する必要がないものもある。自社のサイトのログデータについてはWebを介在するデータとなる。

　また，左中段のカスタマーデータと右中段のセンサーデータもWebを介在させて使用する必然性はないが，外回りの営業や関連企業で共有するような場合は，Webを介在させた方が利用価値が上昇する。

　次に，3分類[8]としている例を確認する。ここでは顧客の接触購買履歴データ（従来のビッグデータ），センシングデータ，ライフログデータの3種類であ

り，以下のような特徴がある。

① 顧客の接触購買履歴データ

Webアクセスログやネットワーク機器に残されたログ，小売店舗のPOSデータなどはビッグデータという言葉が登場する前から存在していたが，その大規模であることから，全データを活用できなかったり，一部または集約されたデータのみを残して捨てられていた歴史もある。データが情報システムに連動して記録されており，多くの場合，分析の目的が明確であるため，解析手法等が確立されており，扱いやすいデータである。

② センシングデータ

RFIDや加速度センサなど何らかの状態の測定値を一定の間隔もしくは連続的に情報発信の（その記録）ログである。近年センサデバイスが急速に進化（軽量化，低価格化）するとともに，ITと融合できるようになった。そのため，センサのログをネットワーク経由で収集したり，IT環境に取り込んだりすることが可能になり，ビッグデータとして認識されるようになった。

③ ライフログデータ

SNSやブログなどのソーシャルデータやネット通販の利用履歴など，人の生活に関するログである。この分野のデータは特定の個人の生活履歴であるため，マーケティング分野への活用が期待されている。ログは行動結果であることから，今後の購買や行動の原因・動機分析まで期待がされているが，充分に活用されているとはいえない状況である。特に特定の個人の情報に関するログであるため，今後取り扱いに関しても課題が残っている。

最後に，2種類に分類をしている場合を紹介する[9]。社外データと社外データに分類を行っている。社外データとは，インターネット上のデータで自社に活用できそうなログなどを意味する。実際，物理的に社内にデータを保持せず，クラウド・システムを利用することですべてのデータがWeb上に存在する企業もあるだろうが，許可なくそれらは外部者から閲覧できるものではなく，社内外の識別は企業のマーケティング資源と考える上では重要なことである。

このことを踏まえ，本章では図表4-3のようにビッグデータを整理して考え

図表 4-3 ビッグデータの識別と整理

	社内データ	社外データ
顧客の接触購買履歴データ	顧客情報など	連携企業情報など
センシングデータ	生産管理情報など	天気情報など
ライフログデータ	人事考課情報など	拡張顧客情報*など

＊顧客の同意等を得て入手できるライフログ
（出所）筆者作成。

ることにする。次項では，ビックデータを利用して企業がマーケティングを行う際の必要不可欠なデータサイエンティストという人材に関する議論を行う。データサイエンティストとは何なのか，どのような能力が要求されるのかをみる。

2. データサイエンティスト

いくらビッグデータがあっても，それを企業内で利用できなければマーケティングへの活用は不可能である。このような状況下で注目を浴びているのが「データサイエンティスト」である。これまでのマーケティング戦略策定には，いわゆるコミュニケーション力であったり，リーダーシップといったような能力が要求されたが，今日のデータサイエンティストに必要とされる3スキルは以下の通りであるといわれている[10]。

① データ分析のための統計学の知識とそれを使いこなす力
② 業務や経営の課題を整理し，平易に表現し，説明できる力
③ データ取得・解析するためのプログラムを解釈，作成し，分析ツールを使いこなす力

まず，第1は分析者としての能力である。高度なデータ活用技術で新たな知見を取得でき，分析に関する専門知識を有し，高度なアルゴリズムや理論を現実世界へ展開できなければならない。分析結果をシステムやビジネスプロセスに組み入れることが要求される。

次に，第2はビジネスマンとしての能力である。データに基づき定量的な根

拠によりビジネスを変革できる能力が要求される。業務の問題点を分析課題に落とし込める，分析結果を業務上の効果につなげることができる。社会的なデータなど市場データと業務データやアウトプットとの関連性の理解が要求される。

最後に，第3はIT技術者としての能力である。多様かつ大量のデータを処理，管理する能力が要求される。分析に必要なデータ加工処理と管理ができ，幅広いデータの蓄積，分析の目利きが要求される。

ITの進化によって，マーケティング戦略の実行や顧客とのコンタクトポイントが人やマスコミからWebまたはスマートフォン（含む携帯電話）中心に変化したことにより，そこにかかわる人材に要求される能力も変化してきている。それぞれの領域に関して必要とされる具体的な技術は第3節で説明することになる。

3. 人間の役割とデータの収集

データサイエンティストのような人材が活躍するようになるとビッグデータから意味や知識を抽出する作業は人間の手作業では追いつかず，その中心はプログラム化された内容を人工知能（含む機械学習）に任せてしまい人のすべきことは何なのかということになる。しかし，人工知能にできないこと，すなわち，思いもよらないエラーの修正や臨機応変な対応，大局的な物の見方などは人が行うべきことである。このような状況下での人の役割は，以下の4点となる[11]。

① 適切な手法を選ぶ。
② 適用領域を見出す。
③ 機械により仮説を検証する。
④ データを集める。

まず，1点目であるが，人工知能のコア部分である機械学習（手法）は複数存在するため，現在の問題発見または問題解決に適当と思われる手法を選択することである。また，すぐれた機械学習といえども内部の設計や（パラメータ

の初期値など）チューンアップ作業が不可欠となる。これ自体も機械学習にさせるべきか否かは長期視点で考えると迷う点もあるが，いわゆる人の直感で設計ないしはチューンアップすれば，短期的な局所最適（近傍）解を早期に導出できると推察される。

　2点目であるが，特定の機械学習を様々な領域で試してみて，結果を評価することにより，新たな適用領域を探求していくことである。このように適用範囲や領域を網羅的にみて必要なところに適用することも人の役割といえる。

　3点目であるが，人工知能はデータの中から，様々な機械学習を用いてパターンやルールを発見する。そのようなパターンやルールの生じる原因を考え，新たな知見を見出すのは，人にしかできないことである。これはある現象の因果関係を発見した後のさらなる因果関係に着目することに他ならない。技術が進めばこの再帰的な因果関係も人工知能が解決するのかもしれない。

　最後に4点目であるが，機械学習はデータがあれば学習できるが，データがないと何も出てこない。機械学習に学習させるためのデータを集める仕組みを考えるのは人の重要な役割であるといえる。ソフトバンクロボティクスが開発を進める人型ロボット「Pepper」であるが，Pepperをソフトバンクモバイルの店舗に設置し，来店客とのコミュニケーションは正にサンプルデータを入手していることに他ならない（対応している顧客はそのように思っていようがいまいが）。音声，画像，動画，リアクション等様々な情報を収集しているといえる。同様のことがスマートフォンや携帯電話の無料アプリにもいえるだろう（情報を収集，利用する場合，利用者の同意をとっていると推察される）。特定の無料アプリはどのような頻度で使用されるのか，どの機能は良く使用され，どの機能はあまり使用されないのか，何日でそのアプリは削除されたのかなど，興味深いロボットとコミュニケーションをしてみたいのと同様に，無料で便利なアプリを利用したい気持ちが先走り，様々な承認事項の確認がおろそかになっている可能性はないだろうか。その接触ポイントでやり取りが行われた情報は自分の認識と違ったかたちで取り扱われているかもしれない。このような点においては，個人情報保護法の観点から後程触れることにする。

第4節　ビッグデータ解析を支える技術

1. 分析者としての技術

（1）統 計 学
統計学の知識は分析や検証の基本知識である。具体的には，基本統計量，分布，検定，推定などの概念を理解していることが必須となる。統計学を基礎とする学問分野である計量経済学，遺伝子工学，物理学などを専攻した研究者もデータサイエンティストとして有望な人材と考えられる。従来の統計学のほかにベイズ統計学などの知識も今日では要求されると推察される。

（2）多変量解析など
一般に，基本統計量だけでは得られない隠れた知見を得るための技術となる。具体的には，多変量解析（回帰分析，因子分析など）をはじめとし，機械学習，データマイニングが含まれる。

特に現在，人工知能の分野で注目を浴びているディープ・ニューラル・ネットワーク（DNN）であり，デンソーアイティーラボラトリの事例が有名である。DNNには複数の種類があるが，同社の車載画像認識システムは，カメラが撮影した動画から「歩行者の有無」「体の中心線の座標」「頭頂部の座標」「つま先の座標」「歩行者の体の動き」を判別する機能がある。これには画像認識の世界で好成績を上げるConvolutional Neural Network（CovNet）を採用している[12]。

（3）数理計画
最適化手法とも呼ばれ，問題に対して所与の条件を満たしながら，目的関数

が最大または最小となる最適な手法を導き出す。通常，厳密解の発見よりも近似解をコンピュータによる計算する。代表的な手法には線形計画法，整数計画法などがある。これらの手法も日々進化，細分化されている。

2. ビジネスマンとしての技術

（1）業界・業務の知識
マーケティングやファイナンス，会計などをはじめ，その業界の常識であったり，最新の話題等を含む知識や企画の立て方や進め方に関するプロセス管理の能力。個人の能力も必要であるが，チームとしての協調性やリーダーシップも含まれる。

（2）コンサルティング力
問題背景や目的をきちんと理解し，分析業務を進める上では多くの人と情報交換をするため，その場に適したコミュニケーション能力が必要である。また，仮説が思い通りに検証できない場合，その原因は何なのか，条件や前提などを再度見直す必要がないのかを検討する必要がある。これら一連の論理的思考能力はコンサルティング力の中に含まれる。

例えば，ビジネス技術を応用することによって，マーケティングオートメーションという業務が実現できる。マーケティングオートメーションとは，ビッグデータと自らのビジネス感覚から獲得した見込み客の属性や行動データを活用・評価し，各見込み客対する最も良い施策を自動的に実行し，その施策に高確率で反応するような見込み客を抽出後，営業に譲渡することである[13]。

3. IT技術者としての技術

(1) 基盤技術

基盤技術で重要なのはスケール性とリアルタイム性である。

スケール性とは，大きなデータを処理するための適切（に能力を向上させるよう）な処理環境を意味する。例えば，今日の大規模なデータを処理するための基盤はHadoop（というソフトウエア）である。Hadoopは，大量のデータを手軽に複数のマシンに分散処理させるオープンソースのプラットフォームである。通常，複数のマシンにデータの処理を分散処理させるには，プロセスの通信，監視，障害の際の対応を考えなければならないが，Hadoopはそのような処理の一切を引き受けてくれるソフトウエアである（Apache Hadoop）。

次に重要なことはリアルタイム性である。即座に分析結果を必要とすることを意味し，実現するための技術としてCEP（Complex Event Processing）がある。これはメモリ上で処理を行い高速計算が実現できるのである。これらの技術はIT技術者としての基本的なものとなる。

(2) データベース技術

条件抽出によるデータセット作成，データ理解に必要な集計処理技術である。そこで必要となるスキルは，DBMS（Data Base Management System）の選定知識とハンドリング技術である。以前はRDB（Relational Data Base）が主流であったが，現在はNoSQL（Not only SQL；RDBを操作するためのSQLを使用しないの意）がRDBMS（RDB Management System）の弱みを補うために作成され使用されるようになった。NoSQLの取り扱うデータイメージは列指向型，ドキュメント型，グラフ型に大別される（図表4-4参照）。これまでのRDBMSでは縦横の行列表現のデータを主に取り扱っていたが，多様な形式のデータを取り扱うために行列表現以外の形式も取り込めるメリットがある。

第 4 章　ビッグデータとマーケティング　105

図表 4-4　データの表現形式の比較

RDB の表現形式

ID	A	B	C
1000	0	1	1
2000	10	0	2
3000	20	1	3
4000	30	0	4
5000	40	1	5
6000	50	0	6
7000	60	1	7
8000	70	0	8
9000	80	1	9

Key-Value 形式

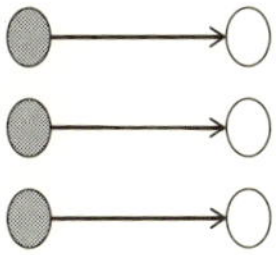

ドキュメント形式

ものづくり、建築、
船舶、小売り、鉄鋼

グラフ形式

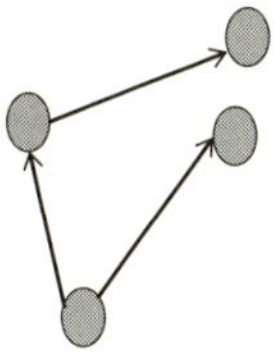

（出所）　中川・小林［2014］59 頁一部修正。

（3）　テキスト処理技術

　テキスト処理は分析の前処理として必要である。DB へデータを格納する前に異常なデータを除外したり，膨大なデータから特定の条件にあうデータだけを取り出す技術が必要である。その基礎的な技術の 1 つに正規表現[14]がある。また，アンケートや SNS の日本語テキストファイルを使用する場合は，形態素解析[15]や係り受け解析の技術が必要となる。

（4）　ビジュアライゼーション技術

　得られた分析結果が素晴らしいものでも，それをわかりやすいグラフ等で表現できないとその素晴らしさが伝わらない。具体的なイメージを得られた数値結果からわかりやすいグラフを作成することであり，マイクロソフトエクセルや，SPSS，R などのソフトを使いこなし，見やすいグラフ等に変換できる技術である。

　中川・小林［2014］が示唆するように，分析者，ビジネスマン，IT 技術者としての技術を有する人材がいる企業ならば，新たな装置やプログラムがどんどん開発される環境が整うことになる。例えば，iBeacon のような装置や，

Statcastのようなサービスが挙げられる。

以下では，今後情報収集装置として，消費者へのコンタクトポイント発見装置として期待される。iBeaconと2015年度4月よりMLB（Major League Baseball）で導入されたStatcastシステムを紹介する。

① iBeacon

iOS7の標準機能として搭載されたBLE（Bluetooth Low Energy；低消費電力の近距離無線通信）という技術を用いたビーコン（Beacon）装置を使用し，iOS端末の位置情報を計測する技術である。iBeacon（iOS端末に搭載された技術）は店舗等に設置されているビーコンから発信される識別情報を受信し，そのビーコンの電波発信領域の出入りを検知し，ビーコンから発信される電波の強弱情報からおよその距離を推定する。また，iPhoneやiPad自体もビーコンとして使用することができる。iBeaconは利用者のiOS端末でアプリケーションがバックグラウンド状態であっても通知することができるため，ビーコンの近くに侵入した利用者に対して有用なサービスを提供することができる[16]。

② Statcast

2015年4月よりMLBネットワークで本格的に導入された技術である。試合中に選手の動きを細かく解析するシステムであり，フィールド上の全選手の動きを即座に測定し，数値化する[17]。

第5節　マーケティング戦略事例

1.　トヨタ自動車の事例

トヨタが2013年6月から取り組んでいる「ビッグデータ交通情報サービス」を紹介する[18]。

愛知県警と連携し，トヨタ製のカーナビゲーション「G-BOOK」などを搭載する330万台の車から集めた走行データを活用している。

ABSが起動するなど，ドライバーが急な運転動作を行った地点と速度の変化情報を無線通信を介して集約し，それを基に事故が多発しそうなエリアを絞り込み，対策を講じ，事故を未然に防ぐのに活用している。また，平時には複数地点を効率よく立ち寄るルートを地図上に表示するなど，物流の効率化に役立てるが，災害時には，防災職員が投稿した被害情報などを掲載できるシステムも備える。

2. Yahoo! JAPANの事例

Yahoo! JAPANは，検索，メール，ヤフオク（ヤフーオークション），ニュース，知恵袋など100を超えるサービスを提供している。多くの領域にわたってサービスを展開しており，それぞれが1つの巨大データを扱っており，その複合形態の企業という意味で「マルチビッグデータカンパニー」と自社を定義している。

システムは，アクセスログのサーバ側とクライアント側の乖離をなくすため，クライアント側のブラウザの挙動を利用してカウントをとるCSC（Client Side Counting）を用いている。この手法を用いることで正確なアクセスがカウントできるだけではなく，クローラによる不要なカウント回避やJavaScriptを利用した動的なページの動きに合わせたカウントなどに対応できる。処理システムについては，Hadoop, Teradata, Stormの処理システムを活用しており，それぞれのソフトウエアの欠点を補うようになっている。

取扱うデータ量は，総ページビュー数は月間580億，1年間に検索されるキーワードの種類は75億に上る。これらのビッグデータがどのように使用されているのかを具体的なケースで見てみる。

ケース1：A/Bテスト
　　A/Bテストとは，Webページなどにおいてデザインや機能の異なるパ

ターンを複数用意し，実際にユーザーに利用してもらい効果を比較・分析することで最適化を図る手法である。具体的には，表示モジュールの配置，背景色，記事の本数などが対象となる。実際にあった検索フォームの枠線が若干太くなったことで，ユーザーの検索利用が促進され，結果として，年間5億円以上もの売上を増やすことにつながったということである。

ケース2：パーソナライゼーション

「あなたにおすすめの記事」はアクセスする人ごとにその人に合ったニュース記事が表示されるニュースの閲覧履歴やYahoo! JAPANのサービスの利用ログ，検索キーワードなどの行動履歴データを使用した解析を行い，ニュース記事とのマッチングを行っている。

ケース3：参議院選挙予想

世の中の課題を解決する取組みの一環で未来予想も行っている。2013年夏に行われた参議院選挙では，比例区および選挙区での政党別獲得議席数を投票日前に予測し，結果として与党と野党の各議席数を完全に一致させることができた。

(出所) 角田 [2014] 537-542頁より。

第6節　まとめと課題

1. まとめ

本章では，ビッグデータの意味を理解するとともに企業マーケティングを取り巻く環境がいかに変化してきたかを確認した。特にITの進化によってデジタル化されたデータが加速度的に収集されていることを確認した。それは単に量が増加しているだけではなく，データそのものの質の多様化も含んでいることが確認できた。

さらに，多種多様なデータがたくさん集まったものがビッグデータではないこと，それに連動した分析ツールや人材も進化していることが確認できた。も

ちろん,その進化度合いには(国,企業等で)ばらつきがあるだろうが,数10年前にはあり得なかったような分析力,分析速度,分析結果からの新たな価値を生み出していることを確認できた。

後半では,企業と消費者という視点からビッグデータのもたらした変化をみてきたが,ビッグデータを収集,分析,活用する企業の立場とビッグデータの源泉となる消費者の立場には,現在,若干のずれがあり,双方にとってメリット,デメリットが存在し,今後その調整が重要であることを確認した。

最後に,早すぎる技術の進化は思わぬ副産物も生み出してしまうことがしばしばある。ビッグデータを取り巻く技術の活性化が企業とそれを支える消費者双方に対してメリットを生み出す方法に進んで欲しいと願うばかりである。

2. 課題（企業と個人のジレンマ）

先の節でも述べた通り,ビッグデータを利用したマーケティング施策を実行する場合に,課題となるのは個人情報保護法関連となる。2015年8月に個人情報保護法の改正案は可決し,プライバシー保護の監督,監視役となる第三者機関「個人情報保護委員会」が2016年1月に発足する。取り扱う個人情報が5000件以下の企業を含むすべての企業が対応を迫られることになる。この改正案の骨子は以下の6点である[19]。

① 個人情報保護委員会の設置
② 匿名加工情報の新設
③ 個人情報の定義を明確化
④ 名簿屋対策を強化
⑤ グローバル化に対応
⑥ 3年ごとに内容を見直す

まず,最初に行政から独立したプライバシー保護の専門機関である個人情報保護委員会が設置されることである。委員会は法的に公正取引委員会とならぶ組織であり,これまで業界ごとに所管官庁に分かれていた大臣の権限が一元化される。

次に，匿名加工情報の新設である。改正案では「個人を識別できないように個人データを加工して，なおかつ個人情報を復元できないようにしたデータ」としている。個人データを含むビッグデータを活用した新事業の創出を促すもので，世界的にみて初めての法的な枠組みとなる。

3番目は，個人情報の定義を明確化である。携帯電話番号や端末のID（識別子）のように個人情報に当たるかどうか不明確な情報が問題視されていた。改正案ではこの不明確な情報の解消を目指している。新たに「個人識別符号」や「要配慮個人情報」という概念を導入する。

4番目は，名簿屋対策を強化したことである。これまで名簿業者がWebサイトなどでオプトアウトの手段を示せば，本人が明確に同意をしていなくても大量の個人情報を販売できる例外規定が存在した。改正案では，本人の同意なくオプトアウトの手段を示して個人情報を渡す場合，個人情報保護委員会に届出をする必要がある。さらに，名簿業者には記録義務が課される。

5番目は，グローバル化に対応したことである。海外企業が日本向けサービスで個人情報を取得する際も個人情報保護法が適用されることになる。個人情報保護委員会は外国の法執行当局に情報を提供することになる。

6番目は，附則で3年ごとの見直しを盛り込んだことである。このことで個人情報保護法はITの進化とともに議論をし続ける必要のある法律となった。

ITの進歩によりビッグデータを安価かつ高速に分析できるようになったため，企業はより多くのデータを入手し，そこから得られる知見を活用したマーケティング戦略を行うために積極的な投資を行うようになった。一方で，ビッグデータは，消費者の個人データを基本とする情報が価値の源泉となっていると考えられる。

企業がより多くのデータを低コストで入手しようとするならば，それなりの仕組みが必要であり，それが消費者である個人から収集されたものであるとすれば，個人情報保護法という法律が遵守されているべきである。

今後，消費者としての個人にとってよりよい企業活動を行うためにビッグデータを使用するならば，個人の不安の解消と企業への信頼感というキーワードがビッグデータ使用に関する課題といえる。

> **【キーワード】**
> ビッグデータ，IoT，M2M，データサイエンティスト，iBeacon，Hadoop，Statcast，個人情報保護法

〈注〉
1) 千葉［2015］64頁。
2) 千葉［2015］64頁。
3) 中川・小林［2014］11頁。
4) 山田ほか［2014］21頁。
5) 中川・小林［2014］12頁。
6) 『日本経済新聞』（2013年8月14日朝刊）。
7) 『日本経済新聞』（2014年4月17日朝刊）。
8) 中川・小林［2014］17頁。
9) 酒巻・里［2014］2-3頁。
10) 中川・小林［2014］33頁。
11) 『日経コンピュータ』（2014年10月2日）32-35頁。
12) 『日経コンピュータ』（2014年10月2日）28-31頁。
13) ㈱宣伝会議編［2015］30-31頁。
14) 正規表現（regular expression）とは，一定の規則性（パターン）を符号で表現することを指す。テキストデータ等を加工する場合に用いられる特殊な記号が使用される命令表現の一部。
15) 文章を意味のある単語に区切り，辞書を利用して品詞や内容を判別すること。
16) ㈱宣伝会議編［2015］36-37頁。
17) 〈http://m.mlb.com/statcast/leaderboard〉
18) 『日経ビジネス』（2013年9月30日）36-38頁。
19) 『日経コンピュータ』（2015年7月23日）24-27頁。

〈参考URL〉
総務省〈http://www.soumu.go.jp/johotsusintokei/whitepaper/ja/h24/html/nc121410.html〉（2015.9.30.）

〈参考文献〉
角田直行［2014］「Yahoo! JAPANにおけるデータ利活用の実際」『オペレーションズ・リサーチ』Vol.59, No.9, 537-542頁。
㈱宣伝会議編［2015］『デジタルマーケティング年鑑2015』宣伝会議。
酒巻隆治・里洋平［2014］『ビッグデータを生かすデータサイエンス』東京図書。
佐藤忠彦・樋口知之［2013］『ビッグデータ時代のマーケティング：ベイジアンモデリングの活用』講談社。
千葉友範［2015］「先進技術を活用した統合的マネジメントシステムに関わる一考察—IoT

を活用したマネジメントシステム改革とその課題—」『経営システム』Vol.25, No.2, 63-70頁。
中川慶一郎・小林佑輔編［2014］『データサイエンティストの基礎知識』リックテレコム。
Dietrich, B. L., E. C. Plachy and M. F. Norton [2014] *Analytics across the enterprise: how IBM realizes business value from big data and analytics*, IBM Press.（山田敦ほか訳『IBMを強くした「アナリティクス」：ビッグデータ31の実践例』日経BP社。）
Manoochehri, M. [2013] *Data Just Right: Introduction to Large-Scale Data & Analytics*, Addison-Wesley Professional.（小林啓倫訳［2014］『ビッグデータテクノロジー完全ガイド』マイナビ。）

（石垣　智徳）

第5章

電子書籍のマーケティング
―出版産業の活性化に向けて―

第1節　本章のねらい

　本章では，出版産業を活性化するための電子書籍のマーケティングについて考察する。まず次節では日米の書籍市場の最近の推移を概観し，第3節では便益と費用の比較に基づく消費者の購買意思決定を電子書籍のケースに当てはめて説明する。そして，製品差別化の観点から，現状では電子書籍は紙の書籍に対して安価だが低品質である垂直的差別化と知覚する消費者が多いが，紙の書籍にはない電子書籍の利便性が十分に認識されると，水平的差別化と知覚する消費者が増えると考えられることを指摘する。次に，第4節では最近のコンテンツ・マーケティングに関する理論・実証研究を紹介し，第5節では日本における電子書籍市場の拡大を出版産業の活性化につなげるための指針を述べる。そこで述べる指針は，どれも便益と費用を踏まえた消費者の購買意思決定を基礎として導かれたものである。電子書籍のマーケティングにおいても，技術面に偏重したプロダクト・アウトではなく，消費者志向のマーケット・インの発想を大切にしなければならない。また，その際には，モデル分析に基づく論理とデータの実証分析で得た知見を活用するべきであると考える。

第2節　日本とアメリカの書籍市場の現状

　本節では，日本とアメリカの出版産業の市場規模を，雑誌を除く書籍市場に絞って概観する。1.では日本の書籍市場について述べ，2.ではアメリカの書籍市場について述べる。最後に，3.では日米の電子書籍市場の現状を紹介する。

1.　日本の書籍市場

　日本における紙の書籍の市場規模は縮小傾向にある。出版科学研究所［2015］によると，1996年の1兆931億円が書籍市場規模のピークだった。2002年，2004年，2006年には若干持ち直したものの，それ以外の年では前年割れが続き，2014年は7,544億円までに落ち込んだ。市場規模縮小にあわせて，書店数も減少している。商業統計および経済センサスによると，書籍・雑誌小売業の事業所数は2012年の調査では8,861であり，2007年の16,395と比較すると5割近く減少している。ただし，売場面積が1,000平米以上の大型店数は増加傾向にあり2007年から2012年にかけても622から674へと拡大している。

　これに対して，電子書籍の市場規模は拡大傾向にある。インプレス総合研究所［2014］によると，2002年度からの調査以来，2011年度を除き対前年度比で拡大している。2011年度の減少は携帯電話向けの電子書籍がタブレットやスマート・フォン向けの電子書籍へとシフトし，プラットフォームの移行期であったという一時的要因による。図表5-1は，2008年以降の紙の書籍と電子書籍の市場規模と全体市場に占める電子書籍市場の比率（図表中，電子比率）の推移を表している[1]。電子書籍市場は，紙の書籍市場と比較すると規模は小さいものの，着実に増加していることがわかる。特に，相次いで電子書籍ストアができた2012年以降の増加は著しく，2014年には全体に占める電子書籍の市場比率が14.4％にまで達している。

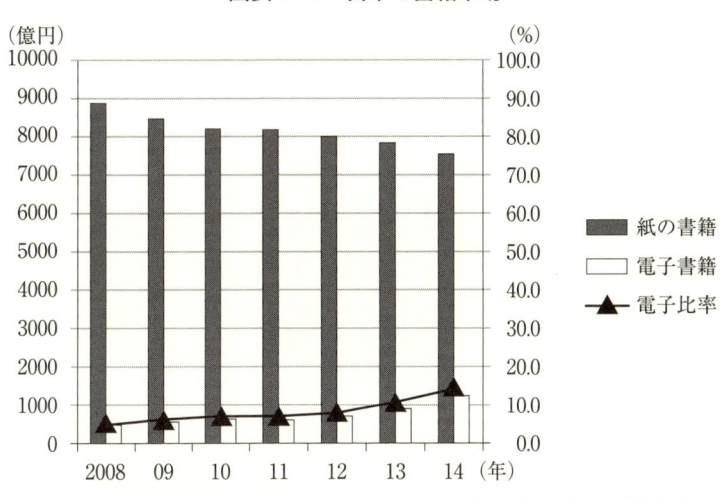

図表 5-1　日本の書籍市場

（出所）　出版科学研究所［2015］、インプレス総合研究所［2014］より筆者作成。

2．アメリカの書籍市場

　アメリカについても，紙の書籍の市場規模は縮小傾向にある[2]。2008年以降では2009年の136.2億ドルをピークに減少し，2013年は115.9億ドルまでに落ち込んだ。2009年と比較すると約15%の減少である。これに対応して，書店数も減少している。2012年の調査では7,177であり，2007年の9,955と比較すると3割近く減少している。

　電子書籍市場は拡大傾向であったが，2012年から2013年にかけて，その成長が止まっている。図表5-2は，図表5-1と同様の最近のアメリカの書籍市場の推移を表している[3]。2008年における電子書籍の市場規模は約0.6億ドルで市場比率は0.5%だったが，2013年には約30億ドルで20.8%を占めるまでになった。ただし，電子書籍市場の対前年成長率は逓減しており，2012年から2013年にかけて市場は拡大せずほぼ横ばいであった。

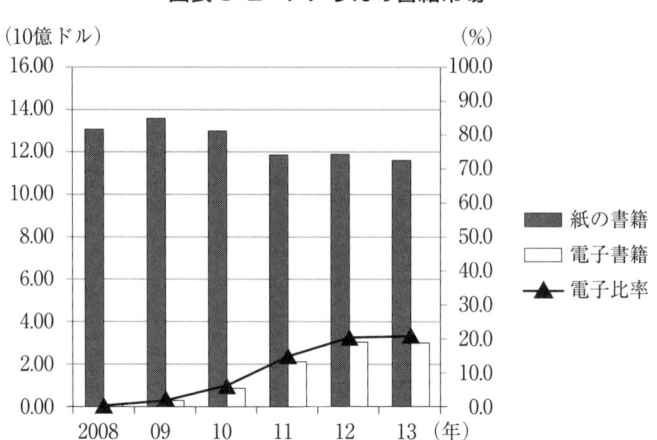

図表 5-2　アメリカの書籍市場

（出所）Gilbert [2015] より筆者作成。

3. 日米の電子書籍市場

　日本の電子書籍市場は，アメリカの電子書籍市場を追いかける形で拡大している。アメリカでは 2009 年までに Amazon の Kindle などの主要な電子書籍端末および電子書籍ストアが登場し，電子書籍市場が立ち上がった。これに対して，日本では主に携帯電話向けの小説などの電子書籍市場は 2000 年代前半にも存在していたが，2010 年頃から日本のメーカーや書店，EC サイトなどが独自の電子書籍ストアを立ち上げ，新しいフォーマットの電子書籍の販売を開始した。しかし，日本の電子書籍市場が本格的に立ち上がったのは，Amazon が日本でも電子書籍市場に参入した 2012 年だった。厳密な比較はできないが，図表 5-1 と図表 5-2 より，アメリカでは，2011 年に電子書籍の市場比率は 15.1% に達しているのに対して，日本では 2014 年に電子書籍の市場比率がようやく 14.4% になった。日本の電子書籍市場は，約 3 年遅れでアメリカの電子書籍市場を追いかけているといえる。最新の統計が公表されていないものの，アメリカの電子書籍市場の拡大は止まったともいわれている。日本についてはまだ成長の余地はあるが，数年後にはアメリカのように市場が成熟する可能性もある。

利用の多い電子書籍ストアは，日米ともに Amazon の Kindle ストアがトップである。インプレス総合研究所 [2014] によると，あるアメリカでの調査で Kindle がウェブとアプリでの購入をあわせて 67% であり，Barnes & Noble のウェブとアプリをあわせた 12%，Apple の iBooks の 8% を大きく引き離していた。これに対して，インプレス総合研究所 [2014] が行った日本での 2014 年の調査では，利用したことがある電子書籍ストアは Kindle ストアが 28.7% でトップであるが，2 位は 27.2% の楽天 Kobo 電子書籍ストアであり，その差は僅差であった。3 位の Sony の Reader ストアにも 20.3% の利用があった。日本の調査は複数回答可の調査であり，日米の結果の単純な比較はできないが，アメリカでは Amazon の Kindle ストアが独走しているが，日本では上位のストアのシェアはまだ拮抗しているといえる。

　それでは，消費者は書籍の購買意思決定をどのように行っているのであろうか。電子書籍が登場したことにより，書籍の購買意思決定にどのような変化があったのだろうか。一部の消費者が電子書籍を購買しているだけで，その他の消費者は電子書籍には関心をもっていないのだろうか。それとも，1 人の消費者でも紙の書籍と電子書籍を使い分けているのだろうか。書籍を含むすべての製品・サービスの市場は，個々の消費者の購買意思決定を基礎として，その規模や内訳が決まっている。次節では，消費者の購買意思決定を，書籍の場合に応用することを念頭に説明する[4]。

第 3 節　消費者の購買意思決定

　本節では，消費者の購買意思決定について説明する。これは便益と費用の比較という経済学的思考に基づくものである。ただし，経済学的思考とはいっても，マーケティングの分野，中でもマーケティング・サイエンスの理論・実証研究でも浸透している考え方である。まず，1. では基本的な考え方を述べる。

次に，2.では電子書籍がもたらす便益とは何か，紙の書籍と何が異なるのかを製品差別化の観点から考察する。3.では電子書籍購入時の費用について価格と取引費用の観点から考察する。最後に，4.では紙の書籍と電子書籍の購買意思決定を，便益と費用の比較で説明する。

1. 効用最大化：便益と費用の比較

　消費者はある製品やサービスを購入する場合，その便益と費用を比較して購入するかどうかを決める。購入したということは，それを決めた時点で便益が費用に見合っていると判断したということである。逆に購入しなかったということは，費用と比較して便益が小さいと判断したことを意味する。つまり，それを買うことで費用以上の便益が得られると判断した場合に，消費者は購買を行う。

　便益とは，購入した製品やサービスが消費者にもたらす満足度である。経済学の用語では効用と呼ばれる。例えば，のどが渇いたときに清涼飲料を飲んで身体が感じる満足度は便益であるし，美容院で自分の思った通りの髪型にしてもらって，その後しばらく感じる精神的な満足度も便益である。同一の製品やサービスでも，人によっては得る便益の程度は異なるし，同じ人でも状況によっては異なるが，購入した製品やサービスは消費者に何らかの便益をもたらす。

　費用とは，製品やサービスを購入する場合に消費者が負担する金銭や労力である。通常，費用の中で大きな割合を占めるのは，購入した製品やサービスの対価として売り手に支払う金銭である。しかし，費用はそれに限らない。購入前に製品やサービスを検討する手間も費用であるし，店舗に出向く移動の労力や時間も費用といえる。また，購入後に不良品と分かり，返品・交換の手続きが必要な場合にかかる手間も費用である。このような購入前後に負担しなければならない製品やサービスの価格以外の費用は，取引費用と呼ばれる。取引費用と製品・サービスへの対価の合計が，それを購入することで消費者が負担しなければならない費用である。

　便益と費用を比較して行う消費者の購買意思決定は，端的に以下の通り表す

ことができる。

```
便益 － 費用 ≧ 0 ⇒ 購入
便益 － 費用 ＜ 0 ⇒ 購入しない
```

ここで，費用以上の便益が得られるなら，購入が選ばれるとしている。注意しなければならないのは，この定式化では便益と費用は同一の尺度で測定され比較可能であることが前提となっていることである。製品・サービスの対価は貨幣単位で評価されるが，消費者が身体的または精神的に感じる便益や取引費用もまたそれに合わせて貨幣単位で表すことができると前提している。ある人が何かの製品・サービスを購入したということは，取引費用を考慮してもその価格に見合った便益がもたらされると判断したということであると考えれば，この前提は受け入れやすい。以下では，便益と費用の差を純便益と呼ぶ。

上記の定式化は，ある製品・サービスを買うかどうかという選択を前提としているが，購入する製品・サービスの候補が2つ以上ある場合にも適用できる。例えば，製品Aと製品Bという2つの製品が購入する候補ならば，以下の通り表すことができる。

```
製品Aの純便益 ≧ 0 ＆ 製品Aの純便益 ＞ 製品Bの純便益
⇒ 製品Aを購入
```

すなわち，ある消費者が製品Aの購入を決めたということは，製品Aの純便益はゼロ以上であり，純便益で比較して，製品Aは製品Bより優れていたということである[5]。

純便益の比較に基づく意思決定を，書籍の購買にあてはめて考えてみる。ある作家の新作小説が発売されたとしよう。価格が1500円だとすると，その作家の大ファンならば，それを読むことで得る感情的な満足度が，その対価としての1500円という費用と買うための手間，例えば都心の書店に出向いて買う労力やネット書店で買った場合に自宅に届くまで待つ時間といった取引費用の

合計を上回り，その小説を買うだろう。これに対して，それほどのファンでないならば，1500円が割高に感じられ，安価な文庫が出るまで待とうと思うかもしれない。その作家の作品に全く関心がない人は，その新作小説を読むことの便益はなく，どんなに安くても買わないだろう。

このように書籍の便益は人によって異なり，価格が同じでも買いたいと思う人もいれば，そうは思わない人もいる。それでは，内容が同じ電子書籍が発売される場合には，消費者はどのような意思決定をするだろうか。これを以降の節で取り上げる。

2. 製品差別化：電子書籍がもたらす便益は何か

製品差別化とは，新製品に従来製品にはない属性を加えたり，既存属性を変更することで，新製品を従来製品から区別し，差別化をはかることである。製品が消費者にもたらす主要な便益は同じだが，新しく加えた属性や既存属性の変更により，新製品の魅力度を高めることを目指して行われる。この製品差別化には大きく分けて垂直的差別化と水平的差別化の2種類がある。

垂直的製品差別化とは，製品属性の追加や変更がもたらす評価がすべての消費者にとって同じである場合の製品差別化である。例えば，ノートパソコンのバッテリーの持続時間は，どの消費者にとっても長い方が望ましい。パソコンのその他の性能が同じならば，バッテリーの持続時間がより長い方を消費者は好むはずである。ただし，持続時間の増加に対して感じる便益は人によって異なる。例えば，出張の多いビジネスマンの方が，長時間の外出が少ない自営業者よりは，バッテリーの持続時間の増加から得る便益は大きい。しかし，自営業者もその他の性能が同じならば，少なくともバッテリーの持続時間が短いノートパソコンをあえて好むことはない。このように，すべての消費者の評価が同じ傾向をもつ製品差別化を垂直的差別化と呼ぶ。

水平的製品差別化とは，製品属性の追加や変更がもたらす評価が消費者によって異なる場合の製品差別化である。例えば，ノートパソコンの色に複数の選択肢がある場合，ある人は黒のノートパソコンを好み，別の人は白のノートパ

ソコンを好むことがある。色という製品属性の評価が消費者によって異なり，それがもたらす便益も異なるということである。このように，消費者によって評価が異なる製品差別化を水平的差別化と呼ぶ。

　製品差別化の考え方を書籍に適用して，同じ内容の紙の書籍と電子書籍の属性を比較してみよう。現状では，紙の書籍に対して，電子書籍は劣っていると考える消費者が多いと考えられる。電子書籍が紙の書籍と一番異なる点は，電子書籍では紙が専用端末やタブレットまたはスマート・フォンの画面に置き換わっていることである。紙の書籍の読書に慣れた人にとっては，この違いは大きい。電子的な画面上の文章は集中して読めないと思うかもしれない。また，同じ内容とはいっても電子書籍では紙の書籍と完全に同じ内容が再現できない場合がある。図表の情報が読み取りにくかったり，写真が掲載されなかったりするからである。また，文字の書体が紙の書籍とは異なることが気になる人もいるかもしれない。このように感じる消費者が大半の場合，高品質な紙の書籍に対して，電子書籍は低品質であり，垂直的製品差別化が行われたと捉えることができる。

　しかし，紙の書籍は高品質で，電子書籍は低品質と単純化できない。電子書籍は，ページ数の多い大部な書籍でもそれを気にすることなく，専用端末やスマート・フォンで読めるからである。さらに，複数の端末にダウンロードでき，状況に合わせた端末で読めるので，同じ書籍を何冊ももっているのと同じ効果がある。また，端末の画面における文字の大きさなどの見た目を各人の好みに合わせて調整できるし，膨大な数の電子書籍を端末に保存できるため，紙の書籍のように保管場所の確保を気にする必要はない。このような電子書籍特有の柔軟性を重要視し，その便益が大きいと感じる人もいるであろう。こう考えると，紙の書籍の好む人もいれば，電子書籍を好む人もおり，電子書籍では水平的製品差別化が行われたと捉えることも可能である。

　以上のように，紙の書籍に対して，電子書籍には垂直的差別化と水平的差別化の両方の要素がある。電子書籍の読書に慣れない人が多いといえる現状では，垂直的差別化（高品質の紙の書籍に対する低品質の電子書籍）と捉えるのが自然であるが，電子書籍が世の中に普及すると水平的差別化（紙の書籍を好むか

電子書籍を好むかは人それぞれ）と想定する妥当性が高くなるであろう。

3. 価格と取引費用：電子書籍購入時の費用は何か

　電子書籍購入に必要な費用を，紙の書籍の場合と比較してみよう。費用は書籍の価格と取引費用に分けることができる。取引費用とは，1.で述べたように，購入前後に負担しなければならない製品やサービスの価格以外の費用のことである。

　価格は，紙の書籍よりも電子書籍の方が低く設定されていることが多いが，出版社によっては，同一価格としている場合もある。紙の書籍は著作物再販制度により，どの書店でも定価販売が行われているが，電子書籍の場合，同じ書籍でも電子書籍サイトによって価格が異なる場合がある。また，期間限定の値引きが行われる場合もある[6]。

　取引費用は，書店に出向く手間がなく，いつでもどこでも購入できる点は，紙の書籍よりも電子書籍の場合の方が小さいといえる。ただし，事前に専用端末を購入したり，スマート・フォンに専用アプリをインストールする必要がある。その費用や手間は電子書籍購入を初めて行うための取引費用である。また，紙の書籍の立ち読みに対応する，冒頭部分を購入前に確認できるサービスを提供しない電子書籍もある。さらに，ある電子書籍ストアでは販売されているが，別のストアでは販売されていない場合や，紙の書籍と同時発売なのか，遅れて発売されるのかが不明な場合もある。購入後の取引費用としては，端末を変更した場合の再ダウンロードなどの手間が考えられるが，その費用は概して小さいといえる。全体としては，すでに電子書籍を読める環境にあり，書籍の概要を知っている場合には，紙の書籍と電子書籍では，その取引費用は後者の方が小さいといえるだろう。

4. 紙の書籍と電子書籍のどちらを買うか

　それでは，紙の書籍と電子書籍の便益と費用を知った上で，消費者はどのよ

うな意思決定を行うだろうか。1.の考え方に従えば，以下の通り定式化できる。

> 電子書籍の純便益 ≧ 0 ＆ 電子書籍の純便益 ＞ 紙の書籍の純便益
> ⇒ 電子書籍を購入

すなわち，電子書籍の純便益が非負で，紙の書籍の純便益よりも大きいならば消費者は電子書籍を選ぶ。

純便益が非負でかつ最大の製品を消費者が選ぶというのは，極めて単純な定式化ではなるが，その理由は複数あり得る。ある人が電子書籍を選んだとしよう。この場合，純便益が便益と費用の差であることに戻って考えると，

> 1. 電子書籍の便益＞紙の書籍の便益 ＆ 電子書籍の費用＞紙の書籍の費用
> 2. 電子書籍の便益＞紙の書籍の便益 ＆ 電子書籍の費用＜紙の書籍の費用
> 3. 電子書籍の便益＜紙の書籍の便益 ＆ 電子書籍の費用＜紙の書籍の費用

の3通りが可能性としてあり得る。1番目は，費用は紙の書籍より大きいが，便益はその費用に見合ったものであると判断している場合である。2番目は，費用は紙の書籍より小さく，便益は大きいと判断している場合である。3番目は，費用は紙の書籍より小さく，便益も低い費用には見合っていると判断している場合である。

上記の3つの可能性の中では3番目の妥当性が最も高いと考えられる。1番目については，価格は紙の書籍よりも低い場合がほとんどで，取引費用も低い場合が通常だから，電子書籍購入の理由である可能性は低い。2番目は，電子書籍での読書に慣れている一部の人には当てはまるかもしれない。3番目は，紙の書籍よりも電子書籍が低品質であると判断している人が多い現状では，この場合を理由として電子書籍を購入している人が多いと考えられる。今後は電子書籍への慣れや，端末の普及による取引費用の低下が進むと，電子書籍の便益増加と費用低下により，紙の書籍よりも電子書籍を選ぶ人が増えることが予想される。

第4節　コンテンツ・マーケティング研究の最新動向

本節では，コンテンツ・マーケティング研究の最新動向について説明する。ここで，コンテンツとは音楽や小説，映画などの芸術・娯楽作品のことであり，パッケージなどの物理的特徴を捨象した中身そのものである。近年，情報通信技術の進展により，コンテンツのデジタル化が進み，ネット配信などコンテンツ関連ビジネスは拡大する一方，海賊版への対処などのコンテンツのデジタル化に付随する問題も発生している。まず，1.ではコンテンツの製品差別化に関する理論研究を紹介する。次に，2.ではコンテンツの中でも電子書籍に関する実証研究を紹介する。

1. 理論研究

ここでは，垂直的製品差別化と水平的製品差別化に基づく2つの理論研究を紹介する。コンテンツとして，前者は映画，後者は音楽を想定している。

(1) Calzada and Valletti [2012]

まず，垂直的差別化モデルを用いた研究を紹介する。Calzada and Valletti [2012] は垂直的差別化モデルを用いて，映画製作会社の製品差別化戦略を考察している。このモデルでは映画館で観る映画を高品質製品，DVDやネット・ストリーミングで観る映画を低品質製品と仮定している。映画館の大きなスクリーンや本格的な音響設備をふまえると，前者が高品質製品というのは妥当な想定である。

彼らの独自性は，高品質製品と低品質製品の代替性を明示して，一消費者が両方のバージョンを観る可能性をモデルに導入したことである[7]。同一の音楽アルバムについてCDとネット配信の両方を購入することはあまり考えられな

いが，映画館で観てとても感動した映画を，もう一度家庭で楽しむために DVD をレンタルしたり，買うことはあり得るので，これも妥当な想定である。

　Calzada and Valletti [2012] は，高品質製品を供給するための限界費用が低品質製品を供給するための限界費用以上であり，後者はゼロであることもあり得るという一般的条件の下での結果も導出しているが，ここでは両製品をデジタル・コンテンツであるとしてそれらの限界費用をゼロとした場合の主な結果を紹介する。以下では，高品質製品を映画，低品質製品を DVD と呼ぶことにする。

　まず，彼らはベンチマークとして，映画の製作・配給・上映のすべてを行う垂直統合企業がいる場合，高品質な映画のみを市場に供給するか，それに加えて低品質な DVD も販売するかは，コンテンツの代替性に依存しており，それが高い場合には映画のみを市場に供給し，低い場合には映画と DVD を市場に供給することが，その企業にとって最適であることを示した。従来の研究では供給の限界費用がゼロのデジタル・コンテンツでは高品質製品と低品質製品の代替性は完全であると仮定し，コンテンツの代替性が低い場合（すなわち，一度観てもそれを再度観たいと思う場合）を排除しており，映画の供給とともに DVD を販売することを説明できなかったが，Calzada and Valletti [2012] はコンテンツの代替の程度を明示的に考慮し，それが低い場合には消費者は映画を観て DVD を買う人，映画を観るだけの人，映画は観ずに DVD を買う人，どちらも観ない人に分かれることを理論的に説明した。

　彼らはまた，映画の上映期間後に DVD を発売する逐次供給戦略（sequencing strategy）を垂直統合企業が採用するのは，将来の利潤に対する垂直統合企業の割引率が，将来の純便益に対する消費者の割引率よりも大きい（すなわち，垂直統合企業の方が将来より現在を重視する）場合であり，割引率が同じ場合には，同時供給戦略（day-and-date strategy）が採ることが最適であることも示した。しかし，消費者の割引率が企業のそれよりも小さいとは考えにくく，現実には映画上映の一定期間後に DVD を発売する逐次供給戦略が採られていることがほとんどである。

　そこで彼らは，(a) 映画の製作・配給と (b) 上映および (c) DVD 販売を

分離して，それぞれ別の企業が行い，これらの企業と消費者の割引率が同一である場合に逐次供給戦略が起こり得るかを考えた。以下では，(a)〜(c)を行う企業をそれぞれ映画スタジオ，映画館，DVD小売と呼ぶことにする。

上記の設定の下でCalzada and Valletti [2012] は，コンテンツの代替性が高すぎず，映画館に対する映画スタジオの交渉力が一定以上ある場合には，映画スタジオと映画館の交渉の結果，逐次供給戦略が採られ，映画スタジオの交渉力が大きくなると，DVD発売が早まることを示した。特に，映画スタジオの交渉力がある閾値を超えると，映画上映とDVD発売の同時供給戦略が採られることを明らかにした。逆に，映画スタジオの交渉力が小さい場合には，DVDは発売されないことも示した。

図表5-3を用いて上記の結果を説明しよう。時点t_{-2}における映画スタジオと映画館の交渉では，映画上映からの利潤の分配とDVDを発売する時点t_1が決められる。この交渉の後に，時点t_{-1}において，映画スタジオはDVD小売とDVD販売からの利潤の分配を決める。時点t_0において映画館とDVD小売

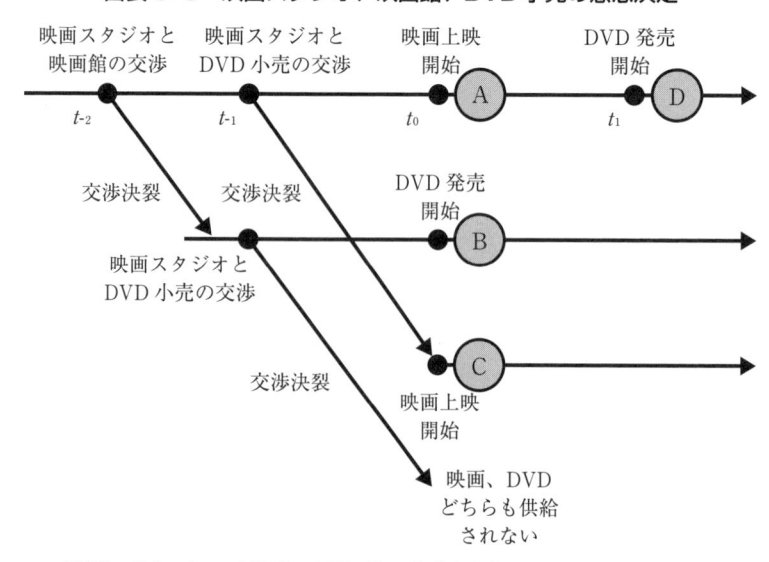

図表5-3 映画スタジオ、映画館、DVD小売の意思決定

(出所) Calzada and Valletti [2012] より筆者作成。

は映画上映とDVD販売から得る利潤(どちらも限界費用ゼロのため実際には収入)を最大化する価格をそれぞれ独立に決めるが,垂直統合企業のように合計利潤の最大化を考えないため,低めの価格を付けることになる。映画スタジオは,映画が上映されDVDが発売されれば,映画上映とDVD販売の両方から利潤を得る。他方,映画館にはDVD販売からの利潤はなく,DVD発売開始の時点 t_1 が時点 t_0 に近づけば,映画上映からの利潤が減る。映画スタジオは映画館との交渉が決裂した場合,DVD小売との交渉が成立すれば,Bにおける DVD販売からの利潤の一部を得る。また,映画館との交渉が成立した後にDVD小売との交渉が決裂した場合,Cにおける映画上映からの利潤の一部を得る。したがって,映画スタジオは,AおよびDで発生する利潤の分配に関する映画館とDVD小売との交渉において,交渉が決裂した場合に得ることができるBおよびCで得る利潤を上回る分配を要求できる有利な立場にある。

　上記を踏まえて,映画館に対する映画スタジオの交渉力に応じて,DVDの発売時期が決まる。映画館に対する映画スタジオの交渉力が小さい場合には,DVD発売を無期延期する ($t_1 \to \infty$),すなわちDVDを発売しないことが交渉で決まる。映画スタジオの交渉力が大きくなるにつれて時点 t_1 は時点 t_0 に近づき,交渉力がある閾値を超えると,映画上映と同時にDVDが発売される ($t_1 = t_0$)。

　このように,Calzada and Valletti [2012] は,映画とDVDの両方を視聴する消費者の存在や,DVDリリースまでの期間が短くなっている現状を垂直的差別化モデルで的確に捉えて,映画産業を分析している。

(2) Vernik et al. [2011]

　次に,水平的差別化モデルを用いた研究を紹介する。Vernik, et al. [2011] は水平的差別化モデルを用いて,デジタル著作権管理(Digital Rights Management, 以下DRM)が音楽CDと音楽配信の流通に与える影響を分析している。モデルでは消費者の音楽メディアに対する選好には異質性があり,世の中には音楽CDを好む人と音楽配信を好む人がいると想定している。従来からの音楽の聴き方に慣れている人は前者に,デジタル製品の扱いに慣れている

人は後者に該当する。

　彼らのモデルの特徴は，デジタル製品の扱いに慣れている人ほど，海賊版を入手することにも長けており，それを入手するための技術的コストが小さいと想定していることである。ただし，海賊版を入手することに対する心理的コストも存在し，この心理的コストの大小によって，消費者は2つのセグメントに分かれ，このコストが大きいセグメントに属する消費者は，海賊版には手を出さない。

　また，音楽 CD には DRM は課されないが，音楽配信に DRM が課された場合には，その音楽の取り扱いにおける不便さから，音楽配信から得る便益は同一コンテンツの音楽 CD から得る便益より小さいと想定している。ただし，DRM が通常ユーザーに不便をもたらさない場合も考察している。この場合，モデルでは音楽 CD と音楽配信からの便益は同一になり，音楽 CD と音楽配信の音質の差はそれぞれの便益に差をもたらさない（あるいは消費者は音質の差を気にしない）ことを仮定している。DRM を外した場合には，この不便は解消され，フォーマットによる便益の違いはなくなるが，海賊版入手の技術的コストが小さくなる。

　モデルでは，音楽 CD を販売する小売業者と音楽配信を扱う小売業者は異なり，レコード・レーベルは音楽 CD と音楽配信に別々の卸売価格を設定する。そして，それぞれの小売業者は自らの利潤を最大化するように小売価格を決める。結果として，図表5-4が示すように消費者は音楽 CD を購入する人，音楽配信を購入する人，海賊版を入手する人に分かれる。

　Vernik, et al. [2011] が明らかにした主な結果を紹介する。まず，彼らは，レコード・レーベルが音楽配信から DRM を外して，コピーを容易にしても，正規の音楽配信ユーザーが享受する DRM がないことの便益の増加が大きい場合には，海賊版の利用者は減ること，またそもそも DRM が通常ユーザーに不便をもたらさない場合にも，DRM を外した場合に海賊版入手の技術的コストが，それほど下がらない場合には，海賊版の利用者は減ることを明らかにした。さらには音楽配信から DRM を外して，コピーを容易にしても，同様の条件下でレコード・レーベルの利潤が増えることも明らかにした。

図表 5-4　音楽流通の垂直的市場構造と消費者セグメント

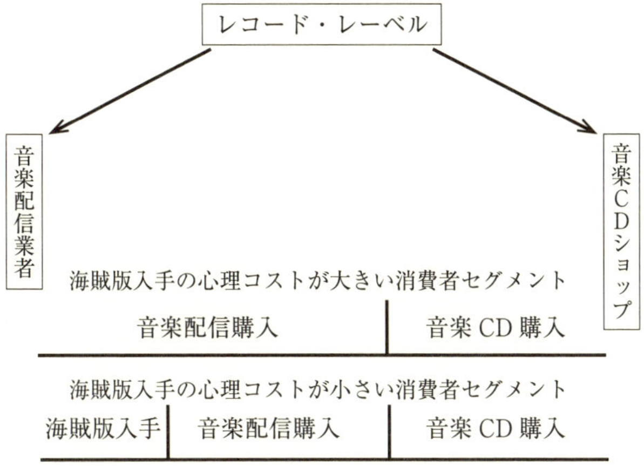

```
                    レコード・レーベル
                   ↙              ↘
    音楽配信業者                         音楽CDショップ
           ┌─────────────────────────────┐
           │ 海賊版入手の心理コストが大きい消費者セグメント │
           │   音楽配信購入    │    音楽CD購入    │
           ├──────────┼──────────┤
           │ 海賊版入手の心理コストが小さい消費者セグメント │
           │ 海賊版入手 │ 音楽配信購入 │ 音楽CD購入 │
           └─────────────────────────────┘
```

（出所）　Vernik, et al. [2011] より筆者作成。

　音楽配信を DRM フリーにしても，海賊版利用者は減るというのは直感に反する結果だが，これは以下のように説明される。音楽配信の価格が変わらなければ，DRM が課されない音楽配信の便益増加と海賊版入手の技術的コスト低下が，音楽配信の正規ユーザー数に相反する 2 つの効果（前者はプラス，後者はマイナス）をもつが，DRM フリーな音楽配信を扱う場合，小売業者はその価格を自身の利潤を最大化するために再設定する。DRM が課されない音楽配信の便益増加は音楽配信を扱う業者に，高い価格を付けることを許容するが，海賊版入手の技術的コスト低下は，音楽配信に対する需要の価格感度を高めるため，より低い価格を付けて海賊版ユーザーを正規版にシフトさせることもできる。DRM が外されて生じる，この相反する効果で音楽配信の価格，音楽CDの価格，レコード・レーベルの卸売価格が変化する結果，海賊版利用者は減り，レコード・レーベルの利潤が増えることもあるのである。ただし，レコード・レーベルの利潤が増加するというのは，レコード・レーベルと小売業者の両方が価格支配力をもち，二重マージンが発生している下で，DRM が外されて小売市場の競争性が高まることが大きな要因である。

　このように，Vernik, et al. [2011] は，音楽配信の DRM フリー化の影響や

消費者の利便性を下げない DRM といった音楽産業にとって重要な問題を水平的差別化モデルで考察した興味深い研究である。

2. 実証研究

ここでは，電子書籍に関する 2 つの実証研究を紹介する。どちらも，アメリカの書籍市場のデータを用いた研究だが，日本における電子書籍の普及とそれが紙の書籍市場に与える影響を分析する際の参考になるだろう。

(1) Hu and Smith [2013]

Hu and Smith [2013] は，ある出版社が，紙の書籍と同一コンテンツの Amazon の Kindle 向け電子書籍を同じ日に発売開始していたのを一定期間止めた事実を活用し，電子書籍の入手可能性が，紙の書籍と電子書籍の売上冊数に与える影響を分析した。電子書籍の発売を中止した期間は 2010 年 4 月 1 日から同年 5 月 31 日までの 2 カ月間である。この 2 カ月間に発売が開始された紙の書籍の電子書籍版は，6 月 1 日に一斉に発売された。この分析において重要なのは，発売中止は事前に告知されず，6 月 1 日からの発売再開もその直前（5 月 26 日）に告知されたことである。上記期間に発売開始された紙の書籍と前後の 1 カ月（2010 年 3 月と 6 月）に発売開始された紙の書籍の基本的属性（ページ数，重さ，価格など）に大きな違いはない。上記の事実に基づき，彼らは前者を処置群，後者を対照群として，電子書籍の入手可能性を因子とする自然実験が行われたとみなした。

彼らは，各書籍の発売後 20 週の週別売上冊数を上記の 2 群に分けて計数データの回帰分析を行い，電子書籍の入手可能性が売上冊数に与える影響は，事前の認知度によって異なることを見出した。ここで，事前の認知度は，Amazon における発売前の見本刷りに対するレビュー数で測り，上位 33%（レビュー数 3 以上）を強い認知度がある書籍としている。

結果は，図表 5-5 の通りである。強い認知度がある書籍については，電子書籍版のリリースが紙の書籍より遅くなる場合，週ごとの紙の書籍の売上冊数が

図表 5-5　電子書籍の入手可能性が週別売上冊数に与える影響

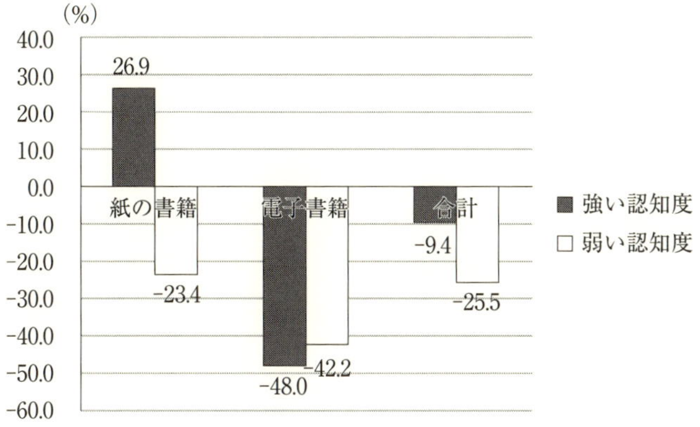

（出所）　Hu and Smith [2013] の Table 7 より筆者作成。

26.9％増加していた。これに対して，認知度があまりない書籍（事前レビュー数2以下）については，週ごとの売上冊数が23.4％減少していた。電子書籍の売上冊数への影響は，強い認知度をもつ書籍については，紙の書籍と同時発売でないことで週ごとの売上冊数が48.0％減少していた。これに対して，認知度があまりない書籍については，42.2％減少していた。紙と電子版を合計した売上冊数は，強い認知度をもつ書籍については9.4％の減少，認知度があまりない書籍は25.5％の減少だった。これらは，紙の書籍の属性（ページ数，重さなど）や発売開始からの経過週数，暦の上での週，紙および電子書籍の週別の価格をコントロールして得られており，強い認知度をもつ書籍の紙と電子版の合計売上冊数への影響（9.4％の減少）以外は統計的に有意な結果である。

　上記の結果は次のように解釈できる。発売前から認知されていた書籍については，電子版が入手不可能なら紙の書籍で買おうと考えた人が一定数いたということである。これに対して，発売前にあまり認知されていなかった書籍については，電子版が入手不可能ならあえて購入しようと思わなかった人が多かったということである。すでに電子書籍で読む人が一定割合いる場合，電子版が入手できないときに，紙の書籍で代替するか，そもそも読むことを止めるかは，書籍に対する事前の認知度に左右されるということを統計的に明らかにした点

にこの研究の意義がある[8]。

(2) Li [2015]

Li [2015] は，Web 上での閲覧・購買行動に関するパネル調査データを中心に複数のデータを組み合わせて，2008 年から 2012 年までの消費者の紙の書籍と電子書籍の購買行動の分析を行った。この研究では，消費者が将来を予見した動学的な意思決定を行う合理的な存在であることを仮定し，紙の書籍についてはオンラインだけでなくオフラインの実店舗をもつ書店での購買行動までカバーしている。また，電子書籍については，それを読むための専用端末に関する購買行動も扱われている。

Li [2015] のように，経済学の理論的知見に基づき，経済主体の行動メカニズムの構造をモデル化し，現実のデータはそのモデルに従って発生していると見なして，その構造パラメータを推定することを構造推定という。前述の Hu and Smith [2013] のような自然実験に基づく，簡潔な設定の下での因果効果の推定とは対照的なアプローチである[9]。

構造推定では，経済主体の行動に関する大がかりなモデルを前提とするため，それに伴う簡単化の仮定も必要になることが多い。Li [2015] では，年を消費者の意思決定期間の基本単位とし，書籍のジャンルを「ライフスタイル（家庭，料理など）」，「カジュアル（フィクションなど）」，「実用（コンピュータ，ビジネスなど）」の 3 つに集約している。その上で，異質な選好をもつ複数のセグメントに分かれた消費者が，年初に電子書籍端末を購入するかどうかを決める。昨年までにすでに購入している人は最新版を購入するかどうかを決める。この意思決定は，来年以降に発売される性能が改善した電子書籍端末の価格や，電子書籍タイトル数も正しく予見された上で行われる。そして，端末を所持していない人は上記 3 ジャンルの紙の書籍の購入冊数を決める。関心のないジャンルについては購入冊数がゼロということもあり得る。端末を所持している人は，上記 3 ジャンルについて，紙の書籍で買うか電子書籍で買うかも決める。また，紙の書籍を買うと決めた場合には，Amazon で買うか，他のオンライン書店で買うか，オフライン書店で買うかを選択する。

Li［2015］は，2008年から2012年の間に仮に電子書籍市場が存在しなかったとして，消費者の紙の書籍に関する購買行動のシミュレーションを行い，上記期間における電子書籍市場規模（数量ベース）がどこから生じたかの内訳を推定した。このように，推定結果に基づき実際には起こらなかった反事実（counterfactual）に関するシミュレーションを行えることが，構造推定アプローチの利点である。その結果，図表5-6に示すように電子書籍市場の42%が紙の書籍市場からのシフトであり，58%が電子書籍登場による市場拡大に基づくことがわかった。また，紙の書籍市場からのシフトの内訳は，オフライン書店が53%，アマゾンが32%，その他のオンライン書店が15%であることを明らかにした。

　このように，構造推定では実際には起こらなかった反事実に関する考察も行えるので，市場に関する興味深い知見を得ることができる。ただし，このような知見は，構造モデルが想定する経済主体の合理的な意思決定を前提とすることには注意を要する[10]。

図表5-6　反実仮想シミュレーションに基づく電子書籍市場の内訳

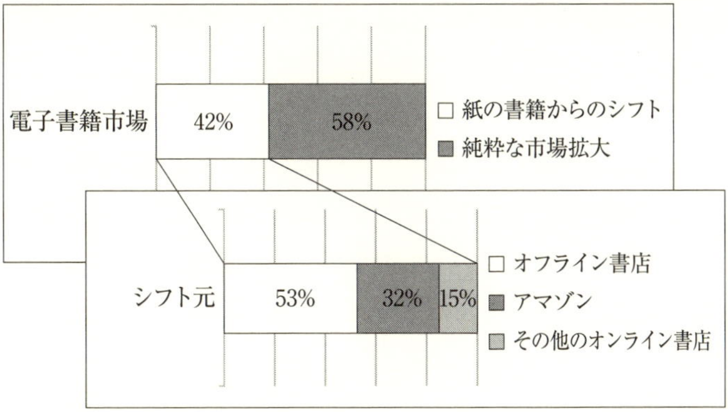

電子書籍市場　42%　58%
　　　　　　　□ 紙の書籍からのシフト
　　　　　　　■ 純粋な市場拡大

シフト元　53%　32%　15%
　　　　　□ オフライン書店
　　　　　■ アマゾン
　　　　　▨ その他のオンライン書店

（出所）　Li［2015］より筆者作成。

（3） 結果を解釈する際の注意

上で紹介した2つの実証研究は，本章の執筆時にはまだ学術雑誌には公刊されていない。その意味では，まだ改善の余地があるということだが，電子書籍が紙の書籍の市場に与える影響の実証研究はまだ珍しく，日本における電子書籍の普及とそれが紙の書籍市場に与える影響を考えるのに役立ち，実際にデータを収集して実証分析を行う場合の参考になると考えて紹介した。

どちらの研究もそれが前提としている設定を踏まえて，導いた結果を受け取る必要がある。Hu and Smith [2013] の結果が，他の出版社が刊行する書籍についてもそのまま当てはまるとは限らない。扱う書籍のジャンルが類似しているかが鍵になりそうである。Li [2015] の反実仮想のシミュレーションは，経済主体の合理的行動を前提としているが，その前提に疑問を投げかける研究も存在する。これは理論研究にもいえることだが，導かれた分析結果だけに注目せず，研究の前提に関する要点を押さえることが重要である。

第5節　出版産業の活性化に向けた電子書籍のマーケティング

前節までの考察を踏まえて，本節では日本の電子書籍市場を拡大するための指針を述べる。映画や音楽産業と出版産業の違いや，日米の市場環境の違いがあるから，これまでの研究で得られた知見を単に適用する訳にはいかないが，それを無視することも得策とはいえない。既存の知見に基づきながら，日本の電子書籍市場を拡大し，それを出版産業の活性化につなげるための方針を考える。

1．コンテンツへの関心の持続期間を踏まえた発売時期の決定

電子書籍の発売時期は，消費者のコンテンツに対する関心の持続期間を踏ま

えて決定されるべきである。現状では，電子書籍は紙の書籍の同時に発売される場合もあれば，紙の書籍の発売の一定期間後に発売される場合もあり，出版社が決めたルールや，著者の意向によって異なる。電子書籍の発売時期を遅らせるのは，紙の書籍の売上への悪影響を懸念したものと思われるが，紙の書籍と電子書籍の利便性を比べて，後者を好む消費者が増えると，発売時期が遅くなるとコンテンツへの関心が薄れて購入を止める人も増えることが予想される。実際，前節で紹介した実証研究によると，電子書籍の発売が遅れることで，紙の書籍と電子書籍の合計発売冊数にプラスの影響がもたらされることはなかった。コンテンツへの関心の持続期間が長い場合には，紙の書籍より遅れて発売することのマイナスの影響は少ないかもしれないが，そうではないコンテンツの場合には，電子書籍は紙の書籍の同時に発売する方が良い[11]。

2. 紙の書籍と電子書籍のバンドル販売

第3節2.で述べたように，電子書籍には紙の書籍にはない利便性がある。両方の利便性を認識する消費者の中には，紙の書籍で購入した後に，一時的に値下げされたタイミングで同一コンテンツの電子書籍を購入する人もいる。逆に，電子書籍で買った後に，紙の書籍で購入する人もいるだろう。この場合，紙の書籍または電子書籍を買ったかどうかは関係なく，決められた価格でもう一方の版の書籍を買わざるを得ない。

両方の利便性を認識する消費者の中には，紙の書籍と電子書籍の両方を買う場合の価格がそれぞれの価格の合計よりも割安な設定ならば，バンドルで購入する意思がもつ人が一定割合いると考えられる。同時に両方買わない場合でも，一方を買った記録があれば，もう一方が割引販売されるなら，両方を買う人がいるだろう。実際，このようなバンドルの割引販売は新聞で行われているし，出版社や書店が運営する一部の電子書籍販売サイトによっても行われている。紙の書籍と電子書籍のバンドル販売は，出版市場を活性化してその規模を拡大する可能性がある。多くの出版社がその可能性を検討すべきである[12]。

3. DRM 解除の是非

　電子書籍のデジタル著作権管理（DRM）による不正コピー防止策が，消費者に不便をもたらしているかどうかが DRM を解除すべきかを考えるポイントである。消費者に大きな不便をもたらしていないなら，あえて DRM を解除する必要はない。いったん電子書籍で読書し始めた消費者は，電子書籍を専用端末やスマート・フォンなど複数の端末を登録でき，最新型の端末に変更する場合も登録端末を入れ替えて，購入した電子書籍を再ダウンロードできるので，DRM が付いていることにあまり不便を感じていないと考えられる。その場合，DRM が電子書籍の普及を妨げている訳ではないので，あえて DRM の解除を検討する必要はない。ただし，電子書籍未体験の消費者が DRM 付であることが不便であると誤解している可能性もあるから，そのような誤解を解く必要はある。

　登録できる端末数の上限を超えて，あるいは登録せずに柔軟に使いたいという要望がある書籍のカテゴリーについては，DRM フリーであることが消費者に大きな利便性をもたらす。コンピュータ関係のリファレンスや，学術書がこのようなカテゴリーに該当する。実際，当該カテゴリーの書籍を扱う出版社の一部は独自の電子書籍販売サイトで DRM フリーの電子書籍を販売している。その場合でも，購入者を識別するためのメールアドレスなどの情報を電子書籍に付加し，ネット上で公開して不特定多数に閲覧させるような行為を防止する工夫を行っている。今後，DRM フリーの電子書籍の販売を検討する出版社もそうすべきである。

第6節　おわりに

　本章では，出版産業を活性化するための電子書籍のマーケティングについて

考察した.まず日米の書籍市場の最近の推移を概観し,便益と費用の比較に基づく消費者の購買意思決定を電子書籍のケースに当てはめて説明した.製品差別化の観点から,電子書籍は紙の書籍に対して安価だが低品質である垂直的差別化と知覚する消費者が現状では多いが,紙の書籍にはない電子書籍の利便性が十分に認識されると,水平的差別化と知覚する消費者が増えると考えられると述べた.次に,最近のコンテンツ・マーケティングに関する理論・実証研究を紹介し,日本における電子書籍市場の拡大を出版産業の活性化につなげるための指針を述べた.紙の書籍との同時発売,紙の書籍と電子書籍のバンドル販売の検討,不便でないならDRM解除は不要といった指針は,どれも便益と費用を踏まえた消費者の購買意思決定を基礎として導かれた方策である.電子書籍のマーケティングにおいても,技術面に偏重したプロダクト・アウトではなく,消費者志向のマーケット・インの発想を大切にしなければならない.また,その際には,モデル分析に基づく論理とデータの実証分析で得た知見を活用するべきであると考える.

―【キーワード】――――――――――――――――――――――――――
コンテンツ・マーケティング,電子書籍,垂直的製品差別化,水平的製品差別化,デジタル著作権管理(DRM),バンドル販売,自然実験,構造推定

〈注〉
1) 図表5-1では,紙の書籍と電子書籍の市場規模の集計期間(暦年と年度)の違いを無視している.また,2014年度の電子書籍の市場規模については,インプレスのニュースリリース〈http://www.impress.co.jp/newsrelease/2015/06/20150629-02.html〉を参照した.
2) 第2節2.で言及する統計はすべてGilbert[2015]が引用し,Webで公開したものに基づく.
3) ただし,Gilbert[2015]と同じ情報源に基づく考察を行っているインプレス総合研究所[2014]によると,この図表の金額は出版社の出荷金額であるため,図表5-1に示した日本の小売金額の市場規模とは単純には比較できない.
4) 電子書籍専用端末やアプリと連動した電子書籍ストアはマルチサイド・プラットフォーム(マーケット)の一種であり,それ自体を考察する価値があるが,本章では消費者

の電子書籍サイトの選択については紙面の制約上，取り扱わない。これについては，中田［2013］や本書の第7章を参照のこと。
5） この考え方に基づく，マーケティング・サイエンスにおける実証研究については，古川・守口・阿部［2011］第2章や，照井・佐藤［2013］第11章を参照のこと。
6） 電子書籍の販売には，ホールセール・モデルが採用される場合とエージェンシー・モデルが採用される場合がある（公正取引委員会競争政策研究センター［2013］）。電子書籍ストアの裁量で他のストアとは異なる価格を設定したり，一時的に値引きをしたりするのは，前者のモデルが採用されている場合である。
7） 同様の想定をした先駆的な研究にGabszewicz and Wauthy［2003］がある。
8） この他にHu and Smith［2013］は紙の書籍の重量に注目した分析も行っている。そして，重量が軽い書籍については，電子書籍版が紙の書籍と同時に入手不可能な場合，週ごとの紙の書籍の売上冊数が統計的に有意に増加することを明らかにした。この結果は，大部でない書籍については，紙と電子版の代替性が高いことを示唆している。
9） 森田［2014］の第21章にこの2つのアプローチに関する分かりやすい比較説明がある。
10） Reimers and Waldfogel［2014］はAmazonの紙の書籍と電子書籍の価格弾力性を推定し，紙の書籍についても電子書籍についても利潤最大化からは説明できないほど低価格に設定されていることを明らかにした。彼らはAmazonのCEOであるジェフ・ベゾスが顧客の信頼が失われることが長期的には高くつくため，価格弾力性を踏まえて値上げすることはないという旨の発言をしていることに言及し，Amazonの価格設定が利他的である可能性を示唆している。
11） 電子書籍を紙の書籍と同時発売すると，中小規模書店の経営への悪影響が懸念されるかもしれない。中小規模の書店が減ることは，出版産業にとって長期的には望ましいことではない。その対策として，書店店頭で選んだ書籍を電子書籍で購入すると，その書店に一定のロイヤルティが支払われるような仕組みを出版社と取次が主体となって構築することで，上記の懸念を和らげるのも一案である。
12） Kannan, et al.［2009］はアメリカの学術書の出版社と共同で行った紙の書籍と電子書籍の価格設定，およびバンドル販売に関する興味深い実証研究である。

〈参考文献〉
インプレス総合研究所［2014］『電子書籍ビジネス調査報告書2014』インプレス。
公正取引委員会・競争政策研究センター［2013］『電子書籍市場の動向について』共同研究報告書 CR01-13。
出版科学研究所［2015］「出版月報」2015年1月号，公益社団法人全国出版協会。
照井伸彦・佐藤忠彦［2013］『現代マーケティング・リサーチ：市場を読み解くデータ分析』有斐閣。
中田善啓［2013］『プラットフォーム時代のイノベーション：クローズドからオープンビジネスモデルへの進化』同文舘出版。
古川一郎・守口剛・阿部誠［2011］『マーケティング・サイエンス入門［新版］』有斐閣。
森田果［2014］『実証分析入門：データから「因果関係」を読み解く作法』日本評論社。
Calzada, J. and T. M. Valletti［2012］"Intertemporal Movie Distribution: Versioning When Customers Can Buy Both Versions," *Marketing Science* 31(4), pp. 649-667.

Gabszewicz, J. J. and X. Y. Wauthy [2003] "The option of joint purchase in vertically differentiated markets," *Economic Theory* 22(4), pp. 817-829.

Gilbert, R. J. [2015] "E-Books: A Tale of Digital Disruption," *Journal of Economic Perspectives* 29(3), pp. 165-184.

Hu, Y. J. and M. D. Smith [2013] "The Impact of Ebook Distribution on Print Sales: Analysis of a Natural Experiment," *Working Paper*, Available at SSRN: 〈http://ssrn.com/abstract=1966115〉.

Kannan, P. K., B. K. Pope and S. Jain [2009] "Pricing Digital Content Product Lines: A Model and Application for the National Academies Press," *Marketing Science* 28(4), pp. 620-636.

Li, H. [2015] "Cannibalization or Market Expansion? The Impact of E-Books on Print Book Sales," *Working Paper*, Available at SSRN: 〈http://ssrn.com/abstract=2613757〉.

Reimers, I. and J. Waldfogel [2014] "Throwing the Books at Them: Amazon's Puzzling Long Run Pricing Strategy," *Working Paper*, Available at SSRN: 〈http://ssrn.com/abstract=2442747〉.

Vernik, D. A., D. Purohit and P. S. Desai [2011] "Music Downloads and the Flip Side of Digital Rights Management," *Marketing Science* 30(6), pp. 1011-1027.

（中山　雄司）

第6章

音楽産業のマーケティング
―サブスクリプションの行方―

第1節　本章のねらい
―問題の所在―

　情報化によって音楽産業におけるマーケティング戦略は，日々変化を迫られている。本章では，そのデジタル化が戦略に与える影響や変化について分析を行う。音楽財の製品が変化し，販売形態や価格帯，流通システム，そしてプロモーションがどのように変化していったのか，その時系列を追いながら戦略的傾向を抽出し，そのメリットやまたデメリットについて解説を行う。そして，新たに生まれたサブスクリプションサービスが，いかに音楽産業に影響を与えるのか考察する。

　近年における音楽産業の構造の変化は激しく，情報化によるインターネットテクノロジーの深化によってそのビジネスモデルは革新的に変容を遂げた。そもそも音楽産業は他産業に比べ複雑かつ多様な産業形態であるといわれている。なぜならば，音楽財は同じ内容の商品，つまり楽曲が有形と無形の財の二形態で取引され，無形商品が有形商品の消費に影響を与えるという特殊な財の特性をもつ。音楽ビジネスにおいて主力の製品となるCDやDVDなどのパッケージ型の音楽財は，物財として形のある商品ではあるが，販売している本質は楽

曲，つまり音楽データであり，その本来の性質はサービス財である側面が強い特殊な財の特性をもつのである。

現状として，日本の音楽産業は著しい減少傾向にある。主力であったCD販売は1998年をピークに減少を続け，過去10年間で，その売上げ枚数は約半分近くまで縮小している（図表6-1）。

また，2000年代初頭に生まれ，新ビジネスモデルとなった音楽データ販売のダウンロード数においても，2008年をピークに減少傾向にある（図表6-2）。

つまり，非常に斜陽化している産業であるとわかる。その産業自体が急速に斜陽化した要因の1つとして，楽曲販売におけるデジタル化傾向へ変化したことが影響を与えているといえる。ゆえに音楽産業は，短期間にデジタル化が進んだことによって，製品形態，価格帯，流通ネットワーク，プロモーションといった，販売におけるマーケティングの基本的な4P戦略が様々に深化を遂げ変容したのである。

本章ではその4P戦略に対して，デジタル化，情報ネットワーク化というインフラとしての外部環境から音楽産業の変遷と戦略の変化を捉え，そして消費者の購買行動がいかに変化してきたのか，また，斜陽化する産業において次の

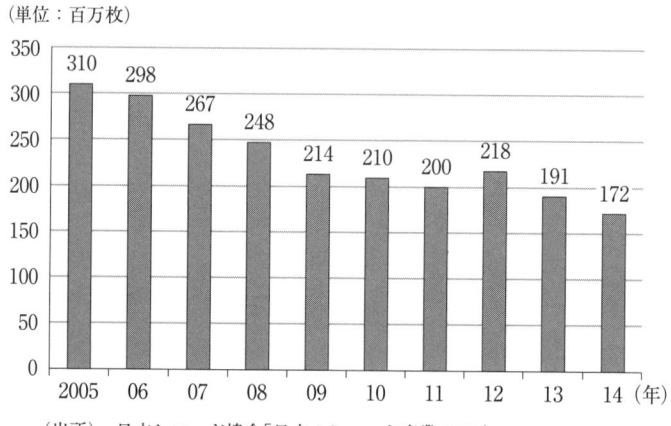

図表6-1　日本におけるCDの売上げ枚数推移

（単位：百万枚）

年	売上げ枚数
2005	310
06	298
07	267
08	248
09	214
10	210
11	200
12	218
13	191
14	172

（出所）日本レコード協会「日本のレコード産業2015」
〈http://www.riaj.or.jp/issue/industry/pdf/RIAJ2015.pdf〉
(2015.8.23) から抜粋のうえ、筆者による加筆修正済み。

図表 6-2　日本における音楽データのダウンロード数推移

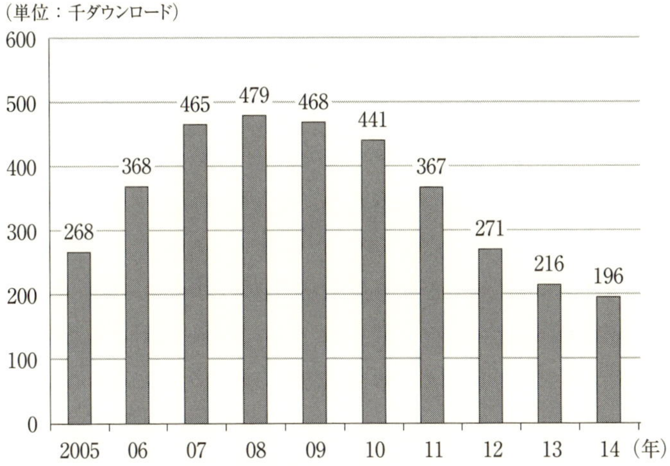

(単位：千ダウンロード)

年	ダウンロード数
2005	268
06	368
07	465
08	479
09	468
10	441
11	367
12	271
13	216
14	196

(出所)　日本レコード協会「日本のレコード産業 2015」
〈http://www.riaj.or.jp/issue/industry/pdf/RIAJ2015.pdf〉から抜粋のうえ、筆者による加筆修正済み。

新しいビジネスモデルは何であるのか，その音楽産業がもつ複雑性と拡張性をマーケティング戦略の視点から，考察を順に行っていく。また本章における考察の取材対象として，大手レコード会社数社，またプロダクション関係者にご協力を頂き，そのインタビュー調査の内容を精査し，その分析から考察を行っている。

そして本章では，音楽産業において扱う財を音楽財と称し，有形財をCD，DVD，ブルーレイディスク，グッズ等の販促物等，無形財を音楽データ，LIVE公演等と規定する[1]。その中でも，本章における考察対象はCDと音楽データに焦点を当てる。

第2節　音楽産業における製品メディアと価格の変動

1．メディアの価格変化

　はじめに4P戦略における音楽財の製品（Product）の変化とその価格（Price）変動の関係性から分析を行っていく。なお価格において貨幣価値の変動と，その因果関係については，今回は詳しい言及を行わない。

　音楽財は有形であれ，無形であれ相対的に価格の変動は少ない財である。音楽財を代表するCDの事例であるが，2015年現在CDの平均価格は，シングルが1,050〜1,260円，そしてアルバムは3,000〜3,500円である。これはCDが登場した1982年から現在の2015年も，ほぼ変動はしていない。音楽財はCDが登場する1982年までに，レコード，次にカセットテープという形態で販売されていた。

　その価格帯の変遷であるが，図表6-3からもわかるようにレコードの価格は1960年代のシングル盤は330〜370円，そしてアルバムは1,500〜1,800円であった。当時の大学の初任給が平均2万1,500円だったことを考えると，現在のCDよりも価格設定は高価格帯に位置していたといえるだろう。そして，レコード会社によって価格は，多少前後するが1970年前後になるとシングル盤は400〜600円，アルバムは1,750〜2,000円となる。そして，カセットが

図表6-3　レコードの価格変化

	シングル	アルバム
1960年代	330〜370円	1500〜1,800円
1970年代	400〜600円	1750〜2,000円
1980年代	800〜1,000円	2,000〜3,000円

（出所）　筆者が所持する音楽財データベースより作成。

登場する間際である1970年代中頃には，アルバム形態は2,200～2,300円とまた価格帯は上昇する[2]。

2．製品メディアの変化と価格の関連性

　1980年代初頭になると，音楽財の主力商品はレコードからアナログカセットへとシフトする。音楽の録音メディアとして手軽かつ安価に購入できるカセットテープに，音楽財を録音して販売するようになったのである。そしてカセットテープの価格帯は，シングル1,000円，アルバム3,000円という現在と変わらない価格帯で販売された。しかし，当時発売されていた録音用テープであるノーマルカセット，上位録音のハイポジカセット，最上位録音のメタルカセットという100～400円代で購入できるカセットにダビングされることによって，音楽財の消費行動に複製また代換えという新たな選択肢が現れ，マーケットに影響を与えたのである。このダビング行為による購買行動の減退問題は，現代においても重要な課題である。

　そして1982年に日本では，ソニー，日立，日本コロムビアから世界初のCDプレーヤーが発売され，同日CBSソニー，EPICソニー，日本コロムビアから世界初のCDソフトが発売された。この時から音楽財のソフトメディアへの録音方法が，ついにアナログ録音からデジタル録音に取って代わる大きなインパクトとなった。

　同時にレコード店でCDの取扱いが始まり，当初CDはレコードよりも高音質であり，アナログノイズがない新しいメディアの誕生であると大々的に扱われた。CDはレコードやカセットと同じ商品のCD版として売られ，価格もレコードよりも約2割ほど高い設定であった。

　図表6-4からもわかるようにCDは，1980年代発売当初，シングルは800円，アルバムは2,500～3,000円であった。そして，1990年代には，シングルは1,000円と現在の価格まで上昇する。アルバムは依然3,000円と価格の変動はなかった。

　2000年代には，シングルCDを収録するプラスティックケースはアルバム

図表 6-4　CD の価格変化

	シングル	アルバム
1980 年代	800 円	2,500～3,000 円
1990 年代	800～1,000 円	2,500～3,000 円
2000 年代	800～1,260 円	2,500～3,000 円
2010 年代	1000～1,260 円	2,500～3,500 円

（出所）　レコード会社 A による資料と筆者の管理する音楽財におけるデータベースより作成。

型と同一となり，価格はそれを期に 1,260 円まで上昇し，マキシシングルというカテゴリーに進出した。それは通常，メイン曲とカップリング曲の 2 曲とそのカラオケ 2 曲の合計 4 曲で発売されていたシングル CD と相違ない。

　しかし，現在に近づくほど，楽曲のカラオケを収録せずにその分，新曲を収録するという複数曲収録型のシングル CD のリリース形態に変わっていく。この場合，シングルであるにもかかわらず楽曲数が 4 曲も収録されるということである。ミニアルバムの最低収録曲数が 5 曲以上の収録であるという通例をみても，いかに消費者は収録曲数が増えることに付加価値を見出しているかということがわかる。

　アルバムも同様に 1 枚に付き 10 曲程度であった収録曲数が，現在に近づくほど 14～15 曲と大量収録型に変化していく。この CD における大量収録型に変化していく流れは，現在の消費者における音楽データの大量所有化傾向に繋がるという推測がたてられる。そして，2015 年現在の価格帯をみても，シングル CD，アルバム同様に 30 年間通しても，価格変動はそこまで大きくない。つまり最初からかなり高額な設定のスタートであったといえる。

　また日本の音楽財の価格は，欧米や欧州と比べると大変高価な価格帯にある。米国や，欧州の CD はシングル CD の概念がまず存在せず，少ない楽曲を販売することは珍しいケースである。アルバムにいたっては，輸入盤は約 1500 円前後と日本の約半分の価格帯である。日本の音楽産業において，レコードが登場した時から，その価格は高価であり，そこには外国からの輸入品であるという側面が強く，関税やそれを輸入するレコード会社の利益や，小売店の利益な

ど様々な要因によって，必然的に高価になったと予測される。そして，日本独自の音楽産業が生まれてからも，その価格帯は踏襲されたのである。つまり約20年をかけ，音楽財の価格は少しづつ上昇し，CDの登場によって価格は安定したようにみえる。

3. 音楽データの価格変化

次に音楽データの価格変化であるが，音楽データ販売には，携帯電話端末を対象としたケースと，PCを対象にしたケースの2種類が存在する。それは価格も，ファイルフォーマットも微妙に異なる。

以前まで，携帯電話を対象とした音楽データ販売を扱うサイトは，ネット上に無数に存在したが，現在は主力サイトを残し，ほとんどがそのサービスを止めてしまった。その主力サイトの中でも，高いシェアを誇るのがレコチョクというサイトである。レコチョクは，株式会社レコチョクが運営するサイトであり，日本レコード協会に参加するレコード会社が共同出資して設立された企業である。2002年に着うたが配信され，4年後には市場全体で5億ダウンロードを記録し，2008年に10億ダウンロードを達成し，市場は着実に膨らんでいた[3]。そして，2011年レコチョク株式会社は，同サイトにて，5億ダウンロードを達成と発表したが，2015年現在ではYouTube等の動画共有サイトや，違法ダウンロードアプリの影響によって，業績は一時のように急成長することは難しい現状がある。

まず携帯配信には，楽曲の一部分を切り出し販売しているものと，1曲すべて収録しているものの2種類存在し，そこからその楽曲を使用した様々なサービスの販売が派生する。そして，楽曲のプロモーションビデオの販売や，携帯の呼び出し音に設定できるなど様々なサービスが存在する。1曲の価格は税込み200〜420円で販売されている（図表6-5）。つまり，楽曲の一部が切り売りされる為，音楽財において新しく，かつ安価に販売できる価格帯が生まれたということである。

一方，PCにおける音楽データのダウンロード販売でも，流通経路は無数に

図表 6-5 音楽データ価格帯

	メインサイト	値段（1曲）
携帯電話	レコチョク	200〜420円
PC	iTunes Store	150〜250円

（出所）筆者作成。

存在するが，一般的に認知度の高いサイトは，Apple 社が運営する iTunes Store である。同社が販売する iPod や iPad に楽曲を入れる為には，iTunes をアプリケーションとして立ち上げなければならない。そして，その際，iTunes Store という項目をクリックすれば，音楽データを販売するサイトへと繋がり，ワンクリックで容易に楽曲を購入できるシステムになっている。またアプリケーションである iTunes は，楽曲を聴くアプリケーションとして幅広く認知されており，同社の製品をもっていないユーザーも使用する場合が多い。そして，iTunes Store も同様に同社の製品をもっていないユーザーも楽曲を購入する際に多く使用される。

価格帯は，洋楽が 150 円，邦楽が 250 円にほぼ固定化されており，携帯電話端末用と異なり，楽曲の一部分の販売は行われない。基本的に 1 楽曲のみの販売か，アルバムまとめてのセット販売となる。携帯配信のように楽曲の一部が切り売りされることはない。

4. サブスクリプションサービスの登場

そして，2013 年頃から新たな価格帯が生まれた。それは，サブスクリプションサービスという定額制で聴き放題になるサービスの価格帯である。当初，レコチョク best，光テレビミュージック，LISMO などのサービスがはじまり，2015 年現在ではコミュニケーションアプリの LINE から生まれた企業，LINE MUSIC，レコード会社であるエイベックスとインターネット企業のサイバーエージェントが共同出資をした AWA，そして Apple の Apple music や Google による Google Play music など若者への影響力の強い企業が多く，

このサービスに参入している。価格は360～1890円に位置し，サイトの多くが聴き放題プランを980円で設定している。つまり音楽財の価格変化は，製品変化と共に，レコードからはじまり，カセット，CDそして楽曲データ，楽曲ストリーミングへと変化してきたということである。そのことによって消費者は，楽曲を聴くという行為に対して，所有して聞く以外に共有して聞くという購買行動の変化によって，価格帯の選択が大幅に広がった。

しかし，CD，DVD等の中古品販売は別であるが，相対的に音楽財の購入は再販価格制度[4]の影響によって，基本的に一度決められた価格帯から大幅に値くずれすることはなく，その為，割引による大幅な価格戦略がとりにくいデメリットがあるのも忘れてはならない。

明らかになった日本における音楽財の製品と価格の変化であるが，いまだレコード会社にとって，利益率が最も高いのは，音楽データ販売や，期待されるサブスクリプションサービスよりも，高価格帯にあるCD販売である。グローバル市場をみても，CD販売はダウントレンドであることは明らかである。しかし，日本の音楽産業において，CD販売がいまだビジネスの主軸にせざるをえない理由として，日本独自の音楽財における利益分配の方法が大きく影響を与えているといえる。

第3節　音楽産業の利益構造

1．著作権分配

まず前提として音楽産業において利益率が最も高いのが，CDの売上収益と楽曲に伴う著作権使用料分配である。音楽データも，同様の利益分配構造をとるが，単価はCDと比べて格段に低く参考になりにくい為CDをモデルケースとして，その利益構造を探る。

まず前提として，著作権とは楽曲を制作し販売する前に登録するべき権利であり，楽曲が大量消費されれば莫大な利益を産む。楽曲の著作権を登録する為には，まず日本音楽著作権協会（以下，JASRAC）やe-License（著作権管理団体）に登録する必要がある。登録した後は，楽曲の販売や，楽曲使用によって生まれた対価から定められた配当が支払われる。CD売上収益は，その名の示す通り，1枚のCDが売れた時に，制作者に支払われる利益である。

では，例として，そのCDの利益分配構造を挙げてみよう。

まず原盤印税とは，CDの制作費を出した会社および個人がもてる権利であり，CDの総売上から12〜16％分配されることとなる。音楽財に隣接する著作権の中で，最も利率の良い権利となる。ゆえにこの権利を，レコード会社および音楽財に関わる者は，独占的所有を望む。

しかし，不況下にある音楽産業において，莫大なCD制作費をレコード会社

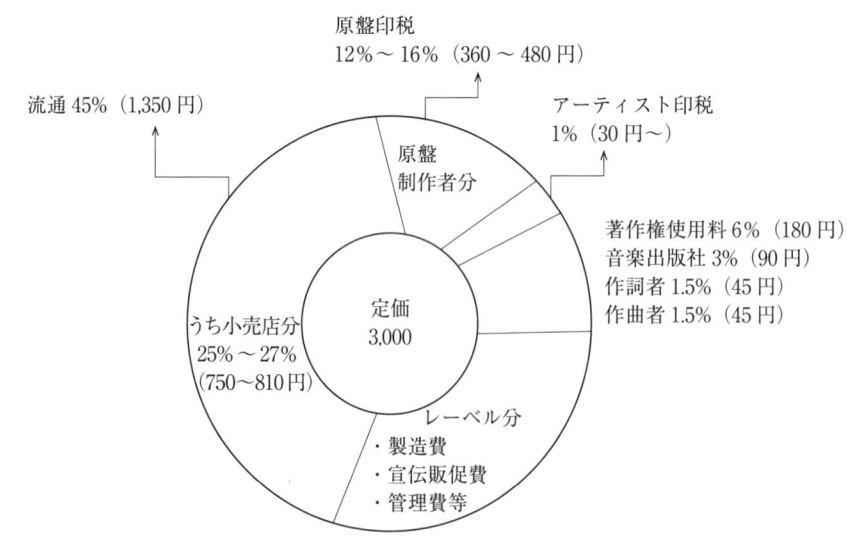

図表6-6　CD販売における利益構造

流通 45%（1,350円）
うち小売店分 25%〜27%（750〜810円）

原盤印税 12%〜16%（360〜480円）
原盤制作者分

アーティスト印税 1%（30円〜）

著作権使用料 6%（180円）
音楽出版社 3%（90円）
作詞者 1.5%（45円）
作曲者 1.5%（45円）

定価 3,000

レーベル分
・製造費
・宣伝販促費
・管理費等

注1）CDの場合，音楽データも同じである。
注2）メジャーレーベルの場合，CD1枚の値段を3,000円（税別）とした場合の内訳（概算）。
注3）インディーズレーベルの場合，自由度が高いので様々なケースが存在する。
（出所）　日本音楽制作者連盟［2014］64-67頁をもとに筆者加筆修正。

だけで受け持つことが困難になり，プロダクションや，タイアップ先のメディア会社との共同原盤を持つことも頻繁に行われるようになっている。また，インディーズアーティストと呼ばれる自主制作を行っているアーティストや，一部のメジャーアーティストは自分達でCD制作費を出し原盤権を自ら所有する特殊な場合もある。

次に著作権使用料の6%であるが，そのうち半分の3%は楽曲管理を行う音楽出版社に管理料および手数料として支払われる。そして，楽曲を制作した生産者には，残り3%支払われる。楽曲制作の内訳として作詞者に1.5%，作曲者に1.5%が支払われるのである。つまり，作詞，および作曲のみを担当している単独生産者は3%ではなくその半分の1.5%が支払われる。

次にアーティスト印税であるが，これは原盤制作における演奏や歌唱に関わった生産者に分配される印税であり，CDの総売上から1%を関わった生産者の人数で分割される。つまり，BAND形態でCDを発売した場合，そのBANDの構成メンバーが5人であれば，全体に売上の1%から5分割されたものが支払われる。制作した音楽財に関わる人物が多人数にわたると，平等に分配されてしまう分配方法の為，構成人数の多いグループは単独のソロアーティストと比べ，金銭的に格差が出てしまうのがこのアーティスト印税の特徴である。

2. レコード会社への利益分配

そして，レーベル分であるが，アーティストに支払われるアーティスト印税と著作権使用料，またCD店や流通会社に支払われる約45%の流通費以外は，CD制作にかかった諸経費分として，レコード会社（レーベル）に支払われる。これはCDの売上収益の一部に含まれる。

つまり，1枚3000円のアルバムが売れた場合，極端なケースではあるが，レコード会社およびCDレーベルには約50%の1500円が利益となる。

このレコード会社に支払われるレーベル分の利益と，音楽出版社を通して支払われる著作権収入が大きな利益とつながるのである。TVやラジオ，有線と

いったメディアで放送されることによっても，その楽曲の著作権が使用されたことになる。

またCD販売にとっては蔦谷書店などの大型レンタル店への出荷を行うことも，重要なビジネスの1つであり，その出荷によっても二次使用権が生まれ，権利利益は発生する。例えば，「A」という楽曲が「B」というドラマのオープニングテーマに選ばれた場合，そのドラマは，DVD化されて販売およびレンタル化されることが多い。その楽曲「A」を収録したDVD「B」が出荷されるたび，またレンタル店にて消費者が借りた場合にも二次使用権が発生し，著作権取得者に支払いがなされるのである。レンタル稼働率の高いアニメコンテンツ，ドラマコンテンツの主題歌，挿入歌，終焉歌に選ばれることは，タイアップ効果によるCD販売の利益増加に繋がるだけではなく，長期的なレンタル稼働によって，著作権の二次使用料の増加につながるのである。ゆえに，レコード会社は，TVメディアとのタイアップを取得する為に様々な交渉やプロモーション戦略を組み立てるのである。

最後に流通の45％であるが，その内訳25％はCDを販売する小売店舗の取り分である。そして，その小売店分を除いた20％は，CDや音楽データが消費者へと届けられる流通システムをもつ機関に支払われる。自社独自の流通システムをもつレコード会社は，小売分を抜いた20％が自社の収益となる。

つまり，その場合CDの売上の約70％をレコード会社に支払われる計算となる。また，音楽財には私的録音補償金，私的録画補償金という制度もあり，個人が私用に録音や録画した楽曲にも権利利益が発生する。

このようにおおまかではあるが，日本の音楽財における利益構造を考察してみた。その結果からCDおよび音楽データの販売時に，いかにレコード会社，つまり最終制作者に入る収入が大きいことがわかる。日本の音楽産業において，いまだに諸外国と比べてCDの売上げが高い理由は，単価の高いCD等のパッケージを大量販売することによって成り立っている産業ともいえるからである。

次はそのCDなどのパッケージ商品，また音楽データの販売を促進する為のプロモーション（Promotion）戦略が，デジタル化によってどのように変化し，最終的に消費者にいかに流通（Place）していくのか，残った4P戦略の分析を

行う。

第4節　音楽財のプロモーション戦略の変化

1．プロモーションの種類

　次に音楽産業のプロモーション戦略であるが，楽曲をプロモーションする場合，様々なメディアを使用した事前プロモーションから始まり，店頭における販促プロモーションへとつながる。楽曲を販売していくにあたって，発売前に消費者への楽曲の認知による接触率を，どれだけあげていくことができるかが重要となる。楽曲を制作したアーティスト本人がTV番組やラジオ番組へ出演し，消費者に告知するのである。また雑誌，インターネットメディアなどでインタビューを行うことによって，楽曲への接触率をあげていく場合と，楽曲そのものを以下のような方法で接触率をあげていく場合がある。まず，楽曲の接触率をあげていく為に，TV，ラジオ，雑誌といった既存メディアで告知する以外に，デジタル化が進んだ現在では，インターネット上で，登録をしているユーザー同士がコミュニケーションを行うツール，ソーシャルネットワーキングサービス（以下SNS）を駆使したプロモーションが新しいプロモーションツールとして誕生した。

2．SNSを使用したプロモーション

　例を挙げると，TwitterやFacebook，LINEといったアプリケーションをレコード会社や，アーティスト本人が使用し，オフィシャルページやチャット機能など様々なサービスを利用し，消費者とのコミュニケーションを図っている。そしてYouTubeや，ニコニコ動画などの動画共有サービスを使用した，

接触率の向上を図る楽曲やアーティスト自身のプロモーションなどが該当する。主にこの効果として，ユーザー同士の口コミ効果を狙ったプロモーションや，制作者側にとって，迅速かつユーザーとのインタラクティブな関係性の構築に使うことが多い。口コミによって発生するコミュニティや，高額な予算を投入しないでプロモーションをするという点では，有効な戦略ではあるが，まだプロモーションツールとしての歴史は浅い。つまり，興味のある消費者を囲い込むには大変有効であるが，興味がない，接触をしたことがない消費者をユーザー化するには困難な側面がある。そして，このようなインターネットを使用したプロモーションが音楽財の売上と，どのようにリンクしているか，その効果や結果を数値化しにくい現状がある。

　その点以前ほど影響が大きくなくなったとはいえ，メディアとのタイアッププロモーションは，現在においても非常に有効な戦略である。つまり，デジタル化が進んだことによって，プロモーションメディアのプラットホームが増えたこと，タイアップすることができるメディアや，ソーシャルゲームなどのコンテンツなどが増えたこと，そして，消費者とのコミュニケーション戦略としてのツールが増えたことなどのメリットは多々挙げられる。

　しかし，音楽財の楽曲が中心に動いていくという特性上，何か特定のメディアとタイアップして，売上げの相乗効果を図るという伝統的かつクリティカルな方法論から抜け出せてはいないという見方もある。

図表6-7　メディアの種類

メディア種類	プロモーション種類
TV番組	CM, 出演, 歌唱, 放送, 主題歌, 挿入歌
RADIO番組	CM, パワープレイ, 主題歌
雑誌	取材, 特集, 連載
インターネット	広告, 取材, 特集, 特設ページ, SNS

　　（出所）　筆者作成。

第5節 音楽財の流通戦略

1. CDの流通経路

　最後にプロモーション戦略によって，購買意欲が高まった消費者はいかに音楽財を購入するのだろうか。音楽産業における既存流通の構造は図表6-8のように，楽曲を制作するアーティストが川上となり，所属する音楽プロダクションによって，レコード会社とともに楽曲をレコーディングし，最終的にデータとして納品される。そして，レコード会社によって，ターゲットとなる消費者を選定し，CD形態か音楽データ形態，また両方で製品化されるのである。そして，卸売業者から小売店，レンタル店そして川下の消費者へと届けられる。ただしこの場合は，レコード会社とメジャー契約しているアーティストの場合であり，自主制作を主とするインディーズアーティスト形態の場合は，レコード会社や小売を通さずに消費者に直販する場合もある。またインディーズレコード会社は，上記のメジャーレコード会社の流通の規模が縮小したものと考え

図表6-8　現代のCD流通

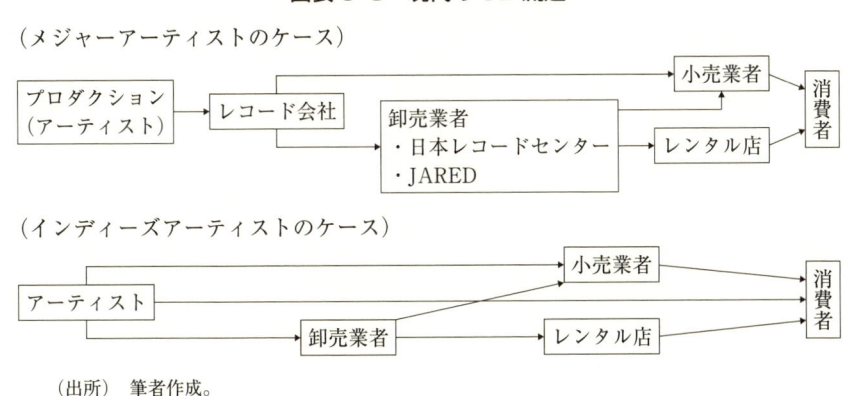

（メジャーアーティストのケース）

プロダクション（アーティスト）→ レコード会社 → 卸売業者（・日本レコードセンター ・JARED）→ 小売業者／レンタル店 → 消費者

（インディーズアーティストのケース）

アーティスト → 小売業者／卸売業者 → レンタル店 → 消費者

（出所）　筆者作成。

て頂きたい。この節では最終音楽生産者，つまりレコード会社における音楽財の流通について中心に考察を行う。

まずインディーズアーティストの場合，レコード会社を通さず個人間や少人数のグループで活動する為，それぞれの個に対し，様々な流通形態をもつ。小売業者や卸売業者を通して，消費者に届けられる場合と消費者にWEB通販や公演活動の会場にて直販されることもある。またインディーズアーティストが，日本各地の小売店にCDを流通させる場合，基本的に小規模多数の中小流通会社と，バウンディ株式会社やダイキサウンド株式会社といった大手流通会社が数社存在するだけである[5]。

一方，メジャーアーティストのCD物流は，70%が協業化されており，ジャパンレコード配送会社と日本レコードセンター株式会社という2つの受注・配送会社によって行われている。ジャパン・レコード配送会社（通称ジャレード）は，当時，株式会社CBSソニー，ワーナー・パイオニア株式会社2社の共同出資により，商品物流の合理化を図る為に発足し，現在首位の流通シェアを誇る株式会社ジャパン・ディストリビューションシステム[6]を設立した。ほとんどのレコード会社はこのシステムを使用した流通網を形成している場合が多い。次に日本レコードセンター株式会社は，ビクターエンターテイメント株式会社によって設立された物流会社であり，日本のCDの流通において第二位のシェアを占める。

そして様々なレコード会社がこれらのシステムを使用し，この2社で日本のCD流通の約70%を担う。一方，残りの30%は他社と協業せずに単独で物流を行っている業者である。

つまり，CDの流通においてメジャーであれ，インディーズであれ，CDの流通業者は競合他社が少ない。音楽財，音楽産業に比べ，CDの流通機構は他の物財と比べてシンプルなのが特徴であり，継続的な改善や改革が起こりにくい閉鎖的な流通網であることは否定できない。また消費者にCDを届けるシステムは意外にも単純化されていることがわかる。

一方，現代のCDにおける流通において，重要なチャネルとなるのが通信販売である。過去10年間において，CDのインターネット通信販売はめまぐるし

く変化し，その重要度は高まってきている。アメリカのネット通販最大手サイトである Amazon や，日本の最大手である楽天市場といった総合型の通信販売サイトから，大型小売店であるタワーレコードや，HMV といった店舗型小売店の通信販売もさかんである。とくに，Amazon の売上は好調であり，2014年1〜3月期の決算は，売上高が前年同期比22.8増の純利益は1億800万ドルとなった[7]。その中で，日本だけの売上高は約10%といわれており CD の売上も，もちろんそこに含まれる。具体的な数字の公表はされていないが，日本における CD 出荷枚数の約20%以上が Amazon といわれている現状を考えるとかなりの売上があることが見込まれる[8]。

現在各レコード会社において，CD の流通はネット通販に対する依存度が高く Amazon などの出荷する枚数は年々増加している。

2. 変化する CD の流通経路

つまり，CD のインターネット通信販売の場合，消費者の傾向として，ただでさえ減少している CD 小売店を探して購入するよりも，送料無料で，欲しい CD が検索しやすく手に入りやすい Amazon などのインターネット通信販売業者を利用するように，消費者行動は変化してきたのではないだろうか。

インターネットによってユビキタス化された環境は，消費者行動を変えたといえよう。よって最終制作者は，既存の音楽財における流通戦略から，インターネットを使った新たな流通戦略をも考慮しなくてはならなくなったのである。CD が大量に販売されていた90年代後半には，CD 店が全国には多数存在した。そして，それに対応する為に大型の流通システムをもった企業も多数存在した。しかし，現在の CD の流通先のほとんどがタワーレコード，HMV などの大型小売店や，蔦谷書店等の大型レンタル店であるからである。つまり以前のように地方の小売店などへの小口流通の対応をすることがほとんどなくなった。CD の売上減少とともに CD を取り扱う小売店が減少し，その流通機能自体の必要性が問われている。

そして消費者のネット通販への依存度が高まったことも CD の流通の形を大

きく変容させた。この小売店に足を運ばなくてもCDが送料無料で届くというシステムは，アメリカでは小売店すべてを駆逐するほどの影響力をもった。一方，存在しているCD小売店は消費者のニーズに幅広く対応する為に，様々な品揃え形成によって消費者を店舗へ誘致するように変化したのである。CD小売店，インターネット通信販売の流通にとって，いかに消費者のニーズに合致する品揃えを形成できるかが重要となる。これはあくまでも小売的な考え方であって，CD生産者となるレコード会社の観点では少し異なる。CDの新譜を，どれだけ多く出荷できるかをもちろん重要視するが，幅広い品揃え形成の為に，様々なアーティストのベスト盤の再編を行うことや，旧譜をニーズに対応するべく再販していくことが重要となる。この品揃えへの充実化が，後の聴き放題定額のサブスクリプションサービスへと繋がっていくのである。

では，音楽データ販売の流通戦略はどうなっているだろうか。またCDと異なる点はどこであろうか。

3. 音楽データの流通経路

次に音楽データの流通構造を見ていこう。携帯電話を利用した音楽データの配信元には2011年の時点で図表6-9にあげた代表的なサイトが存在し，音楽配信の流通網のインフラは整備化されておらず様々なサイトが乱立し複雑化している現状であった。

しかし，上記のサイトにいたっては2015年現在，サービスをストップしているサイトが大半であり，携帯電話にいたってはほとんどのサイトはレコチョクサイトに統合され，PC利用はitunes Storeと消費者がダウンロードするサイトはシンプルに淘汰されてきている現状がある（図表6-10）。それは，ダウンロードサイトが乱立されたことによって，購入の複雑性が増したことや，またスマートフォンの普及によって，YouTubeなどの動画共有サイトを利用し，試聴はするが，購入はしないなどの消費者行動の変化が影響としてあげられる。

また一方として，音楽データの流通はiPadなどの新しいデジタルハードの登場によって，日々変容し流通チャネルが水平に移動しているといえよう。日

図表6-9　音楽コンテンツ主な配信業者一覧（携帯）

配信事業者名	サービスサイト名	配信種別
株式会社レーベルゲート（モバイル）	レコチョク	着うたフル＆着うた
株式会社レーベルゲート（モバイル）	mora ケータイフル	着うたフル＆着うた
株式会社 M-UP	アーティスト公式サウンド	着うたフル＆着うた
株式会社 Blau	mero.jp クラブ系フル	着うたフル＆着うた
株式会社 HUDSON	着信うた	着うたフル＆着うた
ミルモ株式会社	millmo.jp★うた	着うたフル＆着うた
株式会社デジマース	HAPPY！うた	着うたフル＆着うた
アクセルマーク株式会社	ベストヒット J-POP	着うたフル＆着うた
株式会社エイベックストラックス	MU-MO	着うたフル＆着うた
アクセルマーク株式会社	hotEX うたマガ	着うたフル＆着うた
株式会社クロスワープ	M100♪g∞ve うた	着うたフル＆着うた

（出所）2010年レコード会社A社配信資料より抜粋し一部修正。現在サービスをストップしているサイトも存在する。

本の音楽産業は，日々生まれるデジタルデータを流通するハードに対応するべく，上記にあげたレコチョク，itunes Store 等の有力サイトが，その対応に追われるという構図ができあがりつつある。そして現在，多様化する消費者ニーズに対応する為に，CD，音楽データともに豊富な品揃え形成を行うことの重要性が挙げられるのだ。

図表6-10 音楽コンテンツ主な配信業者一覧（PC）

iTunes株式会社（JP）	iTunes Store 日本	PCダウンロード
株式会社レーベルゲート（PC）	Mora	PCダウンロード
株式会社レーベルゲート（PC）	ビッグローブ	PCダウンロード
株式会社レーベルゲート（PC）	エニーミュージック	PCダウンロード
株式会社レーベルゲート（PC）	HMV（ATRAC3）	PCダウンロード
株式会社レーベルゲート（PC）	Yahoo!	PCダウンロード
株式会社レーベルゲート（PC）	ジャストシステム	PCダウンロード
株式会社レーベルゲート（PC）	au box	PCダウンロード
NTTコミュニケーションズ株式会社(PC)	Music Ocean	PCダウンロード
NTTコミュニケーションズ株式会社(PC)	MSNミュージック	PCダウンロード
NTTコミュニケーションズ株式会社(PC)	Olio music	PCダウンロード
NTTコミュニケーションズ株式会社(PC)	MySound	PCダウンロード
NTTコミュニケーションズ株式会社(PC)	HMV（WMA）	PCダウンロード
株式会社UCX（PC）	OnGen	PCダウンロード
株式会社リッスンジャパン	リッスンジャパン	PCダウンロード
オトトイ株式会社（PC）	Ototoy	PCダウンロード
株式会社KINGBEAT	KINGBEAT	PCダウンロード
株式会社HearJapan	HEARJAPAN	PCダウンロード
IODA	IODA	PCダウンロード
オンキヨーエンターテイメントテクノロジー株式会社	e-onkyo music	PCダウンロード
Mnet Media Corporation	Mnet.com（ダウンロード）	PCダウンロード
JapanFiles.com	JapanFiles.com	PCダウンロード
NTTコミュニケーションズ株式会社(MP3)	Musico（MP3）	PCダウンロード
株式会社UCX（MP3）	Ongen（MP3）	PCダウンロード
トウキョウ・デジタルミュージック・シンジケイツ株式会社（JP）	Wasabeat	PCダウンロード
アマゾンジャパン株式会社	amazon.co.jp	PCダウンロード

（出所）2010年レコード会社A社 配信資料より抜粋し一部修正。

第 6 節　デジタル化における音楽財のマーケティング戦略における 4P の変化

1．4P 戦略と 4C 戦略

　以上のように，デジタル化した音楽産業のマーケティングにおける 4P 戦略の変化傾向について考察を行ってきた。製品がデジタル化したことによって生まれたカニバリゼーションは，すべての 4P が深化するきっかけとなった。そして，変化した 4P を個別に分析すると，音楽財の消費が減退した今，企業サイド側から組み立てた 4P である（Product・製品），（Price・価格），（Promotion・販売促進），（Place・流通）よりも消費者サイド側からみた 4C（Customer Value・顧客にとっての価値），（Cost to the Customer・顧客の負担,），（Convenience・入手の容易性），（Communication・コミュニケーション）と置き換えて考えることが最重要課題ではないだろうかという気付きが生まれた。

　例えば，価格戦略であるが，音楽財は一般的な財と異なり，芸術的側面が強い。その為，日本における再販制度の影響が強く表れ，価格は高価格帯に位置しながらも値崩れを起こすことはない。そして，独自性の高い利益分配率によって，日本のレコード会社はいまだに CD 売上の占める収益に依存してしまう。

　しかし，著しく減少する CD 売上げの対応策として，CD に DVD 等を付けるだけではなく，グッズや握手券，果てはイベントの入場券などを付け，いかに CD 購買に付加価値を向上させるかが重要となっている現状がある。これは販促物をセットにすることによって，消費者に対して CD の割高感を少しでも払拭し，購入させる機会を増やす製品戦略の一環であるといってもいいだろう。

　つまり，Product の質，つまり楽曲のクオリティによって音楽財を購入してもらうのではなく，楽曲とそれ以外の販促物によって，いかに付加価値を付けていくのかといった Customer value の概念が製品戦略には重要視されるよう

になってきたということである。

　また価格にいたっては，音楽財が日本に登場した歴史的背景の影響により，価格帯は高額なポジションからの起点であった。それからデジタル化してゆく時代とともに音楽財の価格にも，少しではあるが選択肢が生まれた。楽曲という情報がバンドル化されたものがCDなどのパッケージ商品，アンバンドル化されたものが音楽データとなり，アンバルドル化された楽曲の価格は，無形という性質上，安価に設定され，かつ違法にコピーもしやすくなったのである。つまりその現象によって，消費者にとって音楽財を購入して聞く適正価格（Price）という従来の意識から，好きな楽曲を聞く為の手段にはいくらコスト（Cost）がかかってしまうのかといった現代の消費行動の意識変化が分析されるのだ。

　また，音楽財の最終制作者つまりレコード会社にとって，収益率の高いCDの売上が産業構造の要となっている為，価格戦略において，大胆な値下げ戦略がたてにくい現状があるといえるだろう。

　次にプロモーション戦略であるが，縮小傾向にある音楽産業において，プロモーション予算もまた縮小傾向にある。つまり，以前のようにCDが大量消費される時代ではなくなってきた為，TV CM等の予算がかかるプロモーション戦略を行うことが困難になってきたレコード会社が多い。ゆえに予算を抑えたインターネット動画共有サイトなどを使用したCMの放送や，SNSを使った口コミ戦略などに，デジタル化の影響と恩恵は存在するといえる。

　つまり音楽財を消費者に購入してもらう為に，認知を高めるPromotion活動を行うという単純な方法論ではなく，楽曲を制作するアーティストやレコード会社がインターネットサイトやSNSを通じて，消費者とのCommunicationを行い，音楽財の認知や評価，そしてダイレクトプロモーションによって購買へとつなげていくというように変化しているのである。

　予算のかかるマスへのプロモーションから，SNSを戦略的に使用した嗜好性の強いコア層へのアピールへと使用されるようになってきたのだ。また日々生まれる新たなデジタルメディアとのタイアッププロモーションがさかんに行われているが，プロモーションの方法論としてはトラディショナルなフォーマッ

トであり，以前としてメディアとのタイアップ戦略のような音楽財の消費にとってクリティカルな影響を与える戦略がいまだ出てきていないということも課題だろう。

最後に音楽財の流通戦略の変化であるが，従来，レコード会社は，収益性の高いCDをビジネスの中心に置き，1枚でも多く日本全国の小売り店へ流通させるか，いかにその流通網の開拓に力を入れられるかが重要であった。しかし，この10年の間で，CDの流通量は著しく減少し，2005年頃から始まったインターネットを介した通信販売が，レコード会社にとって有益なチャネルへと変化した。つまり実店舗型流通から，通販型流通への転換である。

この10年の間，音楽ビジネスにおける流通システムは，日々着実に変化しており，ユビキタス環境によって，消費者は購買だけではなく，ストリーミングや，動画サイトを使用した代換え試聴などによって，購買行動をも変化させた。消費者にとって，その日の嗜好やシチュエーションによって，「買う」よりも，「聴く」ということに優先度があるように感じるのだ。

つまり，流通戦略においてどこに流通させるかといったPlaceよりも，消費者がいつでも欲しい時に購入できるConvenience（便宜性）を求められるようになったのではないだろうか。そして，その変化した財の性質によって，メリットばかりではなくデメリットも生まれた。音楽財が簡単にネットワークにのりやすくなった為に違法コピーされる問題と，インターネット上での違法アップロードと違法ダウンロードの脅威にさらされることになった問題である。コストのかからない流通によって，産業自体に影響が出てしまった。このような問題に対して，どのように対策を取るかが，次の音楽財の流通戦略にとっても，また音楽産業にとっても重要な問題となっている。

2. サブスクリプションサービスの可能性

本章では斜陽化する音楽産業におけるマーケティング戦略をインターネットテクノロジー，そしてデジタル化における深化といった側面から考察を行ってきた。2015年現在，音楽産業はまぎれもなく過渡期にある。高額な価格帯であ

るCDからの脱却，音楽データの登場と伸びない有料課金，それに伴う収益の減少，期待されるサブスクリプションサービスの新登場と，マーケティング戦略自体が急速に変化を迫られている。その本質にあるのは，顧客属性の変化や，購買行動の変化であり，様々な消費者に対して，音楽財は新たなる付加価値の付与や，販売形態の変革が急速に迫られている。

これからの音楽産業の発展において，サブスクリプションサービスが注目されることは間違いないだろう。Apple music，AWA，そしてLINE MUSICといった主要サービスだけではなく，音楽データ販売が始まった時のように，様々なサービスやサイトが乱立される可能性が高い。これによって，音楽産業におけるマーケティングの4P戦略略は再び大きな影響を受けるだろう。

個人が楽曲を購入するのではなく，世界中の人と共有しながら楽曲を聴いていくというサブスクリプションサービスの優位性は，品揃え形成の充実や，消費者の多様化された試聴環境へのマッチング，そして携帯電話の決済にまとめて課金できるという利便性にある。レコード会社等の最終制作者が，消費者に楽曲を購入させることについて，もはやあきらめつつある現状において，定額制課金によって，幅広いデジタル端末ユーザーを取り込んでいこうという新たな戦略は，音楽産業にとって新たな展開を生み出す可能性があるだろう。

3. 懸念されるリスクと展望

一方，サブスクリプションサービスには，利益分配システムに対して，不安が残る部分も多い。ユーザーがサブスクリプションサービスを利用し，その試聴データから著作権利益の分配を，楽曲を制作したアーティストへ行っていくという利益分配システムであるが，筆者の管理する楽曲もそうであるが，未だその分配のシステム性が不透明な部分も多くある。つまり，自分の楽曲が適正に何回試聴されたのか不明瞭であり，また適正に利益分配されているかどうかの可視性が希薄であるといえるだろう。そして，この定額制聴き放題のシステムに対して，海外をはじめ国内外の様々なアーティストからは，芸術性や，アーティストとしての「個」を無視した行動であると疑問視される声も上がり，

CD 販売に対してより悪い影響が出てくるのではないかという懸念もあげられている。

しかし，楽曲という音楽財に対して，十分な売上げが見込めなくなった現在，様々な改善点があるサービスであったとしても，積極的に行うべきであると筆者は考える。それほど，音楽産業の現状は縮小傾向にあり，変化を迫られているからだ。

これからの日本，そして世界の音楽産業がこれ以上衰退しない為にも，新たなビジネスモデルの誕生，法律や流通のインフラ整備，そしてさらに新たなマーケティング戦略が迅速に求められている。何よりも音楽財に対して健全な対価が支払われる未来を期待したい。

【キーワード】

情報化，インターネットテクノロジー，デジタル化，4P 戦略，4C 戦略，音楽ビジネス，音楽データ，サブスクリプションサービス，レコード会社

〈注〉
1) 音楽財についての定義は，穐原［2013］62-79 頁において，詳しく言及している。
2) 筆者が所有するレコードの販売価格を比較すると，メーカーによって，価格帯で500円弱の開きがある。一般社団法人日本レコード協会「レコード産業界の歴史1980年～1989年年表」より抜粋。
〈http://www.riaj.or.jp/chronicle/1900/1980.html〉（2014.03.01.）。
3) レコチョクの売上やダウンロード数の達成については，公式サイトのプレスリリースによって随時報告されている。
レコチョク公式サイト〈http://recochoku.jp/press/index.html〉（2012.09.21.）。
4) 日本における CD の再販制度のシステムは複雑であり，また排他的システムである。本章に記載されている再販制度についての内容は，一般社団法人日本レコード協会「再販制度とは」〈http://www.riaj.or.jp/all_info/saihan/saihan3.html〉（2014.03.01.）。のサイトから抜粋し，筆者がまとめたものである。
5) インディーズアーティストにおける CD の流通業者の数は多くない。本論文に掲載した2社以外に，PCI MUSIC，クラウン徳間レコードなどメジャーレコード会社における流通システムを一部使用するケースが存在する。
6) ジャパン・ディストリビューションシステムは，各レコード会社と連携した日本における広義の流通ネットワークを開設している。

〈http://www.jdsnet.co.jp/corp.html〉（2012.09.24.）。
7) Amazon の好調な売上の増加については，日経コンピュータの NEWS ソースから抜粋した。
〈http://itpro.nikkeibp.co.jp/article/NEWS/20140425/553265/〉（2015.03.07.）。
8) 筆者が 2011 年 Victor Entertainment よりリリースした CD「FORCEMUSIK」において，Amazon への出荷率は総出荷率の約 20％にあたる。

〈参考文献〉

穐原寿識［2013］「音楽産業におけるマーケティング戦略特性における研究」甲南大学大学院社会科学研究科博士論文（未公刊）。

今井賢一・金子郁容［1988］『ネットワーク組織論』岩波書店。

落合真司［2008］『音楽業界で起こっていること』青弓社。

加藤綾子［2010］「日本のポピュラー音楽産業の生産体制に関する考察」『文化経済学』第 7 巻 (1), 51-61 頁。

金子郁容［1985］『ネットワーク時代の企業―LAN を超えて―』日本経済新聞社。

小谷将之・勝本雅和［2005］「音楽フォーマットのイノベーション―音楽産業への影響―」『技術計画学会講演要旨集』第 20 号 (2), 636-639 頁。

近藤晶子［2010］「携帯デジタルオーディオプレーヤーで溢れ出した音楽について―普及の背景と著作権について考える」『関西楽理研究』第 27 号，117-132 頁。

鈴木信幸［2009］「音楽産業と ICT の戦略的関連性について―メジャーレーベルのヒアリング調査と若年世代の音楽行動調査を含めて―」『亜細亜大学経営学紀要』16 号 (2), 69-101 頁。

高木和男［2006］「音楽産業の現状と今後の課題―インターネット時代の音楽配信業界―」『尚絅学院大学紀要』第 53 号，159-166 頁。

丸谷雄一郎［2003］「情報システムを利用した流通形態がコンテンツ産業に及ぼす影響に関する考察―音楽ビジネスの事例を中心に―」Com（愛知大学）第 13 巻第一号，3-25 頁。

日本音楽制作者連盟［2014］「一目でわかる著作権のお金の流れ」『音楽主義』No.65, 64-67 頁。

（穐原　寿識）

第7章

ツーサイド市場の価格戦略

第1節 本章のねらい

　事例からツーサイド市場と呼ばれる市場における取引が，通常の市場取引とは異なることを理解する。取引の場となるプラットフォームを提供している企業が，そのプラットフォームに参加するユーザーに対して，どのように課金すべきかを明らかにする。プラットフォームに参加するユーザーの意思決定が，他のユーザーに及ぼす外部性の存在を理解することが価格戦略上重要となる。

第2節 ツーサイド市場

　異なる二種類のユーザー・グループを結びつけて，彼らの間での取引を可能にさせる商品やサービスがある。例えば，クレジットカードは，カードを利用する消費者とカードでの支払いを受け入れる加盟店を結びつけて，彼らに取引の支払い手段を提供することで，消費者と加盟店との間で行われる取引を可能

にしている。コンピューターOSは，コンピューター利用者と応用ソフト開発者を結びつけて，ソフトがコンピューター上で動くことを可能にすることで，コンピューター利用者がソフトを購入するという取引を可能にしている。類似のケースとして，ゲーム機も，ゲームをプレイする者とゲーム・ソフトを開発している者を結びつけることで，彼らの間での取引を可能にしているが，以下で説明するように，その取引を可能にしている仕組みはコンピューターOSとは異なる。Amazonや楽天などは，消費者と出品者が取引を行う場を提供して，電子商取引を可能にしている。

このような取引は，売手から買手に商品やサービスを提供するビジネスを行う仲介者が価値を生むバリューチェーンとは異なる構造を持ち，ツーサイド市場と呼ばれる。ツーサイド市場では，二種類のエンド・ユーザー・グループ（売手，買手など）が，仲介者（プラットフォーム運営企業）を通じて取引など何らかのやりとりを行う。プラットフォームとは，エンド・ユーザーによる取引を可能にするようなネットワークを構築する製品やサービスのことを指す。プラットフォームに参加者する者同士の取引や意思決定を通じて，相互に影響しあうネットワーク効果という外部性が存在することが，ツーサイド市場の特徴として挙げられる[1]。

クレジットカード市場のように，消費者にとって現金を使うことよりもクレジットカードを利用することにメリットを感じているのであれば，クレジットカードでの支払いを受け入れるという加盟店のクレジットカード利用に関する決定は，その消費者に正の外部性をもたらしていることになる。この要因による外部性を「利用外部性」という。また，各サイドにいるグループの人数の増加がもう一方のサイドにいるグループにとって取引機会の増加をもたらすという意味で，便益に及ぼす外部性もツーサイド市場には存在する。この要因による外部性を「会員外部性」という。多くの商品を売りたい売手は，多くの買手が参加しているプラットフォームへ参加しようとするし，また，多くの商品を購入できるプラットフォームに買手は参加しようとする。つまり，取引相手の数が多ければ多いほど，そのプラットフォームの価値は高まるのである。

本章では，上に挙げた例に見られるような異なる二種類のエンド・ユーザー

を結びつける商品やサービスを提供している企業が，売手，買手に代表されるようなエンド・ユーザーにどのように課金すべきかについて解説する。

　製品の設計，生産，販売，配送，サポートなど企業が行う活動の総体であるバリューチェーンの中で，企業は上流での購買選択，および下流での販売選択を求められるが，企業が生み出す価値は下流で生み出されるのが，ワンサイドの市場での企業活動である。一方，ツーサイド市場では，プラットフォームを提供している企業は，購買側でも，販売側でも価値を生み出すことができる。つまり，異なる二種類のエンド・ユーザーに，彼らの取引の場，すなわち，プラットフォームを提供することで，双方から利益を得ることが可能である。

　基本的には，価格戦略は当該商品に対する需要，製造コストを勘案して，最適な価格が導かれる。ツーサイド市場では，ネットワーク効果が働くため，プラットフォーム利用者数の増加に伴い，利益も増加するという収穫逓増の法則が働く。また，プラットフォームを提供する際には，価格に関して異なる特性を持つエンド・ユーザーに課金しなければならないために，それぞれにエンド・ユーザーの特性に合わせた価格戦略が必要になる。例として上に挙げた市場などでは，一方のサイドにいるエンド・ユーザー側を価格面で優遇し，もう一方のサイドに一方的に課金している状況が見られる。本章では，どちらのサイドを優遇すべきかについて，簡単なモデルを用いて説明する。また，プラットフォームを提供する企業が，異なる属性を持つ市場参加者に対して，どのようにプライシングすべきかを他のライバル企業との競争の観点から解説する。

　特に，競争関係にあるプラットフォームは，会員数を確保するために，集めやすいエンド・ユーザーに対して，無料，もしくは正の補助金を提示するなど極端な優遇措置をとることで，規模の経済を働かせる必要がある。課金される側のエンド・ユーザーは，十分な取引相手が確保できるならば，原材料調達や，開発コストなどの初期投資は十分確保することができるので，プラットフォームへの参加コストが，もう一方のサイドに課せられる参加コストよりも相対的に高くとも，そのプラットフォームに参加するメリットは存在する。

　Evans and Schmalensee [2005] は，ツーサイド市場の構造を決める要因を図表7-1のように5つにまとめている。プラットフォームがエンド・ユーザ

figure 7-1　ツーサイド市場構造の決定要因

要　　因	サイズ・集中度への影響
間接的ネットワーク効果	＋
規模の経済	＋
混雑	－
プラットフォーム間の差別化	－
マルチ・ホーミング	－

（出所）　Evans and Schmalensee [2005].

ーに課す価格は，これらの要因に影響を及ぼし，ツーサイド市場の構造を決める要因の1つとなる[2]。

第3節　事　　例

本節では，第2節で例として挙げたプラットフォームとなる商品，サービスについて詳述する。

1．クレジットカード

（1）商品・サービス

　取引における支払い方法が有効に機能するには，それを使う側も受け取る側もその利用について合意している必要がある。現金などは，それ自体には何ら価値を有するものではないが，利用する者は自分の現金による支払いを相手は受け入れると確信しているし，また，その確信は通常実現する。クレジットカードは，1カ月を単位として，締切日を設け，その間に購入した代金を契約上定められた支払日に決済を行うという後払いのシステムである。カード保有者

は，全額を一度に支払ってもよいし，また分割払いを選択することも可能である。購入時点と支払い時点は異なるので，その間はカードホルダーは借金をしている状態となる。

(2) プラットフォーム運営会社とエンド・ユーザー

　この後支払いシステムを可能にしているがクレジットカード会社である[3]。一般にクレジットカード会社は，加盟店と契約を結ぶ会社（アクワイヤラー）と消費者（カードホルダーともいう）と契約を結ぶ会社（イシュアー）に分けられ，加盟店と消費者という2つのエンド・ユーザー・グループを結びつけ，取引を促すインフラ，ルールを提供している。一般には，アクワイヤラーと消費者，イシュアーと加盟店には直接の契約関係はない。しかし，アクワイヤラーとイシュアーが同一の会社が行なっている場合も可能で，その取引をオンアス取引という。また，ビザ・インターナショナル，マスターカード・ワールドワイドなどは国際ブランドと呼ばれ，アクワイヤラーとイシュアーの取引を仲介する役目を担っている。

　図表7-2で表されるようなオンアス取引の場合を考えよう。カードホルダーは，どのクレジットカードを用いるかの決定をする場合，そのクレジットカードを利用するための年会費，及び，1回の買い物で支払わなくてはならない利用料である販売手数料，利用額に応じて付与されるポイントの有無とその程度などの便益を勘案して，利用するカードを決める。

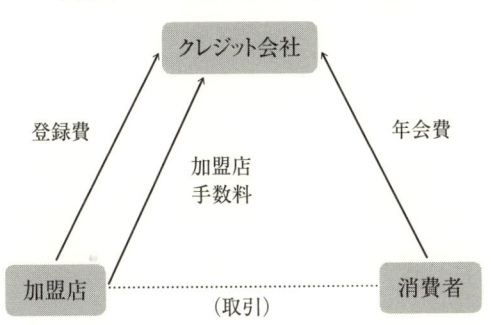

図表7-2　クレジット・カード産業

```
              クレジット会社
             ／        ＼
          登録費        年会費
          ／   加盟店     ＼
         ／   手数料       ＼
      加盟店 ············· 消費者
              （取引）
```

クレジットカードでの支払いを消費者に認めることで，加盟店にとっては購入単価の上昇が期待される。現金での支払いを意識する消費者は，手持ちの金額との勘案で購入の意思決定を行うが，クレジットカードを利用することにより，後払いが可能という状況で，消費者の購入金額が上昇することが期待されるからである。

加盟店は，取引が成立するごとに，アクワイヤラーからカードホルダーの購入金額の支払いを受けるが，それは加盟店手数料が引かれたものである。その手数料は契約によって決まっており，その金額によってはクレジットカードを受け入れることによって得られるメリットを帳消しにするかもしれない。クレジットカードを受け入れるか否かについては，それらを考慮しなければならない。

(3) エンド・ユーザーの特性と優遇サイド

プラットフォームを提供するクレジットカード会社は，クレジットカードを用いた決済システムを利用する際の料金を，どちらのエンド・ユーザー・グループからどのように徴収するかについては，ライバル企業の動向を勘案して決定する必要がある。通常，クレジットカード会社は取引に関して加盟店から手数料を徴収し，カードホルダーである消費者からは利用料金は徴収しないが，加盟店と消費者双方から年会費などカード支払いシステムに参加するための固定費を徴収している。

2．コンピューターOS，ゲーム機

(1) 商品・サービス

コンピューターOSはPCに組み込まれていて，PCの動きを制御し，PCに対するユーザーの要求をPC上にインストールされている応用ソフトに伝えて，ユーザーの望む結果を返すなどの役割を担う。

(2) プラットフォーム運営会社とエンド・ユーザー

　プラットフォームを提供している運営会社の代表例は，マイクロソフトやアップルであり，それぞれ，WindowsやOS Xなど応用ソフトが動くプラットフォームを提供している。エンド・ユーザーは，OSが組み込まれたPCを利用するユーザーとOS上で動く応用ソフトを開発しているソフトメーカーとなる。

　OSというプラットフォームを利用するために，ユーザーは，OSが組み込まれたPCを購入しなければならず，通常OS製造にかかる原価以上の値段を支払っている。一方，ソフトメーカーは，そのOS上で動く応用ソフト開発のためのキットはOSメーカーから無償で提供される。

(3) エンド・ユーザーの特性と優遇サイド

　応用ソフト開発者は，当初のソフト開発費を考慮すると，利用者が多いOS向けにソフトを開発しようとするだろう[4]。また，ユーザーから見て，魅力的なプラットフォームとは，多くの応用ソフトが動くOSである。

　PCの主な顧客は，ビジネス・ユースで購入する層である。あるいはプライベート・ユースであっても，必要に迫られて購入するケースが多く，このような購買層の価格志向性は低い。一方，ソフト・メーカーは，ソフト開発に人件費など多額の固定費を負担しなければならないため，利益が見込めない限り，ソフト開発に乗り出すこともない。また，PCを提供する側にとっても，OS上で動く多様な応用ソフトの数はユーザーを集めるためにも必要である。PC市場では，価格の面でユーザーよりも，ソフトメーカーに対する料金が優遇されている。

　コンピューターOSと類似の市場として，ゲーム市場がある。任天堂，ソニー，マイクロソフトなどがゲーム機というプラットフォームを提供しており，ゲーム機を購入するプレイヤーとゲーム機上で動くゲームを開発している企業がエンド・ユーザーとなる。

　ここで，価格面で優遇されているのは，ユーザー側であり，ゲーム機の価格は低く抑えられている。これは，ゲームで遊ぶ層が比較的若く，面白くないゲ

ームには見向きもせず，また価格志向性が高いためである．一方，ゲーム開発者に対しては，そうしたプレイヤーの価格志向，品質志向に対応するために，多額の固定費を費やすことになる．この固定費を回収するためには，開発ソフトが十分に販売されなければならない．品質に関しては，ソフトの販売に対して高いライセンス料を課すことで，質の高いゲームが維持されてきた．

3. 電子商取引

(1) 商品・サービス

　Amazon，楽天など，ネットショピングを運営している企業は，出品者である販売企業と消費者という2つのユーザー・グループ間の取引を促すインフラを提供している．

　Amazonはもともと，書籍販売からスタートしており，現在はその取り扱い商品は拡大したが，利益は商品の買手から得るというワンサイドの取引ビジネスを現在も行っていると同時に，出店サービスを提供することで，ツーサイドのビジネスも行っている．

(2) プラットフォーム運営会社とエンド・ユーザー

　Amazonは「出品（出店）サービス」として，出品者にAmazon上で商品を販売できるサービスを提供している．Amazonのエンド・ユーザーに対する課金は，図表7-3で表されている．出品者は，月額4,900円の登録料を支払い，注文の成約ごとに基本成約料100円，販売手数料として販売価格に応じた手数料を支払わなければならない（2015年11月現在）．一方，消費者には，特別なサービスを受けない限り，登録料，そして取引ごとに支払わなければならない利用料はない．上述したように，Amazonは，仲介者として消費者に対して，商品の販売も行っており，消費者サイドから見て，配送料に違いはあったとしても，Amazonから購入しても，出店業者から購入しても，Amazonで取引を行う際の利用料はかからない．楽天もAmazonとほぼ同様の課金を行って

図表 7-3　Amazon

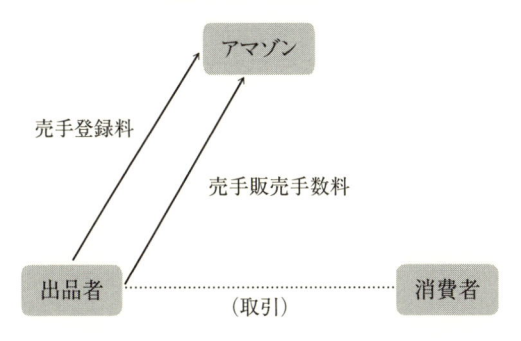

```
           アマゾン
         ↗       ↖
   売手登録料    売手販売手数料
      ↗             ↖
   出品者 ……………… 消費者
              (取引)
```

おり，出店業者に対しては，初期登録料，月額出店料，注文成約ごとに販売価格に応じたシステム利用料がかかる。

(3) エンド・ユーザーの特性と優遇サイド

　出品側から見て，多くの顧客を有するプラットフォームは，その販売機会の多さからみて魅力である。したがって，多くの消費者を会員に持つプラットフォームは，出店者の便益を拡大する。消費者から見ても，多くの出店者をそろえるプラットフォームは，購買の選択肢を増やすことになるので，正の外部性をもたらす。

　消費者の価格指向性は高く，同じ商品に対して，配送料も含めた価格一覧のもとに購買先を決定する。上述のように，消費者が取引を行うのに，出品者に対して支払う商品の対価以外に支払わなければならないものはない。一方，出品者は登録料の他に利用料も負担しており，消費者が一方的に優遇されている。

第4節　ツーサイド市場のモデル

　本節では，Rochet and Tirole [2006] に従って，ツーサイド市場の基本モ

デルを紹介する。市場の一方のサイドに，「売手」（記号 S で代表する）というグループが存在し，もう一方のサイドには「買手」（記号 B で代表する）グループが存在し，それぞれ売手の人数を N^S，買手の人数を N^B で表す。個々の売手と買手は 1 組のペアにおいて売手が販売する商品，サービスの取引を行う。また，その取引を行う場（プラットフォーム）を提供している運営会社がおり，売手と買手が取引を行う際には，このプラットフォームを利用しなければならないとする[5]。「売手」，「買手」という用語は考察する文脈によって変化するが，取引を行う主体として存在し，プラットフォームを利用するエージェントとして，これら 2 つのグループを総称して，エンド・ユーザーと呼ぶ。

プラットフォーム（以下，混乱が生じない限り，取引を行う場としてのプラットフォーム自体もプラットフォームを運営する企業も「プラットフォーム」と呼ぶ）は，売手と買手が取引を行う場を提供するために以下のコストを負担しなければならない。売手グループの各メンバーを管理するために C^S（売手会員維持費）のコストを負担する。買手グループの各メンバーを管理するために C^B（買手会員維持費）のコストを負担する。また，売手と買手がプラットフォーム上で行う 1 回の取引を可能にするためのコストを c（取引維持費）とする。

一方で，プラットフォームは，売手と買手に取引の場というサービスを提供する見返りとして，プラットフォームを利用するエンド・ユーザーである売手と買手に，そのプラットフォームに参加するための会員費，およびプラットフォームを利用して相手サイドにいるエンド・ユーザーと取引を行うごとに支払わなければならない利用料を課す。売手に対して課す会員費を A^S（売手会員費）とし，取引ごとに課す利用料を a^S（売手利用料）とする。一方，買手に対して課す会員費を A^B（買手会員費）とし，取引ごとに課す利用料を a^B（買手利用料）とする。

エンド・ユーザである売手と買手は，プラットフォームに参加することで，それぞれ B^S（売手会員便益）と B^B（買手会員便益）の便益を得ることができる。これは，取引とは独立に得られる便益で，例えば，ステータスの高い人向けのクレジットカード会員になることで，そのクレジットカードを利用しなくても正の便益を得ることができると考えられる。

また，売手と買手は，それぞれプラットフォームを介して取引を実行することで便益 b^S（売手取引便益），b^B（買手取引便益）を得る。b^S は，買手に商品を販売することで手に入れた金額から，その商品を製造するのにかかった費用を引いた分である。b^B は手に入れた商品の価値から，その商品を手に入れるために売手に支払った金額を引いた分である。

プラットフォーム，エンド・ユーザーが受ける便益，負担する費用は図表7-4で表されている。

プラットフォームに N^S 人の売手が参加し，N^B 人の買手が参加しているとき，売手と買手によって行われる総取引数を $N^S \times N^B$ とする。これは，各エンド・ユーザーから見て，もう一方のサイドにいるすべてのエンド・ユーザーと取引を行うと想定している。

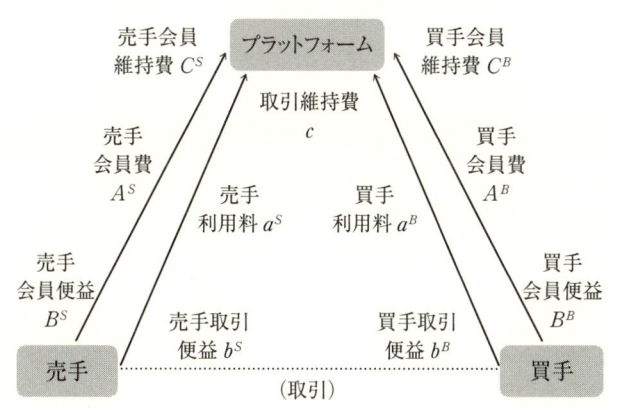

図表 7-4　ツーサイド市場の基本モデル

売手会員維持費 C^S　プラットフォーム　買手会員維持費 C^B

取引維持費 c

売手会員費 A^S　買手会員費 A^B

売手利用料 a^S　買手利用料 a^B

売手会員便益 B^S　買手会員便益 B^B

売手　売手取引便益 b^S　買手取引便益 b^B　買手

（取引）

第5節　独占状態にあるプラットフォームによる価格付け

1. 利用料のみ徴収する場合

まず，売手と買手に対してそれぞれ利用料金 a^S と a^B のみを設定する単独のプラットフォームを考える。プラットフォームは一取引あたり，$a=a^S+a^B$ の価格をエンド・ユーザーに課していることになる。売手と買手が彼らの取引において，利用料金の構成の変化を内部化することができるならば，利用料金の構造は中立的で，利用料金の合計額 a だけが問題となる。一方，内部化できないのであれば，売手と買手に課す利用料金の構成は中立的ではない[6]。

このことを，クレジットカード産業の例で考えてみる。クレジットカードとは，買手が売手に代金を支払うために用いられる支払いシステムであった。買手と売手の余剰は，もう一方のサイドの人数とそのプラットフォーム利用の程度に依存する。買手を，現金でしか払わないグループとクレジットカードで支払うグループとの2つに分ける。クレジットカード会社は1社とする。クレジットカード会社は取引ごとに料金を課すことができる（会員費を徴収することはここでは除いている）。

加盟店は，現金で支払う客とクレジットカードで支払う客に同額の小売り料金を設定しなければならないとする（ノー・サーチャージ・ルール）。すると，取引の合計金額だけでなく，この利用料金の構成が問題となる。例えば，現金で支払う買手の割合が大きいと，小売り料金を設定する場合，近似的にはそれらの買手だけを考慮することになるからである。

もし，ノー・サーチャージ・ルールがなく，売手は買手のそれぞれのグループに異なる価格を設定できるなら，カードを使った取引の場合，利用料金を売手が支払うか，買手が支払うかは関係なくなり，取引に課せられる合計金額だけが問題となる。

2. 会員費と利用料を徴収する場合

次に,プラットフォームがエンド・ユーザーに対して,プラットフォームに参加するための参加費と取引を行うための利用料を課すケースを考える。

売手は,プラットフォームに参加することで B^S,プラットフォームを利用して買手と取引を実行することで b^S の便益を得る一方で,プラットフォームに参加するために会員費 A^S を払い,プラットフォームを利用して買手と取引を行うためにプラットフォームに a^S の利用料を払うとすると,売手の利得は

$$U^S = (b^S - a^S)N^B + B^S - A^S$$

となる。同様に買手の利得は

$$U^B = (b^B - a^B)N^S + B^B - A^B$$

となる。一取引で得られる売手の純便益は $(b^S - a^S)$ で,買手の純便益は $(b^B - a^B)$ である。ここで,取引は,そのプラットフォームに参加している相手サイドのすべてのエンド・ユーザーと行われるとすると,$(b^S - a^S)N^B$ は,売手がプラットフォームに参加し,そのプラットフォームに参加しているすべての買手と取引を行うことによって得られる純便益の合計となる。したがって,このプラットフォームに参加している相手サイドのエンド・ユーザー数が多ければ多いほど,利得が高くなることが確認できる。$b^S N^B$ と $b^B N^S$ はそれぞれ,売手と買手が受けるサイド間で作用する外部性効果の大きさということができる。

このプラットフォームに参加しているエンド・ユーザーの利得は0以上でなければならない。売手は,買手と取引を行うために会員費 A^S と利用料金 a^S を支払うので,売手にとっての一回の取引における「取引価格」を

$$p^S \equiv a^S + \frac{A^S - C^S}{N^B}$$

と定義する。ここで,プラットフォームが特定の売手を管理するために必要なコスト C^S が引かれているのは,次に定義する取引便益と比較するためである。

売手が特定の買手と取引を行うことで得られる「取引便益」を

$$b^S + \frac{B^S - C^S}{N^B}$$

と定義すると，利得0以上でプラットフォームに参加するということは，取引便益が取引価格を上回る売手が，このプラットフォームに参加するということになる．同様に，買手の取引価格を

$$p^B \equiv a^B + \frac{A^B - C^B}{N^S},$$

取引便益を

$$b^B + \frac{B^B - C^B}{N^S}$$

と定義すると，取引便益が取引価格を上回る買手は，このプラットフォームに参加するといえる．

プラットフォームに参加する人数 N^S, N^B は，プラットフォームが提示する取引価格 (p^S, p^B) の関数になる．したがって，売手に (a^S, A^S)，買手に (a^B, A^B) を提示することで，プラットフォームに参加する売手の人数が N^S，買手の人数が N^B となるとき，プラットフォームの利益は，

$$\pi = (A^B - C^B)N^B + (A^S - C^S)N^S + (a^B + a^S - c)N^B N^S$$

となる．最初の2つの項は，それぞれ売手と買手から参加費を徴収することで得られる純便益，最後の項は売手と買手が取引を行う際に徴収する利用料からその取引維持費を引いた額の合計である．

プラットフォームにエンド・ユーザーがどれだけ参加するかについては，プラットフォームが，どのような参加費と利用料を徴収するかに依存するので，プラットフォームの利益を取引価格と取引便益を用いて表すと

$$\pi = (p^S + p^B - c)N^B(p^S, p^B)N^S(p^S, p^B)$$

と書くことができる．もし総取引価格 $p = p^S + p^B$ が一定であれば，通常の独占モデルに帰着し，総取引価格水準はラーナーの定式化により

$$\frac{p-c}{p} = \frac{1}{\eta}$$

と特徴付けられる．ここで η は取引量の総取引価格 p に関する弾力性である．取引量が（総取引）価格弾力的であるときには，プラットフォームは限界費用を超える総取引価格をエンド・ユーザーに提示することになる．また，取引量

の総取引価格の弾力性が非常に大きいとき，総取引価格は一取引を成立させるためにかかるコスト c に近づくことをこの式は表している。

プラットフォームは，価格戦略の手段として，売手に対して (a^S, A^S)，買手に対して (a^B, A^B) の4つの手段を持っているが，上記の条件は (p^S, p^B) が満たす条件なので，この条件を満たす複数の組み合わせが存在することになる[7]。

3. 会員費のみを徴収する場合

次に会員費のみをプラットフォームが徴収する場合を考察する[8]。したがって，前節において，$a^S = a^B = 0$，および $c = 0$ とおくことができ，簡単化のためにプラットフォームに参加することによって得られる便益も0（あるいは基準化して0）と仮定する。

会員費とエンド・ユーザーの利得の関係は，$U^S = b^S N^B - A^S$，$U^B = b^B N^S - A^B$ となる。また，プラットフォームの利潤は $\pi = (A^S - C^S) N^S + (A^B - C^B) N^B$ となる。したがって，プラットフォームの利潤をエンド・ユーザーの利得の関数として表すと，

$$\pi = (b^S N^B - U^S - C^S) N^S + (b^B N^S - U^B - C^B) N^B$$

となる。

プラットフォームが利潤を最大にするように会員費 (A^S, A^B) を定めるということと，エンド・ユーザーの利得 (U^S, U^B) を定めることは同値であることから，間接的に利潤を最大にする (U^S, U^B) を求めることで，最適な会員費を求めることができる[9]。売手会員費 A^S および買手会員費 A^B は

$A^S = $ 売手維持費

$\qquad - $ (買手取引便益)(買手数)$ + \dfrac{\text{売手数}}{\text{売手効用1単位変化当たりの売手数の変化分}}$

$\quad = C^S - b^B N^B + \dfrac{N^S}{dN^S/dU^S}$

$A^B = $ 買手維持費

$\qquad - $ (売手取引便益)(売手数)$ + \dfrac{\text{買手数}}{\text{買手効用1単位変化当たりの買手数の変化分}}$

$$=C^B-b^SN^S+\frac{N^B}{dN^B/dU^B}$$

となる。会員費と会員数の関係は図表7-5にまとめてある。図における矢印については，矢印元の項目が上昇したとき，下向きの矢印は，その矢印先の項目が減少すること，上向きの矢印は，その矢印先の項目が増加することを表わしている。上式において，(買手取引便益)×(買手数)＝b^BN^Bは，売手一人が買手全員に及ぼす正のサイド間外部性の効果を表している。なぜなら，b^BN^Sが，売手がN^S人いることで，特定の買手が受けるサイド間外部性効果の大きさを表しているので，買手全体では，$b^BN^SN^B$の便益規模となり，$\frac{b^BN^SN^B}{N^S}=b^BN^B$が売手一人が買手全体に及ぼす効果となるからである。A^Sはこのb^BN^Bだけ会員費が割り引かれるので，大きな正の外部性を及ぼす売手には会員費が安く設定され，状況によってはこの売手一人にかかる維持コストを下回ることも可能である。同様のことは買手についてもいえる。

また，参加人数が低い，または利得の増加によって，プラットフォームに参加する人数の変化が大きいサイドへのユーザーに課す会員費は低く抑えられる。これも，サイド間の外部性効果が働くことにより，そのサイドを優遇することで，もう一方のサイドのユーザーの参加も見込めるからである。

相手サイドのエンド・ユーザーのプラットフォームへの参加者数を所与としたとき，参加費に関する弾力性を用いて最適会員費を定式化すると，

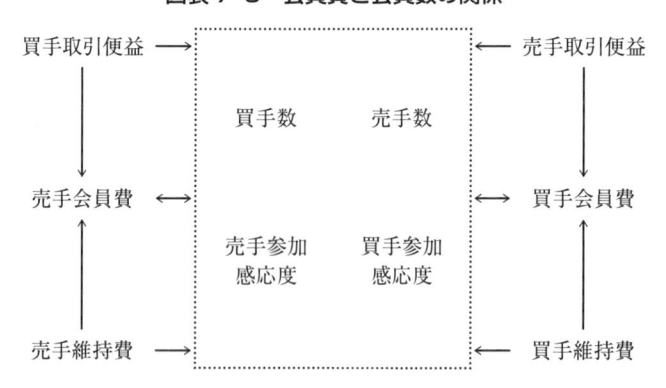

図表7-5　会員費と会員数の関係

$$\frac{売手会員費 - (売手維持費 - (買手取引便益)(買手数))}{売手会員費} = \frac{1}{売手の参加価格弾力性}$$

$$\frac{A^S - (C^S - b^B N^B)}{A^S} = \frac{1}{\eta^S}$$

を満たし，同様に，利潤を最大にする会員費 A^B は

$$\frac{買手会員費 - (買手維持費 - (売手取引便益)(売手数))}{買手会員費} = \frac{1}{買手の参加価格弾力性}$$

$$\frac{A^B - (C^B - b^S N^S)}{A^B} = \frac{1}{\eta^B}$$

を満たす。これらはラーナーによる独占価格の特徴付けと似た形式を持つ。これはプラットフォームが独占状態にあることから，その独占力を両サイドに行使できるためである。

また，プラットフォームは，売手一人が買手全員に及ぼす外部性効果である $b^B N^B$ だけ売手の会員費を割り引いており，また同様に買手一人が売手全員に及ぼす外部性効果である $b^S N^S$ だけ買手の会員費を割り引いていることから，サイド間の外部性効果を内部化していると言える。したがって，$A^S < C^S$ あるいは $A^B < C^B$ が起こるのは，そのサイドのエンド・ユーザーの参加数の価格弾力性値が高い，あるいは相手サイドへ与える正の外部性の規模が大きいときということがいえる。

会員費が低くなる決定要因をまとめると，
・会員の維持コストが小さい
・相手サイドにもたらす正の外部性効果が大きい
・会員数の価格弾力性が大きい
となる。

また，どちらのサイドを優遇するかについては，それぞれのサイドで上記の要因の組み合わせによって決まるが，両サイドのエンド・ユーザー管理費が等しく，会員数の価格弾力性も両サイドで等しい場合，(買手取引便益)(買手数) ≦ (売手取引便益)(売手数) のとき，売手会員費≦買手会員費が成立する。したがって，より大きい外部効果を及ぼしているエンド・ユーザーに対する会員費は，その相手サイドよりも優遇されることになる。

第６節　競争状態にあるプラットフォームによる価格付け

本節では，Armstrong [2006] に従って，競争関係にある２つのプラットフォーム運営会社が，それぞれエンド・ユーザーから会員費のみを徴収するモデル紹介する。前節と同様に，市場には２つのグループ，売手，買手のエンド・ユーザーいるが，彼らは，どのプラットフォームで，もう一方のサイドのユーザーと取引を行うかを選択する。選択できるプラットフォームをプラットフォーム１，プラットフォーム２とする。プラットフォーム１に参加している売手の人数を N_1^S，買手の人数を N_1^B とし，同様にプラットフォーム２に参加している売手の人数を N_2^S，買手の人数を N_2^B とする。また，売手の総数を１と基準化すると，エンド・ユーザーはどちらかのプラットフォームを選択するので，$N_1^S+N_2^S=1$ となる。同様に，$N_1^B+N_2^B=1$ とする。

プラットフォーム１は，そのプラットフォームに参加するエンド・ユーザーに対して，会員費 A_1^S, A_1^B を課す。同様に，プラットフォーム２は会員費 A_2^S, A_2^B を課す。

各プラットフォームに参加している買手は，同じプラットフォームにいる各売手から一単位の商品を購入する。したがって，プラットフォーム１に参加している売手の利得は，$U_1^S=b^S N_1^B - A_1^S$ となり，買手の利得は $U_1^B=b^B N_1^S - A_1^B$ となる。同様に，プラットフォーム２に参加している売手の利得は，$U_2^S=b^S N_2^B - A_2^S$ となり，買手の利得は $U_2^B=b^B N_2^S - A_2^B$ となる。

各プラットフォームは，プラットフォームに参加するための会員費をエンド・ユーザーに対して提示するので，エンド・ユーザーから見れば，各プラットフォームに参加している相手サイドのエンド・ユーザー数を所与とすると，プラットフォームに参加したときの利得を提示していることと同じことになる。各エンド・ユーザーはプラットフォームを選択したときに得られる利得と，そのプラットフォームでの取引を可能にするために，個々のエンド・ユーザーが個

別に調整しなければならないコストを考慮して，プラットフォーム選択を行うとする。$t^S, t^B > 0$ を，売手と買手が，それぞれプラットフォームに適合するためにかかる費用とする。エンド・ユーザー・グループに属する売手と買手は [0,1] 区間に一様に分布しているとし，左端の D の位置にプラットフォーム 1，右端の 1 の位置にプラットフォーム 2 があると想定する。2 つのプラットフォームは，それぞれ同質の取引環境を提示しているが，各エンド・ユーザーの固有の事情として，その取引環境に適合させるためにはコストがかかり，それはエンド・ユーザーが [0,1] 区間のどこに位置しているかに応じて，プラットフォームに対応するために，当該プラットフォームからどの程度離れているか 1 単位の距離に対して売手は t^S，買手は t^B を払わなければならない。プラットフォーム 1 と 2 の差別化の程度を，この調整コストで表現するホテリング・モデルを想定すると，プラットフォーム 1 に参加する人数は

$$N_1^S = \frac{1}{2} + \frac{U_1^S - U_2^S}{2t^S}, N_1^B = \frac{1}{2} + \frac{U_1^B - U_2^B}{2t^B}$$

となり，また，プラットフォーム 2 に参加する人数は

$$N_2^S = \frac{1}{2} + \frac{U_2^S - U_1^S}{2t^S}, N_2^B = \frac{1}{2} + \frac{U_2^B - U_1^B}{2t^B}$$

と表すことができる。

エンド・ユーザー数の関係については，図表 7-6 で示されている[10]。

図表 7-6　プラットフォーム 1（P1）のエンド・ユーザー数

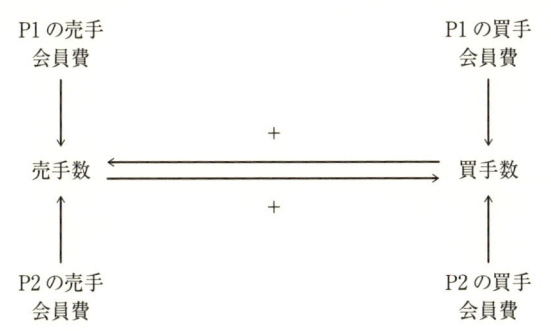

図表7-6における横矢印は，例えば，買手に課す会員費 (A_1^B, A_2^B) を所与としたとき，プラットフォーム1に，売手一人が増えたときに，買手の調整コスト1単位当たりの取引便益の大きさである $\frac{b^B}{t^B}$ だけ，プラットフォーム1に買手が増えるというサイド間の外部性効果を表している。同様に，一方のサイドのエンド・ユーザーが増えたときに，同じプラットフォームにいるもう一方のエンド・ユーザーがどのように増えるかが図より読み取ることができる。

調整コスト t^S, t^B に対して，サイド間外部性効果を表す b^S, b^B が相対的に大きいとき，2つのプラットフォームが市場に残ることはできなくなる。そこで，均衡は，プラットフォーム1も2も共存している場合を考えよう。この均衡が成立するためには，相手サイドにいるエンド・ユーザーとの取引で得られる便益の大きさが，各エンド・ユーザーがプラットフォームに適合するために支払わなければならない費用に比較して，小さければよい。

プラットフォーム1と2がそれぞれ，各エンド・ユーザーに対して，会員費のペア $(A_1^S, A_1^B), (A_2^S, A_2^B)$ を提案すると，各プラットフォームの市場シェアは会員費の関数として求められる[11]。

特定のプラットフォームでの売手の数は，そのプラットフォームで売手に課せられる会員費の減少関数である。同様に，買手についても言える。また，もう一方のエンド・ユーザーがプラットフォームに占める割合は，同じプラットフォームにいるもう一方のエンド・ユーザーに対して課せられる会員費の減少関数である。すなわち，例えば，N_1^S の規模は，A_1^B が高ければ高いほど小さくなる。これは，A_1^B が高ければ買手はプラットフォーム1に参加しづらくなり，買手と取引を行いたい売手はプラットフォーム1を避けるようになるということである。

単独のプラットフォームの場合と同様に，各プラットフォームは，売手をプラットフォームの会員として維持するためにかかる費用 C^S を負担し，買手に対しては C^B の維持費用を負担している。各プラットフォームは同時に $(A_1^S, A_1^B), (A_2^S, A_2^B)$ を提案するとし，ゲームの構造の対称性から，$A_1^S = A_2^S \equiv A^S$，$A_1^B = A_2^B \equiv A^B$ となる対称均衡を考える。プラットフォーム1の利潤を最大にする (A^S, A^B) の関係は図表7-7で表される[12]。

図表 7-7　会員費間の関係

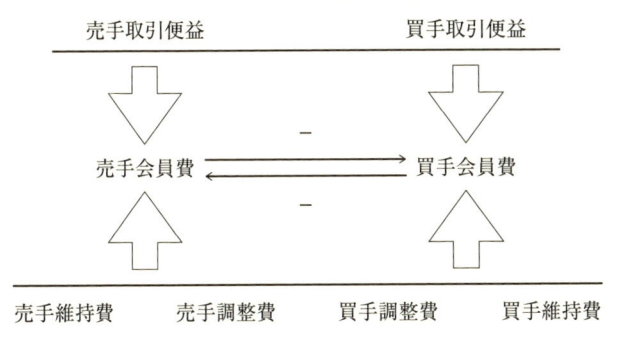

売手取引便益　　　　　　買手取引便益
　　↓　　　　－　　　　　↓
売手会員費　⇄　買手会員費
　　↑　　　　－　　　　　↑
売手維持費　売手調整費　買手調整費　買手維持費

　もしサイド間の外部性がなければ，売手に対する会員費は，
　売手会員費＝売手維持費＋売手のプラットフォーム調整費＝$C^S + t^S$
となる。競争関係にあるツーサイド市場では，会員費は

　(買手のプラットフォーム調整費1単位当たりの取引便益の大きさ)(売手取引便益＋買手会員費－買手維持費)＝$\frac{b^B}{t^B}(b^S + A^B - C^B)$

だけ下がる。$(b^S + A^B - C^B)$ は，買手が追加的に増えたときにプラットフォームが得る便益を表している。買手が追加的に増えたとき，プラットフォームは2つのルートで追加的な便益を得る。まず第一に，追加的に買手が増えることで，プラットフォームは直接的に $(A^B - C^B)$ の追加的な便益を得る。第二に，買手が追加的に増えることで，売手も追加的に増え，その追加的な売手の増加により，プラットフォームは追加的に b^S だけの便益を得る[13]。また，売手が追加的に増えたときに買手は $\frac{b^B}{t^B}$ だけ増えるので，$\frac{b^B}{t^B}(b^S + A^B - C^B)$ は，売手が追加的に増えたときに，プラットフォームが得ることができる追加的な便益を表している。別の言い方をすると，A^S を上げることで，一人の売手を失えば，これだけの便益を失うという意味で，A^S を上げることの機会費用ととらえることもできる。

　上記の式を満たす最適な会員費は
$$A^S = C^S + t^S - b^B$$
$$A^B = C^B + t^B - b^S$$
と求めることができ，会員費と，取引便益，会員維持費，調整コストの関係は

図表 7-8　最適会員費

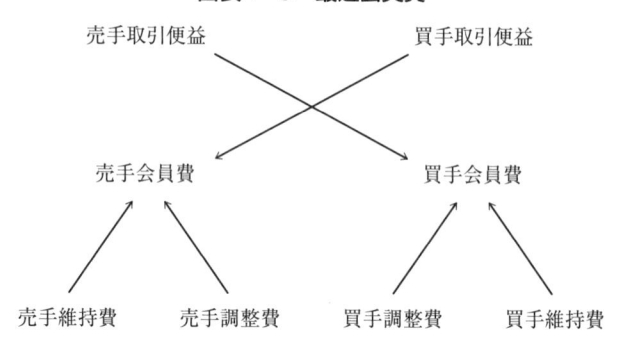

```
売手取引便益              買手取引便益
       \              /
        \            /
         \          /
          \        /
   売手会員費        買手会員費
    ↑      ↑      ↑      ↑
 売手維持費 売手調整費 買手調整費 買手維持費
```

図表7-8で表すことができる。

　したがって，プラットフォームは，次のとき，一方のエンド・ユーザーをもう一方のエンド・ユーザーよりも会員費の面で優遇すべきである。

・優遇されるエンド・ユーザーは，相手エンド・ユーザーにより大きな外部性をもたらしている：取引相手のbが大きければ，Aは下落する。
・優遇されるエンド・ユーザーは，その市場でより競争的なサイドいる：調整コストが小さければ，Aは下落する。

これは，単独のプラットフォームの場合にも見られた状況である。対称均衡において，会員費に関する売手数と買手数の弾力性η^S, η^Bを用いて，

$$\frac{A^S - (C^S - 2b^B N^B)}{A^S} = \frac{1}{\eta^S}$$

となり，同様に

$$\frac{A^B - (C^B - 2b^S N^S)}{A^B} = \frac{1}{\eta^B}$$

となる。

　単独のプラットフォームの場合と比べて，一方のサイドの会員費は相手サイドによって引き起こされるサイド間外部性効果のサイズの2倍の強さで割引されることがわかる。これは，例えば一人売手を失えば，プラットフォームの利潤により大きな影響を及ぼすことを示している。その失った売手は，ライバルのプラットフォームに参加することになるので，買手も失うことになるのであ

【キーワード】

キーワード：ツーサイド市場，プラットフォーム，価格戦略，ネットワーク外部性，クレジットカード産業，パソコンOS，電子商取引，

〈注〉
1) ツーサイド市場の定義については必ずしも明確ではない。Rochet and Tirole [2006] を参照のこと。彼らは，ツーサイド市場か否かをプラットフォームが課す価格構造とエンド・ユーザー間での取引量との関係で捉えている。
2) これらの要因のうち，混雑と，エンド・ユーザーが複数のプラットフォームに参加することが可能なマルチ・ホーミングについては本章では取り扱わない。
3) 以下の記述は水上 [2007] を参考にしている。
4) 以下の記述はアイゼンマンほか [2007] を参考にしている。
5) または，売手と買手が直接取引を行うには，取引利益を超える取引費用がかかるものとして考える。
6) この利用料金の構成の問題については，Belleflamme and Peitz [2010] による説明である。
7) 総取引価格の構成については，

$$-\frac{1}{p-c} = \frac{\frac{\partial N^B}{\partial p^B}}{N^B} + \frac{\frac{\partial N^S}{\partial p^B}}{N^S} = \frac{\frac{\partial N^S}{\partial p^S}}{N^S} + \frac{\frac{\partial N^B}{\partial p^S}}{N^B}$$

で最適な価格構成が特徴付けられる。

8) この解説はArmstrong [2006] およびBelleflamme and Peitz [2010] による。
9) N^S, N^B が，それぞれ U^S と U^B の関数であることに注意すると，

$$\frac{\partial \pi}{\partial U^S} = (A^S - C^S)\frac{dN^S}{dU^S} - N^S + b^B N^B \frac{dN^S}{dU^S} = 0$$

$$\frac{\partial \pi}{\partial U^B} = (A^B - C^B)\frac{dN^B}{dU^B} - N^B + b^S N^S \frac{dN^B}{dU^B} = 0$$

を満たす。

10) この関係は，$N_2^S = 1 - N_1^S$, $N_2^B = 1 - N_1^B$，より，各プラットフォームでのエンド・ユーザー数は

$$N_1^S = \frac{1}{2} + \frac{b^S(2N_1^B - 1) - (A_1^S - A_2^S)}{2t^S}$$

$$N_1^B = \frac{1}{2} + \frac{b^B(2N_1^S - 1) - (A_1^B - A_2^B)}{2t^B}$$

$$N_2^S = \frac{1}{2} + \frac{b^S(2N_2^B - 1) - (A_2^S - A_1^S)}{2t^S}$$

$$N_2^B = \frac{1}{2} + \frac{b^B(2N_2^B-1)-(A_2^B-A_1^B)}{2t^B}$$

となることから得られる。縦下向きの矢印は，他の値が一定のときに，その出所の値が増加したときに，矢印先の値が下がることを意味していて，縦上向きの矢印は，その出所の値が増加したときに，矢印先の値も上がることを意味している。また，横矢印については，一方が増加すれば，もう一方も増加することを意味している。

11) 各プラットフォームのシェアは，

$$N_1^S = \frac{1}{2} + \frac{1}{2}\frac{b^S(A_2^B-A_1^B)+t^B(A_2^S-A_1^S)}{t^S t^B - b^S b^B}$$

$$N_1^B = \frac{1}{2} + \frac{1}{2}\frac{b^B(A_2^S-A_1^S)+t^S(A_2^B-A_1^B)}{t^S t^B - b^S b^B}$$

$$N_2^S = \frac{1}{2} + \frac{1}{2}\frac{b^S(A_1^B-A_2^B)+t^B(A_1^S-A_2^S)}{t^S t^B - b^S b^B}$$

$$N_2^B = \frac{1}{2} + \frac{1}{2}\frac{b^B(A_2^S-A_1^S)+t^S(A_1^B-A_2^B)}{t^S t^B - b^S b^B}$$

となる。

12) A^S と A^B の関係は，反応関数

$$A^S = C^S + t^S - \frac{b^B}{t^B}(b^S + A^B - C^B)$$

$$A^B = C^B + t^B - \frac{b^S}{t^S}(b^B + A^S - C^S)$$

から導かれる。

13) 買手が追加的に増加することで，同じプラットフォームにいる売手の効用は b^S だけ増加する。一方，異なるプラットフォームにいる売手の効用は，取引相手を失うので，b^S だけ減る。したがって，当初のプラットフォームにいる売手の相対的効用は，$2b^S$ だけ増加する。均衡では，各プラットフォームは売手の半分を会員として保有するので，プラットフォームが売手の利益を変更することなく，売手から得る追加的な便益は b^S である。

〈参考文献〉

丸山雅祥 [2011]『経営の経済学』有斐閣。

水上宏明 [2007]『クレジットカードの知識』日本経済新聞出版社。

アイゼンマン・T.／パーカー・J.／バン・アルスタイン・M. [2007]「「市場の二面性」のダイナミズムを生かすツー・サイド・プラットフォーム戦略（「勝利」の戦略論）」『Diamond ハーバード・ビジネス・レビュー』第32巻，第6号，68-81頁。

Armstrong, Mark [2006] "Competition in two-sided markets," *The RAND Journal of Economics*, Vol. 37, No. 3, pp. 668-691.

Belleflamme, Paul and Martin Peitz [2010] *Industrial organization: markets and strategies*: Cambridge University Press.

Evans, David S and Richard Schmalensee [2005] "The industrial organization of markets with two-sided platforms," Technical report, National Bureau of Economic Research.

Rochet, Jean-Charles and Jean Tirole [2003] "Platform competition in two-sided

markets," *Journal of the European Economic Association*, pp. 990-1029.
Rochet, Jean-Charles and Jean Tirole [2006] "Two-sided markets: a progress report," *The RAND Journal of Economics*, Vol. 37, No. 3, pp. 645-667.

(三上　和彦)

第8章

ビッグデータ時代における
マーケティングパラダイムのシフト

第1節　本章のねらい

　多数の人々がスマートフォンに夢中になっている。コンピュータのインタフェイスがPCからスマートフォンに移行している。PCは文字通りパーソナルコンピュータであるが，実際には仕事や業務の手段であった。しかしスマートフォンは生活の中で大きな位置を占めている。大多数の人がコンピュータを持ち歩いていることになる。このような状況で消費者はプロシューマとして位置づけられ，情報消費すると同時に生産すると考えられた。しかし実際には大多数の人々がスマートフォンを通じて情報を消費し，ソーシャルメディア企業が消費者の個人データを収集し，解析している。大多数の情報の消費者と少数の企業が消費者をコントロールする二極化の時代となっている。
　ソーシャルメディア企業がマルチサイドプラットフォームとして情報の仲介者を超えて個人データを利用している。これらの企業が一方的にコントロールしていれば，問題ははっきりするが，消費者がどのように個人データを利用されているか気づかずに，メディア企業の情報の提供による便宜性を享受している。またプライバシーの評価が状況によって変わる。そのためプライバシー問題が見えにくくなっている。本章ではグーグルやフェイスブックのビジネスモ

デルを通じて，ビッグデータ時代ではマーケティングパラダイムが大きく変わることを明らかにする。

第2節　マルチサイドプラットフォームの進化

　マルチサイドプラットフォーム（multi-sided platform）は，加入（参加）する顧客間の直接の相互作用を促進する情報の仲介者である[1]。相互作用はプラットフォームと異なった顧客間でコミュニケーション，交換，消費の組合せである。プラットフォームは財の所有権を移転する再販売業者ではなく，加入している顧客が所有権を維持しながら顧客間で直接取引を行う。この意味でプラットフォームは情報の仲介者である。プラットフォームは商品の所有権をもたないので，複数の市場を架橋し調整できる。そのため正の間接的ネットワーク効果を産み出すようにデザインされる。例えばグーグルは検索エンジンをユーザに無料で提供し，ユーザのネットワーク（検索エンジンの市場）を大きくしている。このネットワークが大きければ大きいほど，広告主はグーグルに広告を出す。検索エンジンの市場の大きさによって広告市場からグーグルは利益を得るので，その市場が広告市場に正の影響を与えるという間接的ネットワーク効果が働くように両市場を調整している。

　ソーシャルメディアは情報の仲介者としてのプラットフォームの概念を超えている。そのユーザは顧客であると同時に商品である。グーグルは検索エンジンをユーザに無料で提供する代わりに，ユーザの個人データ（ユーザがどのウェブをどこで，いつ，どのように使っているかといった個人のプライバシー）を収集し，分析した結果をサードパーティ（広告主）に販売している。そのためもはやソーシャルメディアは情報を顧客間に提供するだけでなく，広告のターゲットとしてユーザを識別して，ユーザの行動をコントロールすることができる。

プラットフォームは売手と買手の直接取引を促進するので，オープンを志向する。グーグル，フェイスブックのようなソーシャルメディアはオープンソフトウェアを活用した。これらの企業はオープン化の旗手であり，その恩恵を受けている。売手と買手は製品の取引を直接行うので，プラットフォーム企業はどのようにして利益を得るのであろうか。

ソーシャルメディアのアウトプットは情報，知識，データなどのデジタル財である。それはユーザが有形財と違って何度使っても，何人使っても，同時に使ってもその価値を変わらずに利用できる。コピーが容易にできるので，ただ乗りのような外部効果が発生する。また，取引をするのに距離的，時間的懸隔があっても生産や流通の限界コストはゼロないしは極めて低い。すなわち生産量や流通量に関係なくコストがほとんど変わらない。オンラインで取引をするとき，売手や買手にとって実店舗（オフライン）で販売する製品よりも探索コストはきわめて低い。また企業が消費者行動を観察したり，測定したりする取引コストが有形財よりも低くデータの収集が容易である。

消費者はデジタル財へのアクセスと引き替えに，レンタル料や課金を支払ったり，個人データを提供する。企業がデジタル製品をオンラインで収益を生み出すモデルが3つある。まず企業が消費者にコンテンツやアクセスを販売することができる。第2に企業は消費者に関する情報を，例えばクッキーを用いて販売することができる。第3に企業は広告主にスペースを販売することができる[2]。第2，第3のビジネスモデルはユーザのデータを収集するために，情報や知識の提供を無料にすることによってネットワークを拡大して，広告市場などの他の市場のネットワークを大きくするという間接的ネットワーク効果を利用する。

第1の方法はデジタル製品を有形財と同じように，購読料，コンテンツの販売，アクセス料，レンタル料をとることである。デジタル財の取引はただ乗りされるので，プロテクトをかけても無料で購入する消費者が増える。また，プロテクトをかけるのに投資を行う必要にあるし，PCのスピードが遅くなる。オープン化に伴って第2，第3の収益モデルが多くなったが，一方ではユーザのプライバシー問題が出てきた。以下では第2と第3のビジネスモデルをとりあ

げて，その問題点をみていく。

　第2，第3のビジネスモデルでは消費者のID，習慣，ニーズ，選好のような個人データがオンラインで販売される。データの販売は，ユーザの活動に関する情報をダイレクトマーケティング企業に供給するウェブサイトの収益源となる。ウェブサイトはデータ管理プラットフォームとパートナーを組み，ユーザのコンピュータにクッキーを設定しオンライン活動の情報を収集する。この収益モデルでは情報とサービスが一体化されて，例えば特定の消費者に的を絞って広告を行うターゲティング広告（targeted advertising）や，クラウドファンディングのようなマッチングサービスとして販売される。プラットフォーム企業はクッキーを使っているが，グーグル，アップル，フェイスブックは独自の追跡技術を使っていると考えられる。

　グーグル，フェイスブックの主な収益源は検索エンジンやソーシャルボタン（ライクボタンやツィートボタンなど）と連動する広告である。これらの企業は詳細な消費者行動をモニタして，オンライン調査，信用，ロケーションを含むいろいろなデータソースからデータを組み合わせて，ターゲティング広告や広告効果を改善している。またサイトに訪れたユーザに広告を配信するリターゲティング広告（retargeted advertising）はノイズを減少させる情報の組み合わせの例である。これによって企業が提供したものに関心を示した消費者に焦点を合わせ，消費者がウェブ上でそのブラウズ行動のデータと店舗でどのような製品をみているかのデータを組み合わせることができる。

第3節　ソーシャルメディアのビジネスモデル

1．グーグル

　約10億人がグーグルの検索エンジン，ユーチューブ，グーグルマップ，グ

ーグルプラス，モバイルのOSのアンドロイド，グーグルドキュメンテーションなどのようなグーグル製品を利用している[3]ユーザがこれらの商品を使用しているが，ソーシャルメディア企業は広告主にそれらのユーザの情報を販売するツールとなっている。これらの商品の品質改善によってグーグルの顧客である広告主は，ユーザのターゲティング情報から利益を得る。ユーザのデータは，広告プラットフォームのアドワーズを通じて流通する。アドワーズがグーグルの広告市場である。

現在スマートフォンの普及率は海外で70~90%，日本では50%である[4]。そのOSのアンドロイドはオープン化され，無償で提供されている。アンドロイドのシェアは2011年には46%である。今や大多数がスマートフォンを利用している。グーグルはアンドロイドのスマートフォンを通じてユーザのデータを入手できる。グーグルは無償のOSを提供することによって，ユーザのデータを利用している。現在のグーグルのビジネスモデルはページランクのアルゴリズムとその検索エンジンの初期の改良によって検索エンジンを提供していた頃とは異なっている。2003年頃からグーグルは初期の成功（精緻な検索エンジン）を超えて，ユーザデータのコントロールを強化した。グーグルの利益は1999年から2003年まではほぼ変わらないが，2005年からは急激に増大している。この成長の最大の要因がユーザのデータをコントロールできるようになったことである。

検索連動型広告はすべてのグーグルの商品とアフィリエイト広告のテキスト広告である。特定の広告は検索エンジンのキーワードとウェブページとを連結している。プラットフォームはユーザの情報を得れば得るほど，特定の個人についての情報を広告主に販売することができ，広告主はユーザに特定化されたマーケティング情報を送ることができる。広告主は掲載したい広告とキーワードについて入札する。ユーザがキーワードに近い検索を行うと広告が表示され，グーグルアドセンスに契約したウェブページのうちキーワードに近いページに広告を表示する。広告主への課金はユーザのクリック数に応じて決まる。

グーグルの検索連動型広告は広告主がリストアップされている広告料を払わなくて，ユーザが広告を実際にクリックしたときにのみ広告料を払う。したが

って小規模企業でも広告を出すことができる。検索連動型広告は，ウェブサイトのバナー広告や伝統的なプリントや印刷とテレビ広告に比べて，企業にとって異なる目的に利用できる。以上のグーグルのビジネスモデルは，図表8-1のように要約できる。

マイクロソフトがYahoo!と提携しても，グーグルの利益の半分以下であり，グーグルは検索連動型広告市場で独占的利益を得ている。グーグルによる広告価格のコントロールは各国で独占禁止法問題となっている。グーグルの売上はオンライン広告の価格であって，それはオークションによってクリック単価（cost per click）が決まる。多くのユーザが検索するキーワードは数百円から

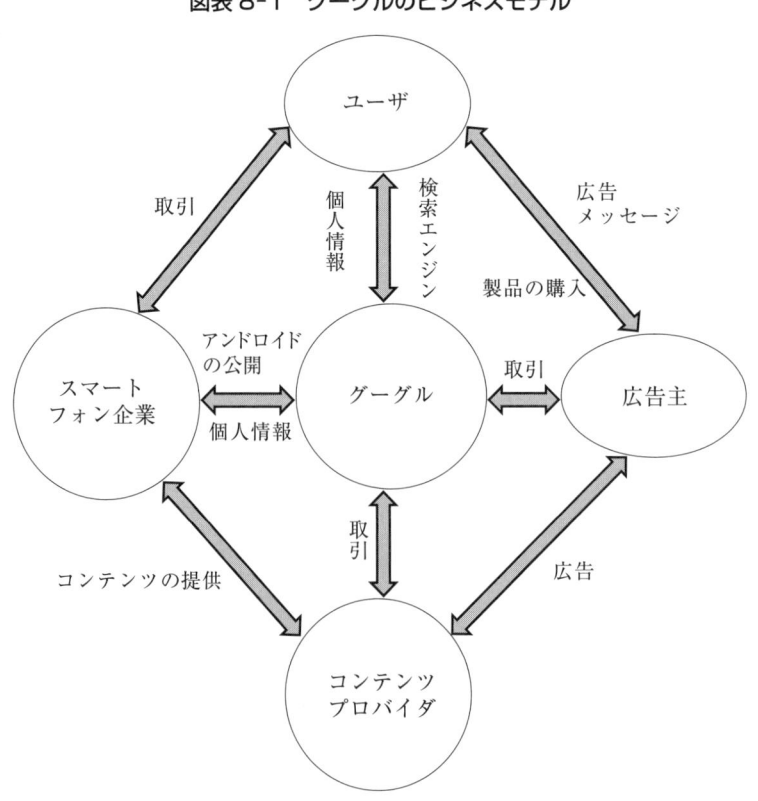

図表8-1　グーグルのビジネスモデル

出所：筆者作成。

数千円するといわれている。グーグルのネットワークはそのほかの検索エンジンのそれをよりも大きいので，ビング（Bing）のクリック単価はグーグルの1/4から1/5である[5]。しかし，アメリカではビングのシェアはグーグルの半分でその売上は検索連動型広告の売上の20%に満たない[6]。

オンライン検索エンジンのプラットフォームを構築するには研究，サーバ，データネットワークなどの固定資本，研究開発などの人的資本に莫大な投資を必要とする。ユーザの個人データなどのビッグデータのデータマイニングにも莫大な投資を行っているとみられる。例えば，グーグルは2012年には約180万台のサーバを所有して，データを収集し蓄積し分析して検索サービスを行っているとみられる[7]。グーグルの競争相手はこれに匹敵する投資を必要とするので，このような固定的な投資は新規参入の障壁となる。

グーグルは個々のユーザのデータだけでなく，その累積データをもっている。ユーザの過去の行動だけでなく類似したユーザのデータを分析できるので，個々のユーザの行動を予測することができる。確かにグーグルの分析アルゴリズムは画期的ではあるが，大量のデータをコントロールできることが重要である。さらに検索連動型広告市場に関連した構造的問題は，そのプラットフォームがライバルに対してデータのポータビリティ（portability）がないので，広告主が広告データをグーグルから他のプラットフォームに移す取引コストが高いことである。

キーワードは広告主の入札で行われるので，広告主は特定の製品ではなくライバルの価格に応じて入札する。入札に勝った広告主は検索エンジンで検索結果のページで有利なポジションを得ることができるので，その広告主のシェアが高くなる可能性が高い。入札競争は独り勝ち（winner-take-all）の性格をもつ。グーグルはグーグルアナリティクスを使ってオンライン広告の効果のサービスを提供しているので，効率的な検索連動型広告オークション・システムを構築することができる。

グーグルは検索エンジンの技術革新によって検索連動型広告市場の独占を強化し，ユーザのデータを収集する新製品分野を開拓した。グーグルのビジネスモデルはユーザの個人情報を利用して，マーケティング戦略に必要条件となる

正確な個人情報を提供するので，広告主から大きな利益を得ている。ユーザのデータのコントロールをさらに強化するために，Gmail，ユーチューブの買収，ウェブブラウザのクローム，ワイヤレスデバイスのOSのアンドロイド，ソーシャルメディアのグーグルプラスへの進出にみられるように，あらゆる角度からのユーザデータの収集を行っている。アップルのiPhoneのシェアを奪うために，2008年に無料でアンドロイドをデバイスメーカーに提供し，スマートフォン市場に参入した。その目標の1つはユーザのデータにアクセスして，検索エンジンに配信することである。さらに，ビデオ市場だけでなく，TVにも参入している。それだけでなく雑誌などのニッチチャネルにも参入している。

2. フェイスブックのビジネスモデル

2010年4月からフェイスブックは，当時のウェブプラットフォームを超える機能をもつようになった[8] ユーザをフェイスブックのプラットフォームに取り込むようなデバイスを提供したことである。ユーザはライクボタン（いいねボタン）やシェアボタンをクリックすると，他のユーザやウェブサイトにリンクできる。これらはソーシャルボタンといわれ，そのアイコンをクリックすればウェブが増殖する。フェイスブックはこのような拡張によってウェブに対するユーザのエンゲイジメント（engagement）に関するデータを得ることができる。大量のデータを獲得することができるようになると，ユーザがどの程度情報に肩入れしているかというエンゲイジメントがプラットフォームにとって重要なデータとなる。

ライクボタンは，ユーザがいろいろなソーシャルメディア・プラットフォーム（例えばフェイスブック，ツィッター，グーグルプラス）間でコンテンツ，ウェブページをシェアしたり，勧めたり，「いいね」をブックマークできる。そのデータは対象がどの程度関連のプラットフォーム間でシェアされたか，推薦されたか，好かれたか，ブックマークされたかについて示している。

グーグルはページランクのアルゴリズムを開発して検索エンジンを開発した。これはウェブサイトでユーザのエンゲイジメントを測定する測度の1つとして

ヒット数が利用した。情報のウェブの概念はウェブをコンテンツの公開するメディアとして利用され，情報をリンクする特徴をもつ。ヒットカウンタはウェブサイトへのビジタ数の目安となって，ウェブページを検索する。ヒット数がウェブサイト情報の評価基準となった。ヒットはユーザのエンゲイジメントとして重要な指標となっていったので，バナー広告に利用された。ヒット数が必ずしも購入に結びつくとは限らないが，関心をもつユーザをターゲットとしてマーケティングをとることができるので，ヒットエコノミが出現した。

　ソーシャルウェブはそれまでの専門家によるコンテンツ作成からユーザがコンテンツ作成への参加しコラボレーションを行うことを可能にした。ユーザはウェブによって他のユーザ，そのプロフィル，画像，ステイタスのようなウェブ対象にリンクして社会的関係を作り出す。このような状況でソーシャルボタンは重要なフィーチャであり，ヒットとリンクを再構成した。特にライクボタンは新しいダイナミクスを生み出した。ユーザはライクボタンを通じてウェブの上でレコメンデーションカルチャに参加している。ソーシャルメディアのプラットフォームは，グーグルのページランクに基づくウェブサイトにヒットを重視するヒットエコノミから，ライクボタンによってウェブの評価を重視するライクエコノミへと進化した[9]。グーグルやユーチューブでコンテンツを検索するよりも，フェイスブックで友人が推薦するコンテンツを見ることが多くなっているのである。

第4節　ビッグデータの意義

1. 消費者の購買インタフェイス

　伝統的には消費者は企業と対面で取引を行ってきたが，現在ではインターネットを通じて双方向的ないしはネットワーク化されたデバイスを通じて製品や

サービスを購入するようになった。実店舗で購入が行われていても，その購買記録はネットワークに連結している。情報技術が消費者と市場間の相互作用を媒介するようになると，企業の行動，特にマーケティングが大きく変貌する[10]。

まず第1にプラットフォーム企業がその技術によって消費者と企業との相互作用についての情報を獲得して，保有することができる。インターネットを通じて検索したり，購買する消費者の行動は記録される。ビッグデータが個人情報としてプラットフォーム企業に保有される。これらのデータは従来から測定可能であった構造的変数でだけでなく，感情，画像，文字，つぶやきなどの非構造的変数からなる。ウェブサイトが収集するデータは消費者が以前に何度ウェブサイトを訪れたか，そのウェブサイトに訪れる前にどこのウェブサイトを訪れたか，どのページをどれくらいみたか，どのアイテムをどこで購入したか，どのコンピュータないしはブラウザを使っているかなどウェブ活動に関するものである。さらにまた，企業はサードパーティから購入されるパブリックまたはプライベートの情報でデータを組み合わせることができる。企業はビッグデータをアルゴリズムに使って変換し，消費者の行動パターンを知ることができる。

第2に企業は消費者との相互作用のインタフェイスをデザインすることができる。これは契約だけでなく，相互作用を生み出す物理的，バーチャルなインタフェイスを含んでいる。その結果，企業は消費者が市場に参入するまで待つのではなく，いつ消費者にアプローチするかを選択することができる。消費者は企業がデザインしたインタフェイスを通じて購買することによって，プラットフォーム企業は消費者の個人情報をビッグデータとして入手して，データマイニングを行うことができるようになった。

2. ビッグデータのマイニング

ビッグデータは大規模なデータセットではあるが，サイズだけでなく他のデータと関連づけられ，ネットワーク化されている。ビッグデータの価値は，個人について，他人と関連での個人，グループ，情報構造それ自体についてデー

タ間で連結して得られるパターンにある。Simon［1957］は合理的意思決定の限界を明らかにした。このようなモデルを検証するために多くの研究者が実験を行った。まず，実験者はその操作に応じて被験者がどのように行動するかについて仮説を立て，コントロールされた状況で仮説を検証する。このような分野は行動経済学といわれる[11]。これらの結果，経済学で仮定されている個人の意思決定の合理性から逸脱する仮説が検証された[12]。人間が合理性から逸脱することが明らかになったことは，ビッグデータの利用方法に大きな影響を与えた。ビッグデータのマイニングはこのような行動経済学の方法論と異なり，特定の手法というよりも問題やソリューションを探索する手法で，アルゴリズムを用いて大規模データセットを解析してパターンを見つけることである。このようなデータマイニングは従来のようにデータの分析企業ではなく，グーグル，フェイスブックのようなプラットフォーム企業内部の研究者が分析を行っている。

　企業はビッグデータのマイニングによって消費者の認知的バイアスを識別して，その情報を商品化する。行動経済学のように理論から出発して最適化行動からの逸脱を分析するよりも，企業は未加工の原データから出発して，パターンを抽出するという方法で分析する。そのためには，次の2つのステップが必要である[13]。最初のステップは，消費者の合理的な選択があるコンテクストでどのようなものであるかをモデル化することである。第2のステップは，消費者が第1のステップでの合理的モデルから逸脱した行動を見つけるためにビッグデータを分析することである。企業が合理的モデルから逸脱する要因を見つけると，それを整理して影響を受けやすい消費者をターゲットとする。消費者のバイアスを見つけることができれば，企業は合理的な決定から逸脱するコンテクスト（状況）を見つけ出すことができる。

　ある消費者にとって合理的行動は他の消費者にとってそうではない。例えば，若い投資家は年をとった投資家よりもリスクをより許容する傾向があるとすれば，企業は投資家の年齢や多くの他の外生的要因を知って，その投資が利益を最大化しているかどうかを分析する必要がある。企業は例外を見つけ，典型的な消費者の行動から逸脱を発見し，それが利益になるかどうかを判断する。さ

らに企業は各々の消費者の個人モデルを作って，消費者が予想外に行動して，それが企業にとって利益になるような環境を特定化する。データマイニングは実験室実験よりも消費者の合理的意思決定から逸脱するパターンを見つけると同時に，このような逸脱が特定の時間，特定の場所，特定の消費者にみられれば，コンテクストに依存する情報を見つけ出す。統計分析では有意性のテストが意味をもつが，企業の分析では逸脱からの情報を商品化できるかどうかが意味をもつ。バイアスを識別するアルゴリズムはなぜそれが起きるかという理論分析には関心がない。

第5節　ビッグデータの商品化

1. ターゲティング

　ビッグデータのマイニングにより企業が特定のユーザをターゲットとすることができる範囲，数量と精度に関するインターネットで個人を識別できるデータが利用可能になった。2012年アメリカではデジタル広告への投資は366億ドル支出され，ケーブルテレビの広告（325億ドル）を抜き，テレビ放送（396億ドル）の広告にわずかに及ばないが，成長率はトップである[14]。オンラインでの消費情報の重要な点は，特定の消費者へのターゲティング，特定の消費者の集合に広告を提供するためにデータを収集，マイニングを行って，ターゲティング広告の有効性を評価できるようになったことである。

　データアグリゲータ，広告ネットワーク，ウェブサイトオペレータは異なるウェブサイト間でユーザを追跡して，ターゲットできるように関係を構築する。広告主は特定のマーケティングキャンペーンを行う前に，異なるマーケティングのメッセージの実験に対してオンライン広告を改良できるようにパフォーマンスを測定できる。広告主とウェブサイトオペレータは，クッキーやウェブバ

グ（別名ビーコン）からブラウザとデバイス指紋鑑定のような技術を利用してユーザ行動を追跡することができる。ターゲティング広告は消費者が関心をもつ情報を提供するので，その探索コストが減少するために企業の利益が改善する。しかし消費者利益が後述するように正であるとは限らない。さらに消費者が気づかない追跡技術が開発される。例えばウェブバグはクッキーと違って，ユーザのPCには保存されないでサードパーティのサーバに保存される。

従来からマーケットセグメンテーションはオフラインでセグメントの顧客層をターゲットとしてきた。オンラインターゲティングはこのようなターゲティングとは異なり，企業はユーザのすべてのクリックを追跡して，この情報を基に個人化されたオンライン広告を提供している。企業は消費者のオンラインだけでなく，オフラインの行動を連結し両方のデータセットを組み合わせるプロフィルを構築してマイニングを行っている。モールのようにオフライン企業の中には，モール内でスマートフォンのシグナルを利用してオンラインユーザを追跡している。消費者は従来のTVやラジオのようなメディアとは異なる環境にある。

オンライン広告は消費者と企業を適切にマッチングさせることである。企業はユーザの過去の行動を追跡して，ユーザを広告のマッチングのカテゴリに分類している。しかし，マッチングを超えて広告技術は進化し，消費者の説得する技術が開発されている[15]。これは消費者がどのような説得に反応するかについて分析している。企業はどのようにしてある消費者の動機付け，リアルタイムで広告を変えるかという説得プロファイリングを作っている。企業は消費者が事象にエンゲイジし，考えるかという認知スタイルをもっているかに企業が注目している。ユーザの認知スタイルに応じて，サイトはユーザが見たり感じたりすることに自動的にマッチングするモーフィング（morphing）が開発されている。

2. 価格差別とロングテール現象

企業は個人データから消費者の留保価格（商品に対して支払ってもよいと考

える価格）を知ることができるので，価格差別を行うことができる。価格差別には3つあり，第1種は消費者の選好に応じて価格を設定する。このためには消費者の留保価格を知っていなければならない。第2種は消費量に応じて企業が価格を設定する。第3種はグループ毎に価格を設定することである。第3種の価格差別がマーケットセグメンテーションにほぼ対応する。企業が個人情報を入手しマイニングによって顧客毎の留保価格を知ることができるので，価格差別が実行可能になった。企業は消費者の購買行動を追跡し選好を推論して，留保価格を知ることができる。企業は価格差別を可能にする追跡技術を使って，異なった製品に対して異なった価格を導入できる。企業がクッキーを使って個人化サービスを顧客毎に利用すれば，その利益が大きくなる[16]。

　企業は価格差別によって当初価格を上げ，期間がたつと価格に敏感な消費者に対して価格を下げる。ターゲットとなる消費者が企業のダイナミックな価格決定を予想して，当初購入を止めて価格が下がると購入することがある。消費者がこのような戦略的に待機すると，価格差別からのベネフィットは下がるので，企業が自発的にプライバシーに配慮したポリシをとることがある。

　これまで商品市場の価格差別を考えたが，労働市場でも雇用の差別がおきる。雇用者が個人データから採用候補者の属性を推測して決定できる。最近自動車や住宅をシェアするオンラインプラットフォームは個人データを利用することができる。これに限らず個人情報が利用されていると思われるが，実態は明らかではない。

　個人データの公開は企業だけでなく，消費者にとっても利益をもたらす。消費者は検索エンジンを使えば，取引コスト（特に探索コスト）を節約して製品情報を得ることができる。検索エンジンの進化により個人化が進むと同時に，消費者はオンラインコミュニティに参加できるので，他人の行動データが入手できるようになった。その結果，消費者の探索コストを大幅に低下した。消費者は検索エンジンによってその望ましい製品のフィーチャ，価格，特徴またはロケーションを特定化できるので，自分のニーズを明確にして，それに適合する製品やサービスにマッチできるようになる。オンラインコミュニティと社会的ネットワーク技術の進化によって，多数のユーザがネットワーク上で情報を

交換できるようになった。これはピアツーピア（peer to peer P2P　仲間間）ネットワークである。特に，フェイスブックのライクボタンに見られるように，ユーザは友人からのレコメンデーション情報を通じて信頼できると考える情報をコミュニケートできる。同時に，フェイスブックはユーザがエンゲイジメントしている情報を得ることができる。

　このような検索エンジンの進化によって流行，超ベストセラーが起きる。一方では，ユーザは検索エンジンやコミュニティを通じて自己ニーズを見つけ，特異的なニーズがセグメントにまで発展し，ニッチ製品を選択するようになる。ロングテール現象はニッチ製品の個々の販売は小さいが，トータルでみると大きな割合になる現象である[17]。これが起きる要因の第1はプラットフォームの発展である。プラットフォームは売手と買手の情報を仲介し，両者の直接取引を促進する。小売業者が売手からニッチ製品を購入して，品揃えすることは極めてまれである。プラットフォームは売手と買手が直接取引を行うので，ニッチ製品のリスクを負担しない。第2はグーグル，フェイスブック，アマゾンのようなプラットフォーム企業が消費者の個人データを利用して検索エンジンを精緻化して，個人化情報を提供している。これによって消費者の探索コストが大幅に低下すると同時に，多様な選択を行うことができる。

　さらに，消費者はインターネットの検索エンジンによってその望ましい製品のフィーチャ（属性），価格，特徴またはロケーションを特定化できるので，特定的ニーズに適合するニッチ製品のシェアが増大する。同様に，グーグル，eBayのようなオークションプラットフォーム，価格コムのような比較ショッピングプラットフォームなどを消費者が利用すれば，無名の製品を見つけることができる。消費者はこれらの検索エンジンによって自分のニーズを明確にして，それに適合する製品やサービスにマッチできるようになる。

　個人化とレコメンデーションシステムによってどのような消費者が何に関心をもっているかの分布を可視できるようになった。これは予測ではなく，選択結果によって製品の販売を増幅させる。これらの技術は他のユーザが選択した推薦されたアイテムの単純な順位のような初歩的な情報から，多くのユーザから選好の情報を収集しユーザの関心を推測して，焦点を絞って推奨するような

レコメンデーションシステムがある。これによって消費者は探索コストを節約しながら，これまで知らなかった製品を見つけることができるので，製品の集中度は低下する。

第6節　情報化時代のプライバシー

1. プライバシーの潮流

　プライバシーの問題は効率性だけでなく，基本的人権，自由，公平性などの複合的な視点が必要となる。個人データの公開が，売手と買手の取引コストを節約するという観点からだけではプライバシー問題は一面的である。プライバシーは多様であるが，自己と他者，プライベートとパブリックの境界問題である。個人情報の公開はこれまで述べてきたように，関係者にとってプラス面とマイナス面のトレードオフの関係にある。プライバシー保護が社会的利益を減少させるという見解と増大させるという見解がある。その影響はコンテクストによって変わる。消費者はプライバシーの脅威，シェアの結果，個人情報の保護に気づいていない。
　ウェブの進化は個人を情報の消費者でなく，個人のデータの分析者とした。モバイルコンピューティングとセンサー技術の広がりによって，デジタルとリアル，オンラインとオフラインの区別がぼやけた。このため，かつては私的で，追跡できなかった個人の活動と専門家の活動のデジタル化による特色が生み出された。インターネットは分権的で匿名の相互作用から，すべてのタイプの行動データのパケットがユニークで識別できるアーキテクチャを進化させた。この環境では少数のプラットフォーム企業がゲイトキーパの役割を果たし数10億ものユーザに対してプラットフォーム，オンラインサービスとサイト間の行動をリンクし，追跡をコントロールする位置にある。その結果サードパーティが

個人のデータを利用できるようになった。

　年齢，アドレス，性，収益，選好と留保価格，クリック，アップロードされた画像のような個人の属性はターゲットサービスやオファーをターゲットとし，関連広告，他のパーティとの取引に利用されるビジネス資産と認識されるようなった。個人データの固有の価値を活用するために，新しいサービス（検索エンジンとレコメンデーションシステム），企業（例えばソーシャルメディアサイトとブログプラットフォーム），市場（例えば，クラウドソーシング，複合的オンライン広告エコシステム），既存のサービス（例えば旅行代理店，レコード会社とニュースメディア）も影響を受けた。個人データの利用を拡大するツールと製品は同様にデータ所有者とデータ所持者のベネフィットになった。それらのベネフィットにもかかわらず，個人のプライバシーに対する懸念が拡大している。

　プライバシーと個人情報は以下のような特色をもつ[18]。まず，その情報は共有されると，個人情報は誰でもアクセスできるという公共財的の特徴をもつ。インターネット広告のエコシステムはユーザの個人情報の取引を行っている。しかしプライバシーは情報をプロテクトして誰かがある情報を知ったり，利用したりするのを排除することである。個人情報プロテクトする価値はコンテクストに依存し，世界の状態の基本的に不確実な組合せにコンティンジェントである。情報の敏感さは個人によって異なるので，プライバシーの感度と態度は主観的で特異的である。また情報の価値はダイナミックである。

　第2に公開しているデータは情報の非対称が逆転する。当初データ主体（ユーザ）はデータ所有者（プラットフォーム企業）が知らないこと（例えば顧客の留保価格）を知っている。その後データ主体はデータ所有者がそのデータで何をするか，その結果を知らない場合がある。例えばデータ主体は企業が顧客情報をどのように使ったかを知らない。結果としてプライバシーのトレードオフは一時的である。データを公開することは当面の利益になるが，そのコストも不確実である。企業（広告主企業）はそのデータに基づいて価格差別を行う。

　第3にプライバシーのトレードオフは有形（例えば，クーポン）や無形（心理的不快），監視社会，自律的意思決定の喪失のようなプラス面とマイナス面とな

って表れる。第4にプライバシーに対する態度は主観的な選好から生まれ，態度と行動の不一致が起きることが多い。

第5には，プライバシーと個人データの評価方法が必ずしも明らかでない。データの主体が参加できる個人データの市場はない。個人データは企業間で取引されるが，消費者が市場にアクセスできず，そのデータを気づかないうちに取引している。検索エンジンのクエリで探索者は関連した結果を見つけることと引きかえに，これに関する情報を暗黙のうちに取引している。個人は社会的ネットワークで他者と相互作用する一方で，友人や知人の個人情報を販売することを意識していない。

個人情報のモニタリングはユビキタスである。個人上のストレージは長期間にわたり，しかもデリートできない。データ収集が加速すると同時に，個人データを集計し，分析し，推定を行うデータマイニングの技術が大きく進歩した。このような発展はプライバシー状況をナビゲートする個人の能力，および政府や企業のプライバシーポリシに大きな影響を与えている。

プライバシーの考え方は国によって異なる。アメリカとEUは対照的である。EUでは経済性よりも，プライバシー保護を基本的市民の自由と考える人々は，経済的考慮と離れて，民主主義の市民の社会の個人の自律性，尊厳，自由を重視している。そのため規制が強くデータ収集と処理について消費者の承諾が必要であり，データの処理に関するプリンシプルを確立している。対照的にアメリカは規制が限定的で，部分的，アドホックに規制を行い，プリンシプルよりもガイドラインを提供している。例えば，アメリカのDo-Not-Trackの原則はウェブサイトとブラウザに組み込まれ，消費者はクリックすればウェブ行動のデータ収集を禁止できる。

2. プライバシー問題の複雑性

個人がプライバシーを考えるとき，認知的限界やバイアスの影響を受ける。行動経済学はこのようなバイアスが意思決定にどのような影響を与えるかを明らかにしている。消費者が合理的選択を行っていれば，オプション間で整合し

た選好と確率分布に従って効用を最大にする選択をする。このような行動がとられるとすれば，ビッグデータのマイニングは必要ない。行動経済学では合理性の限界が，どのようにシナリオやフレーミングが個人の選択に影響するか，どのようにして合理的選択にかわってヒューリスティクスがとられるか，バイアスがどのように代替案の比較に影響するかの問題に取り組んでいる。企業はこのような合理性の限界に注目して消費者を個別にモニタしようとしている。

　ところがいくつかの問題がある。第1に個人情報公開には不確実性があると同時に，個人が公開についての選好についての不確実性がある。第2にプライバシー選好と行動はコンテクストに依存するので，企業はユーザの順応性を利用してコンテクストを特定している[19]。プライバシーのマイナス面は情報の窃盗のような有形のコストと心理的不快のような無形のコストがある。プライバシーにはプラスの側面とマイナスの側面があって，トレードオフ関係にある。プライバシーを保護すれば，消費者は企業の価格差別を回避できるが，検索エンジンの精度が低くなって，取引コストが増大し選択範囲が狭くなる。例えば検索エンジンは多数の売手とリンクしているので，価格比較が容易になる。一方では検索エンジンは個人情報を利用して消費者の属性に応じて情報を提供するので，価格差別が実行可能となって消費者は高い価格を支払うことになる。

　個人は小さいベネフィットまたはディスカウントのために個人データを公開するが，一方ではそれらはそのプライバシーを保護するためにかなりコストを自発的に負担する。一般に大多数は一般にプライバシーについて深く関心をもつだろうが，特定の状況でコストとベネフィットを考えてプライバシー保護を求めたり，そうでなかったりする。プライバシーは普遍的な人間のニーズであるが，人々がその選好について不確実であるとき，環境に手がかりを探索し行動の手がかりにしようとする。この手がかりはコンテクストに応じて変わるので，行動もコンテクストに依存する。

　プライバシーへの関心のコンテクスト依存性は最新の情報通信技術にかかわるリスクに関連している。オンラインでの相互作用は誰がブログ投稿を読んでいるか，誰がオンラインの画像に目を向けているかがはっきりしないので，パブリックとプライベートの間の境界は曖昧になる。さらにオンライン社会的ネ

ットワークユーザの公開行動の研究によれば，多くのユーザはその友人（ネットワークで連結している）には情報を公開する程度が大きくなる，未知の人には公開の程度が低くなる。フェイスブックはこのような特色を利用して，個人データを取得している。

情報化時代ではプラットフォーム企業はいかにユーザが個人情報を公開させるかに重大な関心をもっている。そのために，プラットフォーム企業はユーザの行動的，心理的プロセスを利用してユーザに公開させるかについての知識を開発している。この順応性はプライバシーへの関心を活性化させたり，抑圧することである[20]。例えば，デフォルトは個人データを公開させる重要なツールである。ユーザはデフォルトを使うことが便利であり，それを暗黙のレコメンデーションと考えている。社会的ネットワークにおけるプロフィルの可視性と，プライバシーポリシーの同意ないしは不同意の選択についてデフォルトが設定されていることは，個人のプライバシー行動に影響を及ぼす。例えばフェイスブックがデフォルトを設定しているプロフィルを2005年と2014年と比較すると，2014年の方がその項目が拡大している[21]。

さらにウェブサイトは個人情報を公開するようにインタフェイスをデザインすることができる。例えば企業がプライバシーの関心を高めないように，データ収集をするときにはアラームベルを鳴らさないことである。アラームベルを鳴らすと，個人化広告に警戒する。また情報公開について情報の透明性を高めることは効果的ではない。多数のインターネットユーザはプライバシーポリシを読まないし，読んでベネフィットを得るユーザは少ない。個人情報のトレードオフやユーザの選好が不確実であり，同時に誇示情報の公開がコンテクスト依存に依存するので，ユーザは企業の操作に順応する。

第7節　おわりに

　最後にプライバシーと不完備情報について考えてみよう。プライバシーに関する不完備情報は2つある。1つは個人がプライバシーについて他者がアクセスをコントロールできる。個人はそのデータを隠すことができるので，他者は相互作用するとき不完備情報の下で行動することになる。第2は個人情報のコントロールが制限されていることである。他者が個人情報をどのように利用しているか，それによって個人はどのような結果になるかという情報の非対称性がより重大な問題である。ネットワーク化され，デジタル化社会では個人がその情報をコントロールできなくなっている。しかも，個人情報の交換プロセスは不可視である。

　ソーシャルメディアのプラットフォームは複数の市場で個人情報の取引を行っている[22]。まず，第1はアマゾンのように，デジタル財や非デジタル財の取引である。プラットフォーム企業は取引のプロセスで個人情報を収集しマイニングできる。プライバシーに関連していうと，そのような個人データはもともとプライバシーに関連していないデータの二次加工である。

　第2は個人データの市場であって，プラットフォーム企業は検索エンジンやソーシャルボタンを通じてユーザのウェブ行動のデータを収集し，マイニングしてサードパーティへ販売する。プラットフォームはユーザとサードパーティを架橋している。この交換ではユーザは積極的に交換取引に参加しているが，情報交換は不可視である。プラットフォームとサードパーティ間では個人情報は価格があるが，ユーザ間で価格はゼロである。ユーザはプラットフォームから情報を得ているが，その企業の重要な収益源であるにもかかわらず，ユーザはその価値を評価できない。

　第3はプライバシー市場の架橋である。この市場ではユーザが個人情報を管理し，プロテクトできるような製品やサービスを探索する。例えば消費者がコ

ミュニケーションやウェブ行動をプロテクトするプラットフォームを探索する。このビジネスモデルはプライバシーに敏感な消費者のデータをプロテクトすると同時に，データのシェアリングしマイニングする範囲，期限を明示し，消費者のベネフィットとコストを明示する。このタイプのプラットフォームは消費者がそのデータをコントロールし，時には自ら商品化することもあるので，プライバシーと個人データの市場を架橋する。

　問題となるのはソーシャルメディアが第2の市場で個人データをサードパーティへ販売していることである。大多数のユーザがそのデータを利用されていること，どのように利用されているか，その結果がどうなるか，その価値がどれくらいの価値であるかの情報をもっていないことである。このようにプラットフォーム企業，サードパーティと消費者の間に情報の非対称性が存在する。それだけでなく，ビッグデータにアクセスできる企業，そうでない企業との間にも情報の非対称性が存在する。その結果，経済的格差が拡大する。デジタル製品は公共財的性格をもつので，参加者がアクセスする機会を奪ってはならない。さらにはデータをどのように利用するかについての情報を開示する必要がある。

　人間は社会的動物であるので，情報の共有は人間の連結の重要な特色である。個人情報の公開は友情や愛情が示すように個人間の関係の望ましい進化の特色である。人々がプライバシーの基本的なレベルで社会的相互作用を始めるとき，人間関係のネットワークの進化がおきる。逆説的ではあるが，プライバシーの公開は親しさの重要な基盤である。プライバシーの自主的公開は主観的，客観的ベネフィット（精神的，肉体的な健全さ）を与える。相互作用，社会化，公開と認知，名声の願望は基本的な人間の動機である。ソーシャルメディアを通じて公開が社会的資本となるかどうかが課題となる。そのためにはソーシャルメディアの規制を考えなければならない。

第 8 章　ビッグデータ時代におけるマーケティングパラダイムのシフト　215

【キーワード】

グーグル，フェイスブック，ビッグデータ，マルチサイドプラットフォーム，プライバシー，ターゲティング広告，情報の非対称性，データマイニング，価格差別，ロングテール現象

〈注〉

1) 中田 [2009] [2013]。
2) Lambrecht, et al. [2014].
3) 中田 [2015a]。
4) 総務省 [2015]。〈http://www.soumu.go.jp/johotsusintokei/whitepaper/ja/h26/html/nc141110.html〉.
5) Klishina [2011]. 〈http://www.callfire.com/blog/2011/01/07/ppc-search-google-adwords-vs-microsoft-adcenter-bing〉.
6) Newman [2014].
7) 〈http://www.datacenterknowledge.com/archives/2011/08/01/report-google-uses-about-900000-servers/〉.
8) 中田 [2015b]。
9) Carolin and Helmond [2013].
10) Calo [2014] pp. 1003-1005.
11) Kahneman, et al. [1982].
12) 例えば判断と選択におけるバイアスとヒューリスティクス，情報負荷，アンカリング (anchoring) 効果，フレーミング効果などである。
13) Calo [2014] p. 1010.
14) 〈http://www.iab.net/media/file/IAB_Internet_Advertising_Revenue_Report_FY_2012_rev.pdf〉.
15) Kaptein, et al. [2011].
16) Acquisti and Varian [2005].
17) 中田 [2013] 第 5 章。
18) Acquisti, et al. [2015].
19) Acquisti, et al. [2015].
20) Acquisti, et al. [2015].
21) Acquisti, et al. [2015].
22) Acquisti [2015] pp. 80-81.

〈参考文献〉

中田善啓 [2009]『ビジネスモデルのイノベーション』同文舘出版。
中田善啓 [2013]『プラットフォーム時代のイノベーション』同文舘出版。
中田善啓 [2015a]「ウェブプラットフォームのビジネスモデル：グーグルのケース」『甲南経営研究』第 56 巻第 1 号，1-21 頁。

中田善啓［2015b］「フェイスブックのビジネスモデル」『甲南経営研究』第56巻第2号, 1-21頁。
Acquisti, A. [2015] "The Economics and Behavioral Economics of Privacy," in J. Lane, V. Stodden and H. Nissenbaum, *Privacy, Big Data, and the Public Good*, Cambridge, pp. 76-95.
Acquisti, A., C. Taylor and L. Wagman [2015] "The Economics of Privacy," Working Paper, forthcoming in *Journal of Economic Literature*, available at: 〈http://ssrn.com/ abstract_id=2580411〉.
Acquisti, A. and H. Varian [2005] "Conditionning Prices on Purchase History," *Marketing Science*, 24, pp. 367-281.
Calo, R. [2014] "Digital Market Manipulation," *George Washington Law Review*, 82, pp. 995-1051.
Carolin, G. and A. Helmond [2013] "The Like Economy: Social Buttons and the Data-intensive Web," *New Media & Society*, February 4 available at: 〈http://www.annehelmond.nl/wordpress/wp-content/uploads/2013/02/LikeEconomy-PrePeerReview.pdf〉.
Kahneman, D., P. Solvic and A. Tversky [1982], *Judgement under Uncertainty: Heuristics and Biases*, Cambridge Uni. Press.
Kaptein, M., S. Duplinsky and P. Markopoulas [2011] "Means Based Adaptive Persuasive Systems," Working Paper, available at: 〈http://www.persuasion-profiling.com/wb-content/uploads/2010/04/Kaptein_MeansBased.pdf〉.
Klishina, N. [2011]. 〈http://www.callfire.com/blog/2011/01/07/ppc-search-google-adwords-vs-microsoft-adcenter-bing〉.
Lambrecht, A., A. Goldfarb, A. Bonatti, A, Ghose, D. Goldstein, R. Lewis, A. Rao, N. Sahni and S. Yao [2014] "How Do Firms Make Money Selling Digital Goods Online?," Working Paper, available at: 〈http://ssrn.com/abstract=2363658〉.
Newman, N. [2014] "Search, Antitrust and the Economics of the Control of User Data," *Yale Journal on Regulation*, 30, available at: 〈http://papers ssrn.com/sol3/papers.cfm?abstract_id=2309547〉.
Simon, H. [1957] *Models of Man*, The John Wiley & Sons.（宮沢光一監訳 [1970]『人間行動のモデル』同文舘出版。）

(中田　善啓)

あ と が き

　本書はマーケティングの現状というよりも現在進行中である行方を展望している。ここでは「あとがき」として，筆者の過去，現在，現在進行している研究について述べることにしたい。

　筆者は2016年3月で甲南大学経営学部を定年退職し，1976年4月に大阪府立大学経済学部に奉職してから39年にわたる教育活動に区切りをうつ。1976年に日本経済は高度成長期からバブル経済に突入しようとしていた。この時代は大量生産・販売の時代であった。1990年代初期にバブル経済が崩壊し，情報化時代に突入していく。偶然にも大量生産・販売時代から情報化時代への大きな変革期に活動してきたことになる。初期の研究ではメーカーが流通チャネルの組織化を行うメカニズムに取り組み，1990年後半からはプラットフォームやイノベーションの分析に取り組んできた。これらの研究を通じて首尾一貫しているアプローチは取引コストモデル，およびそれを精緻化した所有権モデルである。

　取引コストモデルは長期継続的取引関係がなぜ生まれたかを市場支配力ではなく，取引コストを節約するという経済的合理性に求める有力な根拠を提供した。特にメーカー（組立企業）による部品企業や流通企業の垂直的取引制限を伴う階層的ネットワークが支配・従属の関係ではなく，取引コストの節約にあるとした。

　取引コストモデルを発展させた所有権モデルは当事者間の権限関係がその誘因をどのように変化させるかに焦点をあて，コントロールや権限を規定する資産の所有構造と誘因を強調している。契約には将来の事象，およびこの事象に対応して適切な行為をとることがおりこまれなければならない。しかし長期継続的な取引が行われる場合，取引コストがかかるため契約内容と実際におきる事象との間にギャップがあり，特定化されない条項があるという意味で契約は

不完全になる。長期継続的な契約が不完全になるので，取引当事者は他者を犠牲にして自己利益を追求するというホールドアップ問題といわれるモラルハザード（機会主義的行動，契約違反）がおきる可能性が高くなる。

これを解決するガバナンスは関係特定的資産をある取引当事者が所有することである。資産を所有することはそれに対して権限（コントロールの残余権）を持つことである。これは契約締結時に契約で特定化できない資産の使用に関して意思決定権を持つことになる。資産を所有する取引当事者は契約締結時に予測できない事態が発生した時に意思決定を行うのである。取引関係においてある当事者のモラルハザードが大きな影響を与える場合に，その当事者が資産を所有し，意思決定権をもつ。

筆者が学界に入った1976年頃の高度成長期からバブル期はアナログ時代であった。取引コストモデルの中核である関係特定的投資を日本企業が十二分に活用し，Japan as No.1の地位を得た。しかし，その地位は10数年しかもたなかった。コンピュータによる情報化時代が社会的，経済的パラダイムを転換させた。ガバナンスがクローズドアーキテクチャからオープンアーキテクチャへ転換したのである。多くの日本企業はこのような時代の変化にもかかわらず，大量生産・販売時代の思考をとりながら情報技術の革新を取り入れようとしたので，停滞が今も続いている。

情報化は産業構造を階層的ネットワークから多数のモジュールからなるエコシステムに変化させた。マーケティングでは情報化とプラットフォームの登場は製品と情報の取引を分離させた。ソーシャルメディア企業は個人情報を分析し，販売するというビジネスモデルをとった。プラットフォーム時代にはオープンアーキテクチャがとられ，シェアリング（共有）社会が創発している。このようなガバナンスの進化は取引コストの節約という観点から分析では不十分である。ソーシャルメディア企業が個人情報をサードパーティに販売している状況になると，プライバシの問題，情報の非対称性による経済的不平等性が重要な視点となる。

筆者は単独の著書として1982年に『流通システムと取引行動』（大阪府立大学経済学部），1986年に『マーケティングと組織間関係』，1992年に『マーケ

ティング戦略と競争』，1998年に『マーケティングの進化』，2002年に『マーケティングの変革』，2009年に『ビジネスモデルのイノベーション』，2013年に『プラットフォーム時代のイノベーション』（以上，すべて同文舘出版）を上梓した。研究すればするほど，研究課題が次々生まれてきた。そのたびに知的好奇心が湧いてきて，39年が短く感じられた。これをもってひとまずの区切りとする。

　皆様のご支援に深く感謝する。
　2016年3月吉日

中田　善啓

索　引

【あ】

アクワイヤラー ……………………………… 171
アンドロイド ………………………………… 197

意思決定過程 ………………………………… 37
イシュアー …………………………………… 171
インセンティブ問題 ………………………… 71
インターネットテクノロジー ……………… 141
インバウンド観光 …………………………… 33
インプレッション …………………………… 53

ウェブバグ ……………………………… 204, 205

越境 EC ………………………………………… 45
エンゲイジメント …………………………… 200
エンド・ユーザー …………………………… 176

おすそわけ …………………………………… 25
お取り寄せ …………………………………… 33
オフライン …………………………………… 26
オンアス取引 ………………………………… 171
音楽データ …………………………………… 142
オンライン …………………………………… 26
オンライン・リピート購買 ………………… 26
オンライン購買 ……………………………… 32
オンライン販売 ……………………………… 25

【か】

会員外部性 …………………………………… 168
カイ二乗検定 ………………………………… 39
外部構造 ………………………………… 75, 76, 78
外部性 …………………………………… 167, 183
外部プロセス ……………………………… 76~78
価格差別 ………………………………… 205, 206
価格弾力性 …………………………………… 7
価値共創 ……………………………………… 50
観光土産 ……………………………………… 25
　　──の選択基準モデル ………………… 41
間接的ネットワーク効果 ……………… 194, 195

機器間通信 …………………………………… 92

クチコミ ……………………………………… 38

クッキー ………………………………… 196, 204, 205
クレジットカード …………………………… 167, 170
クロス・プロモーション …………………… 49

経営資源 ……………………………………… 32
経済的格差 …………………………………… 214
経済のグローバル化 ………………………… 26
ゲーム機 ……………………………………… 172
決済リスク …………………………………… 35
限界費用 ……………………………………… 125
検索エンジン ………………………… 194, 197, 199,
　　　　　　　　　　　　200, 206, 207, 209
検索連動型広告 ……………………………… 197
　　──市場 ………………………………… 198, 199

広告 …………………………………………… 50
構造 …………………………………… 59, 60, 75, 80~85
構造推定 ……………………………………… 132
行動経済学 …………………………………… 203
購買意思決定モデル ………………………… 42
購買行動 ……………………………………… 25
神戸スイーツ ……………………………… 1, 18, 19, 21
広報リリース ………………………………… 52
効用 …………………………………………… 118
効用最大化選択 ……………………………… 10
合理性 ………………………………………… 203
小売直販 ……………………………………… 14, 15
コーディネーション問題 …………………… 71
個人情報 ……………………………………… 209
　　──保護法 ……………………………… 109
個人データ …………………………… 194, 195, 209
　　──の市場 ……………………………… 213
ご当地キャラ ………………………………… 51
コンテンツ・マーケティング ……………… 124

【さ】

サイド間で作用する外部性効果 …………… 179
サイド間外部性 ……………………………… 182, 188
サイド間の外部性効果 ……………………… 186
サブスクリプションサービス ……………… 141
サプライチェーン・マネジメント（SCM）‥59
　　──の概念図 …………………………… 69
　　──の定義 ……………………………… 67
　　──の分析枠組み ……………………… 78

産業構造の変化 ………………………… 26
残差分析 ………………………………… 39

時間・利便性の喪失リスク …………… 35
システム特性 …………………………… 66
自然実験 ………………………………… 130
地場産業 ……………………………… 4, 15
純便益 …………………………………… 119
商業的需給調整メカニズム …………… 65
商圏 ………………………… 7, 10, 11, 20
小商圏 …………………………………… 11
商店街 …………………………………… 29
消費者向け電子商取引 ………………… 34
商品開発 ………………………………… 41
商品リスク ……………………………… 35
情報化 …………………………………… 141
情報の仲介者 …………………………… 194
情報の非対称性 …………………… 209, 214
ショッピングモール …………………… 29
人的販売 ………………………………… 50
心理的リスク …………………………… 35

垂直的製品差別化 ……………………… 120
水平的製品差別化 ……………………… 120
スペシャルイベント …………………… 51

製造小売業 …… 1, 5, 6, 10, 11, 15, 18, 19, 20, 21
成長戦略モデル ………………………… 10
製販統合 ……………………………… 62, 64
セールス・プロモーション …………… 33
セッション数 …………………………… 53
戦略 ……………………… 59, 60, 73, 79, 81, 82, 85

ソーシャルネットワーキングサービス（SNS）
 …………………………………………… 153
ソーシャルボタン ……………………… 200
組織構造 ………………………………… 78
組織プロセス …………………………… 78

【た】
ターゲティング ………………………… 204
 ――広告 ……………………………… 196
ダイアド関係 …………………………… 65
大規模小売店舗 ………………………… 27
多元的チャネル・ネットワーク・システム … 65
多元的流通システム …………………… 62
 ――論 ………………………………… 61
地域活性化 ……………………………… 25

地域産品 ………………………………… 25
地域資源 ………………………………… 32
地域市場 ………………………… 6, 10, 20
知覚リスク ……………………………… 35
逐次供給戦略 …………………………… 125
チャネル ……………………………… 25, 32
チャネル・システム論 ……………… 63, 66
チャネル・パートナーシップ論 …… 64, 66
チャネル交渉論 ……………………… 61, 66
著作物再販制度 ………………………… 122

ツーサイド ……………………………… 174
 ――市場 ………………… 167, 168, 169, 175

データサイエンティスト ……………… 99
データマイニング ………………… 203, 204
デジタル財 ……………………………… 195
デジタル著作権管理 …………………… 127
デモンストレーション ………………… 51
電子商取引 ……………………………… 174
 消費者向け―― ……………………… 34
電子書籍 ………………………………… 121

同時供給戦略 …………………………… 125
取引価格 …………………………… 179, 180
取引コスト ……………………………… 206
取引費用 ………………………………… 118
取引便益 …………………………… 179, 180

【な】
内部構造 ……………………………… 75, 76, 79
内部プロセス ……………………… 76, 77, 79

ニーズ …………………………………… 25

ネットワーク・オーガナイザー … 65, 70, 71
ネットワーク関係 ……………………… 65
ネットワーク効果 ……………………… 168

ノー・サーチャージ・ルール ………… 178

【は】
パートナーシップ型チャネル ………… 63
パフォーマンス ………………… 59, 60, 77, 81, 85
パブリシティ …………………………… 50
バリューチェーン ………………… 168, 169
パワー・コンフリクト・モデル …… 63, 64
パワー・コンフリクト論 ……………… 62
反事実 …………………………………… 133

反実仮想シミュレーション ……………… 133
バンドル販売 …………………………… 135

非価格プロモーション …………………… 51
ビッグデータ ………………… 94, 202, 203
ヒットエコノミ ………………………… 201
費用 ……………………………………… 118
評価基準 ………………………………… 42

付加価値 ………………………………… 44
不確実性 ………………………………… 211
プライバシー ……………………… 208〜210
プラットフォーム …………… 167〜169, 176,
　　　　　　　　　　179, 199, 212, 213
ブランド力 ……………………………… 32
プロセス ………………… 59, 60, 76, 80〜85
プロモーション・ミックス ……………… 52

ページビュー …………………………… 53
便益 ……………………………………… 118
　　――の喪失リスク ……………………… 35

ホテリング・モデル …………………… 185

【ま】

マーケットニーズ ……………………… 32
マーケティング ………………………… 25
マーケティング・ミックス ……………… 50
マルチサイドプラットフォーム ……… 194

モーフィング …………………………… 205

【や】

ユニークユーザー ……………………… 53

4C 戦略 ………………………………… 161
4P 戦略 ………………………………… 144

【ら】

ラーナー ………………………………… 183
　　――の定式化 ………………………… 180
ライクエコノミ ………………………… 201
ライクボタン …………………………… 200

利用外部性 ……………………………… 168

レコード会社 ……………………… 155, 163
レコメンデーションシステム …… 207, 209
連鎖消費 ………………………………… 25

ロングテール現象 ……………………… 207

【欧語】

B to C-EC ……………………………… 34
CPFR ………………………………… 86, 87
DRM …………………………………… 127
Hadoop ………………………………… 104
iBeacon ………………………………… 106
IoT (Internet of Things) ……………… 93
M2M (Machine to Machine) ………… 92
Statcast ………………………………… 106

〈編著者紹介〉

中田　善啓（なかた　よしひろ）
- 1971年　和歌山大学経済学部卒業
- 1973年　兵庫県立神戸商科大学（現兵庫県立大学）経営学研究科修士課程修了
- 1976年　大阪府立大学大学院経済学研究科博士課程単位取得，退学後，大阪府立大学経済学部助手，講師，助教授，教授を経て，
- 1994年より甲南大学経営学部教授
- 2016年　甲南大学名誉教授，博士（経営学）

（主業績）
『マーケティングの変革』（単著）同文舘出版，2002年。
『ビジネスモデルのイノベーション』（単著）同文舘出版，2009年。
『プラットフォーム時代のイノベーション』（単著）同文舘出版，2013年。

西村　順二（にしむら　じゅんじ）
- 1982年　神戸大学経営学部卒業
- 1987年　神戸大学大学院経営学研究科博士前期課程を経て，福山大学経済学部助手。
- 1988年　神戸大学大学院経営学研究科博士後期課程単位取得満期退学
- 1992年　甲南大学経営学部助教授を経て，
- 1998年より甲南大学経営学部教授，博士（商学）神戸大学

（主業績）
『卸売流通動態論―中間流通における仕入と販売の取引連動性―』（単著）千倉書房，2009年。(2010年度日本商業学会賞受賞)
『小売業革新』（共編著）千倉書房，2010年。
「製造小売業の消費適応に関する予備的考察―スイーツの事例―」『甲南経営研究』第54巻第1号，2013年。

2016年3月25日　初版発行　　《検印省略》
2019年10月25日　初版2刷発行　　略称：先読マーケ

先を読むマーケティング
──新しいビジネスモデルの構築に向けて──

編著者　© 中田　善啓
　　　　　　西村　順二

発行者　　　中島　治久

発行所　**同文舘出版株式会社**
東京都千代田区神田神保町1-41　〒101-0051
電話　営業03(3294)1801　振替00100-8-42935
　　　編集03(3294)1803　http://www.dobunkan.co.jp

Printed in Japan 2016　　印刷：萩原印刷
　　　　　　　　　　　　製本：萩原印刷

ISBN 978-4-495-64801-5

JCOPY 〈出版者著作権管理機構 委託出版物〉
本書の無断複製は著作権法上での例外を除き禁じられています。複製される場合は，そのつど事前に，出版者著作権管理機構（電話 03-5244-5088, FAX 03-5244-5089, e-mail: info@jcopy.or.jp）の許諾を得てください。